정치에 대한
정치적 해석
폴리티쿠스
1

양손잡이 민주주의

한 손에는 촛불, 다른 손에는 정치를 들다

최장집

서복경

박찬표

박상훈

지음

후마니타스

● 정치에 대한 정치적 해석, 폴리티쿠스 1호

양손잡이 민주주의

_ 한 손에는 촛불을, 다른 손에는 정치를 들다

1판 1쇄 | 2017년 2월 20일
1판 2쇄 | 2017년 3월 10일

지은이 | 최장집, 서복경, 박찬표, 박상훈

펴낸이 | 정민용
편집장 | 안중철
편집 | 윤상훈, 이진실, 최미정

펴낸 곳 | 후마니타스(주)
등록 | 2002년 2월 19일 제300-2003-108호
주소 | 서울 마포구 양화로 6길 19(서교동) 3층
전화 | 편집_02.739.9929/9930 영업_02.722.9960 팩스_0505.333.9960

블로그 | humabook.blog.me
페이스북 | facebook.com/humanitasbook
트위터 | @humanitasbook
이메일 | humanitasbooks@gmail.com

인쇄 | 천일_031.955.8083 제본 | 일진_031.908.1407

값 15,000원

ISBN 978-89-6437-271-5 04300
      978-89-6437-270-8 (세트)

이 도서의 국립중앙도서관 출판예정도서목록(CIP)은 서지정보유통지원시스템 홈페이지(http://seoji.nl.go.kr)와
국가자료공동목록시스템(http://www.nl.go.kr/kolisnet)에서 이용하실 수 있습니다.(CIP제어번호: CIP2017003897)

| 차례 |

촛불과 정치 변화 : 무엇이 바뀌었으며, 무엇을 바꿔야 하는가 | 박상훈

대사건의 발생

1.

민주화 이후 최대 사건으로 기록될 만한 2016 촛불 시위는 여러 측면에서 흥미로운 사례라 할 수 있다. 짧은 기간 동안 대규모 시민이 참여했다는 점도 그렇지만, 무엇보다 혁명이나 쿠데타가 아니고도 정부의 통치권이 상실될 수 있다는 경험은 특별한 일이 아닐 수 없었다. 뿐만 아니라 대통령이라는, '선출된 최고 권력'의 부재에도 불구하고 평화로운 체제 관리가 가능했다는 점도 놀랍다.

이는 일차적으로 (박근혜 대통령과 친박으로 대표되는) 집권파와 (조중동과 종편으로 대표되는) 나머지 보수파 사이의 갈등이 국면을 만들었다는 사실에서 기인하는 바 컸다. 뒤이어 시민운동과 야당들이 촛불 시위를 통해 국면을 확대했을 때, 사실 대통령과 친박을 제외한 국민 모두가 2016 촛불 시위를 지지하는 것으로 나타났기 때문이다. '5퍼센트 대 95퍼센트의 대결' 같았다고나 할까? 촛불 시위가 과거의 사례에서처럼 '여야 갈등', '진보-보수의 갈등'을 동반하면서 진행되었다면 이런 일은 분명 불가능했을 것이다. 사회를 양분시키는 전선이 있었던 것도 아니고, 비슷한 크기의 두 힘이 대치하는 갈등 상황도 아닌, '유사 사회적 합의'에 가까운 일방적 국면이었다는 점에서, 2016 촛불 시위는 정말 특별한 일이 아닐 수 없었다.

2.

정부, 헌법, 대통령, 내각, 총리, 입법부, 국회, 특검, 국정조사, 사법부, 헌법재판소 등 정치의 여러 요소들이 단지 형식적인 원리나 제도, 기구에 그치지 않고 생생하게 살아 움직이는 장면 역시, 2016 촛불 시위 내내 인상적이었다. 30년 전의 민주화가 대통령 직선제와 의회 권한의 강화 정도만을 실현했다면, '민주화 이후 체제'는 이번 촛불 시위를 통해 비로소 본격적으로 그 기능과 역할을 평가받기 시작했다고 할 수 있다.

이는 그간 야당 일각에서 주장해 왔던 '87년 체제 극복론' 내지 '87년 헌법 극복론'의 인식론과는 달리, 시민들은 87년 체제의 여러 요소를 활용하면서 그것에 생기와 활력을 불어넣고, 또한 이를 다양하게 표현하고 구현하려 했던 것이 이번 국면의 특징이라 볼만하다. 이 과정에서 87년 민주화 내지 민주 헌법의 정신과 규범이 새롭게 조명되고 내면화되는 계기가 되었을 뿐만 아니라 87년 헌법의 한계를 넘어설 수 있는 새로운 계기가 열리게 되었다고 생각한다.

정치가 시민과 분리된 '그들만의 세상 이야기'로 치부되지 않았다는 점, 그보다는 시민이 정치의 여러 제도와 기구를 이해하고 그 본래의 목적에 맞는 역할을 요구했다는 점은 여러모로 신선했다. 향후 개헌을 포함해 정치제도들의 문제를 개선하고자 한다면, 이런 새로운 양상에 주목해야 할 것이다. 단순히 기존의 헌법과 제도를 부정하는 '극복론', '대체론'만 고집할 일이 아니라, 작동 가능한 방식의 실체적 변화를 점진적으로 일궈 갈 수 있는 '이행론'이 중요하다는 점을 생각해야 한다.

3.

민주화 이후 지난 30년간 개선·해결되었어야 했는데 그러지 못했던 여러 이슈들과 과제들이 — 마치 밀린 빚을 한꺼번에 받아 내겠다는 듯이 — 일제히 청구되기에 이르렀던 것도 특별한 일이다. '비선 실세에 의한 국정 농단'을 넘어 존재의 목적을 상실한 정부에 책임성을 묻는 방법을 둘러싼 논란, 광장과 국회, 헌재의 역할을 두고 전개된 민주주의 논쟁, 대통령중심제 등 정부 형태 내지 권력 구조를 바꾸자는 문제 제기, 친박의 정치적 시민권 박탈에서부터 '대연정 제안'에 이르기까지 정당 체계 변화 논쟁, 검찰과 재벌 권력을 민주화하고 나아가 '신자유주의적 발전 국가'로 이야기되는 기존의 발전 모델을 개혁하자는 여러 주장 등,

향후 이 모든 의제들은 여야 내지 진보와 보수 사이에서 본격적으로 다퉈질 중대 이슈가 될 것임에 틀림없다.

그것이 어떻게 전개되든, 또한 어떤 결과로 이어지든 간에, '박근혜 이후 체제'는 분명히 시작되었다. 비록 여러 중대 이슈와 의제들이 단기적으로는 실현되지 않을지 몰라도, 그리고 수많은 갈등과 혼란을 동반할지라도 '장기적으로 지속될 변화의 압박 요인'으로는 남았다고 생각한다. 달리 말해 '박근혜 없는 박근혜 체제'로 끝나거나, 대충 이러다가 마무리될 사건은 아니라고 본다. 촛불 시위가 전처럼 큰 규모로 지속되든 아니든, 이 문제는 19대 대선은 물론 차기 정부 5년 내내 갈등 이슈로 작용할 것이다.

4.

앞서 한국의 민주화 이후 체제는 밀린 과제를 뒤늦게 중첩적으로 제기하는 동시에, 이미 새로운 단계의 과제를 제시하기에 이르렀다고 말했다. 이는 앞으로도 몇 번의 진통과 전환을 거치면서 한국 민주주의가 더 높은 단계로 발전할 것임을 예상하게 해준다. 확실히 한국 민주주의는 새로운 여정을 시작했고, 우리는 이미 그 길 한가운데 서 있다.

큰 사건일수록 그것이 담고 있는 의미는 깊고 넓을 수밖에 없으며, 어느 정도 먼지가 가라앉을 시간이 지난 뒤에 정리되어야 할 것들도 많다. 하지만 지금도 우리는 변화의 한가운데 있고, 새로운 변화가 계속 만들어지는 상황 속에 있다. 그렇기에 이미 변화가 시작된 의제들이나, 판단을 내려야만 앞으로 더 나아갈 수 있는 쟁점들과 관련해 불완전하게나마 의견을 말할 필요가 있을 것 같다.

한때 마키아벨리는 시간을 가리켜 '모든 진리의 아버지'라고 말한 적이 있다. 그러면서 시간의 경과가 가져다주는 '늦은 지혜'에 만족하지 말고 맹렬한 기세로 '변화의 시간'을 적극적으로 만들어 가라고 했다. 2016 촛불 시위로 시작된 변화의 시간을 이어가야 할 과업이 아직 끝나지 않았다고 한다면, 그 과업을 수행하기 위해서라도 그간의 변화와 앞으로의 상황을 적극적이고 실천적으로 해석하고 재해석해 내는 일은 중요하다.

5.

처음 이 책을 기획한 것은 2016년 12월 말이었다. 이번 기획에 참여한 필자들이 한자리에 모일 기회가 있었는데, 우리는 모두 2016 촛불 시위가 누구도 예기치 못한 일이라는 데 의견을 같이했다. 두 달여의 짧은 시간 만에 연인원 1천만 명을 불러낸 대규모 촛불 시위가 어떻게 가능했는지, 대체 이 대사건의 성격과 본질을 어떻게 정의해야 할 것인지, 향후 한국 민주주의의 전개 과정에 어떤 영향을 남기고 어떤 변화를 강제할 것인지 등 여러 질문을 두고 이야기하다가 작은 책을 내보기로 했다. 무엇보다도 촛불 시위의 이후 과정은 정치의 공간으로 이어질 텐데, 그때를 위해서라도 민주주의의 가치나 원리에 가까운 '정치적 해석'이 있어야 할 것 같았다.

8년 전 촛불 시위 때와는 달리, 2016 촛불 시위에서 사람들은 정치의 공간을 적극적으로 활용했고 또 정치의 역할을 둘러싼 논의의 시간을 향유했다. 하지만 모처럼 열린 정치의 공간에서도 여전히 '종편식 정치관'이 위세를 떨쳤다는 사실은 깊이 생각해 볼 일이다. 그 속에서 현실의 정치를 두고 "모든 것이 기득권을 지키려는 전략이고 자신만을 위한 권력적 야심일 뿐"이라는 해석이 촛불 시위를 높이 평가하는 것과 짝을 이룰 때가 많다.

그런 정치관 아에서는 큰 변화, 중요한 변회를 상상하기도 힘들 뿐 아니라, 무엇보다도 "국민 여론 내지 민심의 순수성이 정치나 정당, 정치인들에 의해 배반당할 것"이라는 일종의 운명론적 해석을 통해 민주정치를 무한 조롱할 수 있게 한다는 점에서 문제가 크다. 이번 촛불 시위 역시 좋은 정치관을 대중화하는 과제를 여전히 갖고 있다. 그런 의미에서 이 책은 민주정치의 긍정적인 역할을 이해하고 진작하기 위한 일종의 '해석적 개입'의 성격을 갖는다.

물론 해당 시기에만 읽힐 수 있다는 점에서 이런 종류의 책이 갖는 '맥락 구속성'을 감수해야 할 것이다. 하지만 일정한 상황과 조건에서 소용되는 책을 써야 할 때도 있다고, 우리는 생각했다.

2016 촛불 시위는 그간 어떤 변화를 이뤄 냈고 또한 앞으로 어떤 변화를 압박하게 될까? 그 과정에서 제기된 민주주의의 문제는 무엇이고, 이는 어떻게 이해되어야 할까? 해결될 의제와 남겨진 과제는 무엇이며, 앞으로 한국 민주주의는 어떤 여정을 걷게 될까? 이제 본격적으로 이 이야기를 해보겠다.

박정희 패러다임의 붕괴

최장집 교수와의 대화

최장집 | 고려대학교 명예교수

박상훈 | 정치발전소 학교장

1. 이야기를 시작하며

촛불 시위에 나가 보았는지요?

아내와 함께 나간 적도 있고, 무엇보다 지금 내가 책을 보고 글을 쓰는 사무실이 광화문에 있어서 늘 접했다. 바쁘지 않을 때면 촛불 시위 주변을 한 바퀴 돌아보곤 했다.

어떠셨나요?

장관이었다. 개인적으로는 1960년 4·19 혁명 때 생각이 많이 났다. 1987년 6월 민주 항쟁 당시의 분위기도 새삼 띠올랐다.

4·19 때는 고등학생이었을 텐데, 그때 참여하셨나요?

친구들과 함께 당시 유명했던 '정치 깡패' 임화수의 집으로 쳐들어간 적도 있고, 경무대 앞에서 시위대를 향한 발포 사건이 있었을 때 현장에 있었다. 총소리가 나자 어찌나 무서웠는지 무릎이 꺾여 움직일 수가 없었다. 공권력이 시민을 향해 공격적이 될 때, 얼마나 무서운 일이 벌어지는지 그때 실감했다.

2008년 촛불 시위 때는 정당정치의 중요성을 강조했던 한 인터뷰 때문에 비판을 많이 받았는데, 이번에는 발표나 강연, 인터뷰 요청이 많았던 것으로 알고 있습니다.

대통령 스스로의 결정에 의해 자진 사퇴할 일이 아니라 헌법에 따라 국회가 탄핵 절차를 시작하는 것이 민주주의의 원리에 맞는다는 이야기를 하면서부터 발언 기회가 많아졌다. 2008년 촛불 시위 때는 국회·대의제·선거·정당에 부정적인 흐름이 주도했으므로, 내가 가진 민주주의관이 비판을 많이 받았다. 하지만 전체적으로는 민주주의에서 정치가 어떤 역할을 해야 하는가를 둘러싼, 유익한 토론의 기회가 되었다고 생각한다. 그 긍정적인 결과가 이번 촛불 시위에서 잘 나타났다고 본다.

2. 한국 민주주의의 재공고화

선생님으로 대표되는 개념이 있다면 그 가운데 하나는 '민주화 이후의 민주주의'일 것입니다. 이 개념을 통해 민주화 이후 한국의 정치와 경제, 사회, 나아가 이념적 지평을 분석해 오셨지요. 그 연장선상에서 볼 때 이번 촛불 시위의 가장 중심적인 특징을 어떻게 정의할 수 있을까요?

그간 역진을 거듭했던 한국 민주주의가 다시 공고화되는 전기를 맞았다고 본다. 방금 나는 '한국 민주주의의 공고화'라고 말했는데, 이 말은 기존의 민주주의가 권위주의 체제로 돌아갔다가 다시 민주화되었다는 의미가 아니다. 되돌아보면 촛불 시위에 즈음한 한국 민주주의는 일종의 '하이브리드 민주주의'라고나 할까, 민주주의와 권위주의가 동거하는 어떤 체제로 퇴행하는 과정에 있었다고 하겠다. 그것은 제도적으로나 형식적으로는 민주주의로되, 그 이면은 비민주적 실천에 의해 압도된 것으로 나타났다. 박근혜-최순실 사태(이하 '박-최 사태')를 통해 볼 수 있었듯이, 대통령의 방대하고도 강력한 권력이 사적 목적으로 전용되었을 뿐 아니라 보이지 않는 밀실에서 사인화(私人化)되고 있었고, 강력한 국가의 검찰, 정보 기구, 행정 관료 기구들이 그렇게 변질된 대통령 권력을 위해 동원되고 있었다. 제도의 외형적 구조에서 권위주의로 전환된 것은 아니지만, 급기야 민주주의를 형해화하면서 권위주의로 퇴행할 수 있는 큰 위험을 안고 있었다는 점은 분명했다. 이 과정에서 법의 지배, 삼권분립의 원칙, 언론 자유, 정치적 반대와 비판의 자유 등, 민주주의의 기본 요건들이 뚜렷하게 약화되고 있었음은 말할 것도 없다. 위험에 처해 있었던 한국 민주주의가 촛불 시위에 힘입어, 이제 다시 건강하게 움직일 수 있는 전기를 맞게 된 것이다. 지금 우리 앞에는 넓은 가능의 공간이 열렸다. 우리가 이 위기의 본질이 무엇인가를 이해하고, 그에 어떻게 대응하느냐에 따라, 비상한 시민적 참여

를 통해 표현된, 민주주의에 대한 여망의 많은 부분들이 이루어
질 수 있지 않을까 기대한다.

정치학자로서 촛불 시위를 설명하면서 학문적 자극 같은 것을 받게 되는지요?
물론이다. 촛불 시위는 1987년 민주화 이래 최대의 사건일 뿐만
아니라, 한국 현대사에서 커다란 전환점이 될 '대사건'이다. 사건
의 크기만큼이나 그것이 담고 있는 의미는 다차원적이고 복합적
이며, 현재에도 진행되고 있다. 그간 이 현상에 대해 말하고 쓰면
서 움직이는 표적을 맞추려는 사수의 어려움을 느낀 적이 많다.
앞선 시대의 큰 정치철학자들이나 이론가들은 많은 경우 혁명이
나 엄청난 정치적 격변 속에서 중요한 정치 이론들을 발전시킨
바 있었다. 이번 일을 경험하면서 그들의 정신적 힘이 얼마나 컸
는지에 대해 새삼스럽게 경외심을 느끼게 된다.

**촛불 시위를 한국적 현상으로 볼 수 있을까요? 아니면 오늘날의 민주주
의와 관련해 생각해야 할 측면은 없는지요?**
한국적 현상이면서 보편적인 측면도 있다. 오늘의 세계는 앞선
시기에 있었던 전 세계적 차원의 민주화 물결에 대한 일종의 역
진적인 반민주적 도전에 직면해 있다. 미국과 유럽 같은 구(舊)민
주주의 국가에서나, 동유럽과 라틴아메리카, 중동 이슬람 국가들
같은 신생 민주주의들에서나, 민주주의는 최근 년에 들어와 전

진하기보다 후퇴하고 있다는 우려의 목소리가 높다. 특히 최근 우리나라 촛불 시위와 거의 비슷한 시점에 폴란드에서는 민족주의적인 강경 보수 세력들과 집권 여당인 정의당이 이른바 '개혁법'을 앞세워 조직적으로 언론 통제를 법제화하고, 삼권분립을 무력화하면서 전제정을 향해 박차를 가하고 있다. 이에 항의해 바르샤바 거리에는 수만 명이 투쟁에 나서고 있기도 하다(INYT, 2016/12/23). 다른 나라의 상황을 생각하니, 오늘의 촛불 시위가 한국 민주주의를 지키는 데 얼마나 중요한가를 새삼 느끼게 된다. 한국이 잘하는 것이 많지만, 정치적 수준에서 볼 때 대규모 시위에 관한 한 분명 세계 최고를 자랑할 수 있을 것 같다. 위기에 처한 민주주의를 다시 공고화하는 데 있어서, 한국 사례는 세계적 차원에서 한 모델 사례가 될 수 있을 듯하다.

3. 박근혜-최순실 게이트

이제 본격적으로 최순실 게이트 문제에 대해 이야기를 나눠 볼텐데요, 우선 최순실 문제를 어떻게 보시나요?

박근혜 대통령의 사적 관계로부터 발단되었음은 틀림없는 사실이다. 역사상 유례없는, 수개월 동안의 대규모 촛불 시위는 일견

'최순실 국정 농단'이라는 이름으로 알려진, 이른바 한국판 라스 푸틴 사건이라 부를 정도로 기괴하다시피 한 일에서 시작되기는 했다. 이 사건을 통해 드러났지만, 민주주의의 기본 질서에 대한 대통령의 무시는 급기야 국회에서 탄핵 소추를 불러왔고, 헌재에서 탄핵 심판 절차를 밟고 있다. 한국 정치사에서 일찍이 볼 수 없었던, 탄핵을 통해 현직 대통령을 해임하려는 시도는 외견상 대통령의 개인사적 문제와 그와 연결된 사적 인간관계가 가져온 특별한 사건에서 비롯되었다. 그러나 촛불 시위와 이를 통해 추동된 대통령의 탄핵 문제를 그렇게만 보는 것은 단견이다.

좀 더 구조적이고 체계적인 요인도 있다는 말씀이군요.
내가 볼 때, 그것은 두 가지 요소가 서로 결합된 결과이다. 하나는 대통령 개인의 특별한 환경과 이를 통해 형성된, 민주주의에 대한 대통령의 몰이해와 박-최 간의 특별한 관계가 결합되면서 만들어진 개인적 차원의 요소들이다. 다른 하나는 박근혜 정부의 권위주의적 통치 방식, 그리고 그것을 떠받쳤던 국가권력의 제도적 측면과, 박 정권이 추진했던 정책의 결과들이라는, 좀 더 정치 체계적 수준에서의 요소들이다.

정치 체계적 수준의 요소에도 주목하는 것이 왜 중요할까요?
촛불 시위를 촉발한 것이 개인적 요소에만 한정된다면, 라스푸

20

틴 한 사람이 제정러시아를 멸망시켰다고 말하는 것이나 크게 다를 바 없다. 나아가 대통령이 탄핵되기만 하면 한국 정치와 민주주의가 곧 정상화되리라고 보는 것이나 다름없다.

그렇다면 정치 체계적 수준에서 제기해야 할 질문들은 어떤 것들이 있을까요?

민주화 이후에도 지속적인 헤게모니를 가졌던 박정희식 개발 독재 모델이나 국가 운영 방식을 해체시킬 만큼 큰 결과를 대통령 탄핵이 가져올 수 있을까? 또한 우리가 이번 사태를, 민주주의를 위한 어떤 역사적 전환의 계기로 이해할 수 있을까? 이런 질문들은 모두 체계적 수준에 관한 관심에서 제기된 것들이다. 통치 체제로서 정부 형태, 그 정부가 만들어 낸 사회경제적 결과, 그리고 한국의 정당정치와 정당 체계가 기반을 두어 왔던 사회적 기반과 이데올로기적 지평을 점검해 보고, 한국 민주주의와 정치가 지향할 수 있는 바람직한 방향을 탐색하는 문제가 개인적 요소보다 더 크고 중요하다.

흔히 '비선 실세'와 '국정 농단'으로 표현되는 이런 사태를 박 대통령의 특수한 문제에서 비롯된 것으로 보시는지, 아니면 앞선 정부들에서도 볼 수 있었던 어떤 공통적인 요소 때문으로 보시는지요?

당연히 두 요소 모두 작용했지만, 기본적으로는 박근혜 대통령 개인의 문제가 더 중요하다고 본다. 이를 잘 설명하려면 국가권력에 대한 이해가 필요한데, 조금 복잡하다.

우선 전체적으로 볼 때 문제는 국가권력이 대통령으로 초집중화되는 현상과 밀접한 상관관계를 갖는다. 이는 구조적 요인이다. 권력 집중화는 정치 체계에 있어 사회, 즉 밑에서부터 올라오는 요구와 열정, 가치들이 투입되는 측면을 약화시킨다. 반면, 법과 정책을 만들고 권력을 행사하는 위로부터의 측면을 강화한다. 요컨대 국가의 공적 기구들에서 만들어 내는 정책과 법, 조치들이 양산되고 또 집행되는 산출의 측면을 확대하고 강화시킨다는 것이다. 이 구조는 기본적으로 민주주의적이라기보다 권위주의적이다.

산출 중심의 정치과정이 심화되는 것이 민주주의를 위협하는 이유는 무엇입니까?

사회로부터 생성되고 표출되는 요구나 가치보다, 국가기구를 관장하는 통치자의 의지의 결과물로서 정책이 더 많이 만들어진다는 것은, 민주주의의 본질적인 측면으로서 시민 투표자들을 대표하는 기능을 약화시키기 때문이다. 혹은 정당이나 자율적인 이익 결사체의 힘이 약하다는 사실을 반영한다. 정당을 보더라도, 넓은 사회적 기반을 갖는 집단적 이익과 열정을 결집하고, 그들의 지지에 의지하는 사회 다중의 정당이 아니라, 리더 개인을 중심으로 창출되고 작동한다. 따라서 권력은 분점되고 공유되는 것이 아니라, 리더 개인으로 집중되고, 그가 선거에서 승리해 대통령이 되면 국가 권력은 그 정점에 있는 대통령으로 집중화되는 구조를 만들어 낸다.

그렇다면 그런 구조에서 박근혜 정부의 '특별함'은 무엇인가요?
한마디로 말해 정부 부서의 장들인 장관들조차 모두 대통령의 비서관처럼 되어 버렸다는 데 있다. 평소에 정치인이나 통치자 개인 스타일에 전혀 관심이 없었던 나조차 박근혜 대통령에게 처음 관심을 갖게 되었던 것은 — 제법 시간이 지났지만 — 장관, 수석 비서관을 포함한 정부 고위 공직자들을 배석시킨 가운데 기자회견을 했을 때였다. 당시 대통령은 소통에 대한 문제점을 해명하면서 뒤를 돌아보며 "나를 직접 만나고 싶으세요?"라고 물었다. 말하자면 박근혜 정부에서는 국무회의에서 정책 사안들을 심의하는 것은 고사하고, 정부 부서의 장관들, 청와대의 수석 비서관들조차 대통령과 직접 만나기 어렵다는 것이다. 그들은 단지 '벨을 누르면 충성 경쟁'으로 달려가는 부하 직원에 불과한 존재로 여겨졌다. 공직 윤리도, 개인으로서의 자존감도 없으면서 머리는 좋은 공직자 엘리트에 불과한 것이다. 상황을 그렇게 만든 것은, 민주주의에서 대통령의 권력이란 무엇이고 어떠해야 하는가에 대한 무지와 오해에서 비롯된 것이라고 본다.

그것을 박근혜 정부만의 새로운 현상으로 볼 수 있을까요?

새롭게 봐야 할 현상이다. 정부 부서의 장관들은, 권력과 권한의 위계에서 볼 때는 대통령 산하 기관의 장들로 대통령의 지휘를 받고 그에 책임을 져야 하지만, 다른 한편으로는 기능적 자율성을 가져야 한다. 이런 면에서 볼 때, 박근혜 대통령이 보여 준 통치 스타일과 구조는 민주주의는 물론이고 서구 전제정하의 그것과도 거리가 멀다. 우리의 전통 왕조 시절에도 이런 소통 부재의 통치는 일찍이 존재하지 않았다. 이런 환경에서 밀실 정치가 가능했고, 그 밀실에서 권력이 대통령의 손을 떠나 많은 경우 최순실이라는 사인에게 이양되면서, 그녀에 의해 사실상 통치되는 상황이 벌어진 것이다.

통치 스타일의 문제일까요, 아니면 어떤 이론적 차원의 문제까지를 포함하는 것일까요?

이론적인 차원에서 봐야 할 문제다. 이탈리아의 정치철학자 노르베르토 보비오(Norberto Bobbio)는 민주주의인지 독재인지를 판가름하는 가장 간단한 지표를 하나 제시했는데, 그것은 '보이는 권력'(visible power)과 '보이지 않는 권력'(invisble power)의 구분이다.● 이 기준으로 말하면, 민주주의란 모든 사람에게 권

● Norberto Bobbio, *The Future Democracy* (University of Minnesota Press,

력을 보이게 하려는 하나의 시도이다. 적어도 공적 영역에서의 권력에 관한 한 그렇게 되지 않으면 안 된다. 민주주의에서는 보이지 않는 권력의 영역이 최소한으로 축소되어야 한다. 이 기준에서 본다면, 박근혜 정부 시기의 정치 체계는 완벽하게 독재정치의 범주에 속한다.

민주주의라는 형식 속에서, 그것에 맞지 않는 최고 권력자의 통치 행태가 가져온 결과에 주목해야 한다는 뜻이군요.

그런 정치 환경에서는 사회로부터 발생하는 모든 요구·이익·열정들이 청와대로 향하고, 그곳을 향해 로비를 시도하게 된다. 그 결과 청와대의 역할은 과부하되고, 정부·국기의 공식 조식이 아닌, 비선 조직이 번창하고 역할이 확대되는 것이다. 민주화 이후 모든 정권이 여기에서 예외가 아니었다. 대통령이 마비되면 모든 것이 마비되고, 대통령이 무능하면 이 때문에 온 나라가 고통받게 된다. 분명 박근혜 정부의 파탄을 가져온 최순실 스캔들은 비선 실세의 문제라는 점에서 박근혜 정부만의 문제가 아니라고 할지 모른다. 외형적으로는 그런 점이 없지는 않으나 그럼에도 불구하고 다른 정부들과 박 정부는 확연히 다르다. 이들이 같은 범주에 속한다고 볼 수는 없다. 나른 대통령들의 경우는 현실의

1987), 4장.

민주주의라는 범주에서 흔히 일어날 수 있는 사건들이지만, 박 대통령의 경우는 전혀 그렇지 않다. 대통령으로의 권력 집중과 밀실 정치의 한 극단적인 사례이자, 다른 대통령들의 경우와는 확연히 다른 사례다.

다른 점을 좀 더 설명해 주시지요. 또 그것이 왜 파국적인 결과로 이어졌는지에 대해서도요.

자신과 다른 가치, 다른 관점을 갖는 사람과 대화할 수 있는 공감 능력의 부족, 자신을 타자화해 반성적으로 보면서 스스로를 평가할 수 없는 성격, 소통 불능적 통치 스타일 등 수많은 요소들로 인해 공적 소통의 채널들이 사실상 없다는 것이 가장 큰 차이다. 그 결과 앞선 그 어떤 정부들과도 비교할 수 없을 정도로 사회로부터 분리되고 고립되었으며, 청와대로 통하는 영향력의 채널이 완벽하게 폐쇄되기에 이르렀다. 재벌 대기업을 포함해, 통치자의 결정을 필요로 하는 모든 이해 당사자들은, 대통령에게 영향력을 투입할 수 있는 채널에 취약하므로 그것을 찾는 일이 절박할 수밖에 없었다. 대통령의 대리인으로 최순실은 그 타깃이 됐고, 그녀는 그 역할을 즐겨 떠맡았다. 대통령은 그렇게 하지 않고는 그 직을 정상적으로 수행할 수 없었을지 모른다. 온 사회의 권력 중심이 대통령 하나일 때, 그와의 거리에 따라 권력과 영향력의 위계가 만들어지고, 대통령에 접근하려는 관심과 시도가 온 사회를 완벽하게 정치화시키게 될 것임은 당연하다. 온 나라가 최고 권력에 접근하기 위해 좁은 통로로 폭주할 때, 그 나라 전체가 타락할 뿐만 아니라, 급기야는 작동하기도 어려워진다.

4. 국가와 재벌의 관계

재벌 이야기가 나왔는데요. '권력은 (재벌이 주도하는) 시장으로 넘어갔다'는, 그간 야당 진영에서 통용되었던 정설에 대해서는 어떻게 생각하시나요? 노무현 대통령이 남긴 유명한 말이 많지만, 이 말은 오래 기억에 남고 또 중요한데, 그 말이 사실일까요?

나는 그 말을, 노 대통령이 사실을 말했다기보다는, 자신이 이루지 못한 것, 뭔가 재벌 개혁을 시도했거나 구상했음을 드러내는 어떤 표현으로 이해한다. 그럴 때 개혁을 꿈꾸지만 정치적 기반이 취약한 정부의 관점에서 재벌 개혁의 벽은 높다고 할 수 있다. 그러나 사실 그 말은 틀린 말이다. 아직 권력은 시장으로 넘어가지 않았기 때문이다. 아마 그렇게 되었다면 이번 박-최 스캔들은 가능하지 않았을 것이다.

어떤 사례를 통해 그렇게 생각하게 되셨나요?

대통령과 최순실이 공동으로, 분명히 사적인 목적으로 설립한 미르와 K 스포츠 재단 사례야말로 더 말할 나위 없는 증거라고 본다. 재단에 출연한 기업은 18개 그룹 53개사이다. 한전, LH, 농협 같은 공기업 등을 제외한, 삼성, 현대차, SK, LG, 포스코, 롯데 등 한국의 정상급 재벌 기업들이 모두 포함됐다. 이 재벌 기업들로부터 대통령 자신이 전경련을 모금책으로 해, 그들의 의지와 상관없이, 적어도 드러난 것만 770억여 원을 갹출한 것은 두루 알려진 사실이다. 국가와 재벌 간 힘의 관계를 뚜렷하게 보여 주는 사례가 아닐 수 없다.

미래창조부 문제 역시 그와는 다른 방식으로 국가와 재벌 간의 관계를 보여 주는 사례 아닐까요?

민주주의에서라면 상상도 할 수 없는 일이다. 미래창조부의 창조경제민관협의회는 지식 경제, 교육, 과학기술, 방송 정보 통신 등을 관장하는 여러 중앙 부서로부터 파견된 행정 관료들과, 전경련이 중심이 된 대한상의, 경총 등 사용자단체들의 대표들로 구성된, 말 그대로 민관 합동에 의해 운영된다. 얼핏 새로워 보이지만, 유신 시기 새마을운동, 새마음운동을 모델로 한 것인지라, 과거의 방식을 다시 불러온 것일 뿐이다. 재벌들은 그 밖에도 여러 가지 '준조세'의 형태로 평소 많은 자금을 정부의 요구에 따라 헌납한다. 국가는, 사적 경제 영역에서 기업을 대상으로 이런저런 명목으로 돈을 기부하도록 하는 약탈 국가의 면모를 잘 드러냈다고 하겠다.

약탈 국가의 모습이라고요?

아니라고 할 수 있을까? 1960, 70년대 개발독재 시절 권위주의 국가가 산업화를 위해 한편으로는 재벌 대기업을 창출해 그들을 지휘·명령하고, 다른 한편으로는 성장을 위해 사회경제적 자원을 집중적으로 그들에게 지원했던 시기, 그때의 명령-복종 관계와 무엇이 다른가. 이들이 세계 굴지의 대기업으로 성장해서 세계 경제의 플레이어가 된 오늘의 시점에서도 국가-재벌 관계는 달라진 것이 별로 없다.

그렇다면 재벌 입장에서는 그런 국가를 어떻게 받아들이게 된 것일까요?

물론 오늘날 재벌 대기업이 이렇게 취약하고 국가에 의해 일방직으로 약탈당하는 것처럼 보이지만 그렇지 않은 측면도 있다. 그들의 관계는 본질적으로 상대로부터 협력과 지원, 특혜를 교환하는 상호공생적 관계이기 때문이다. 이 관계를 통해, 한편으로 국가와 그것을 운영하는 선출된 정부의 정치·관료 엘리트들은 재벌 대기업의 재정적 지원, 헌납에 의해 풍요롭고 안락해지는 반면 공익에 부합할 수 없는 불법과 부패, 비리로 얼룩지게 된 것이다.

그런 구조에서 재벌이 얻게 된 혜택은 뭐죠?

재벌 대기업은 오너십의 상속, 세금 혜택, 법의 지배로부터의 보호, 그들이 희망하고 필요로 하는 여러 형태의 법적·정책적 혜택을 누릴 수 있게 된 것이다. 그들은 자신들의 성장에 부응하는 세계적 규범과 국내적 법의 지배를 존중하지 않고도, 세계의 시장 경쟁에서 살아남기 위해 기업 지배 구조를 현대화하는 데 진력하지 않고도, 국가의 지원과 보호를 통해 쉽게 돈을 벌 수 있는 방법을 확보했다. 어쨌든 재벌 대기업은 국가권력과의 관계에서 분명 피해자는 아니다. 그러나 이런 조건이, 그들이 세계적인 기업으로서 얼마나 경쟁력을 가질 수 있는지, 또 국민경제와 사회 발전에 얼마나 기여할 수 있는가라는 점에 긍정적으로 작용했다고는 볼 수 없다. 이는 관치 경제를 통해 한국 경제를 이끌어 온 정부의 경제정책과 경제 운영 방식이 실패했음을 의미한다. 국가-재벌 대기업의 동맹은 국가 전체의 부를 늘리는 데 있어서도, 불평등한 분배를 완화하는 데 있어서도 긍정적인 결과를 만들어 내지 못했다.

5. 박근혜 정부에서 국가 역할

그간 국가와 사회의 관계를 분석하면서 '다원주의'라는 개념을 자주 사용하셨어요. 이번 사태와 관련해 주목해야 할 측면이 무엇일까요.

앞에서 우리는 국가, 대통령으로의 권력 집중에 대해 말했다. 그런데 대통령으로의 권력 집중이, 국가가 직접 관장하는 국가 부문이나 공적 영역에 관한 것만이 아니라는 점을 강조해야겠다. 대통령의 지배적인 영향력은 사회 전반에 걸쳐 있다. 권력 집중의 문제는 공적·사적 영역 전부를 포함하는 한국 사회 전체에 관한 것이다. 만약 시민사회가 국가권력으로부터 상당 정도 혹은 일정한 자율성을 가졌더라면, 국가권력이 대통령에 의해 자의적으로 행사되는 것을 억제할 수 있었을 것이다.

그러니까 국가 부문 안에서의 권력 집중만이 아니라, 국가와 사회의 관계에도 주목해야 할 측면이 있다는 말씀이시군요.

그렇다. 그리고 그것이 민주주의 이론의 관점에서 더 중요한 측면이다. 민주주의는 시민들이 선거를 통해 대표를 선출해서 통치를 위임하는 '대표'의 측면과, 이들 대표로 하여금 그(들)를 선출한 시민들에게 책임지도록 하는 '책임'의 측면으로 구성된다. 그런데 이 책임의 측면은, 헌법이나 어떤 법을 통해 가능한 것이 아니라, 사회가 조직되고 운영되는 내용 및 방식과 더 밀접한 관계를 갖는다. 민주주의에서 이 책임의 문제는, 통치자와 시민 간의 물리적 힘 관계의 함수라고도 하겠는데, 요컨대 정치적 힘의 관계를 통해 그렇게 되도록 강제되지 않고서는 통치자가 행사하는 권력을 억제할 수 없다는 것이다. 이 점에서 자유주의적 이념 내지 철학, 그리고 사회의 다원주의적 구조가 매우 중요하다.

자유주의 이념이 현대 민주주의에서 차지하는 중요성은 무엇인가요?
다른 무엇보다도 자유주의 이론은 권력을 갖는 주체가 누구든 그것이 집중·집적되는 현상에 대해 날카로운 경계심을 가져 왔다. 선거를 통해 선출된 통치자는 물론, 시민 집단에 권력이 집중되는 현상에 대해서도 부정적이었다. 미국 헌법의 아버지로 불리는 제임스 매디슨(James Madison)이 미국 헌법의 이론적 토대를 만든 『연방주의자 논설집』 10번에서, 파벌이나 집단이 정치 과정을 통해 다수가 된 후 전제정으로 발전하지 않도록 하려면 어떻게 통제되고 견제돼야 하는가에 대해 날카로운 관심을 드러낸 것도 그런 이유에서이다.[*] 이런 자유주의 이념을 실현하기 위해서는 정치적 다원주의가 필요하다.

● 알렉산더 해밀턴, 제임스 매디슨, 존 제이 지음, 『페더럴리스트 페이퍼』(한울 아카데미, 1995), pp. 61-68.

자유주의의 정치적 표현을 다원주의 내지 다원적 대표 체계라 할 수 있겠군요.

다원주의는 자유주의의 정치적 핵심이다. 권위주의 체제에 대한 정의로 유명한 스페인 출신의 정치학자 후안 린츠(Juan Linz)가 권위주의 체제의 가장 중요한 구성 요소의 하나로 '제한된 다원주의'를 지적했던 것도, 다원주의를 제한하는 것이 권위주의의 핵심임을 의미한다. 말하자면, 개인의 의사 표현, 사상, 언론, 집회, 결사의 자유를 통해 기존 권력을 비판하고 반대할 수 있는가 하는 문제만큼 현실의 민주주의에 필수 불가결한 요소는 없다. 그렇기 때문에 사회적 의견과 가치, 열정과 사회경제적 이익 등을 공유하는 사람들이 자유롭게 결사체를 조직하고 활동할 수 있는 자유, 그리고 이에 필요한, 권력으로부터의 자율성은 민주주의의 기반이자 요건으로서 매우 중요하다.

그렇다면 박근혜 정부하에서 그런 정치적 자유주의 내지 다원주의가 퇴행한 것은 어떻게 설명할 수 있나요?

상호 연관된 두 가지 측면이 중요하다. 하나는 반공 이데올로기를 동원해 야당 성향 혹은 비판적인 인사들을 통제하고 배제한 것이나. 여기에서 한국 사회의 헤게모니적 이데올로기인 반공 이념에 대해 이야기할 필요가 있겠다. 이 이념의 핵심적인 역할은, 야당을 지지하거나 정부와 정부의 시책에 반대 혹은 비판하는 존재가 있다면, 그것이 개인, 정당 정치인, 정당 등 누구일지라도 친북 좌경으로 규정할 수 있다는 사실이며, 나아가 많은 사람들로 하여금 그렇게 믿게 할 수 있다는 것이다. 이런 능력을 통해 야당이나 반대 세력, 비판적인 사람들을 반체제 인사로 규정해 그가 마땅히 향유해야 할 권익으로부터 배제하거나, 사회로부터 소외시킬 수 있었다는 점이다.

그런 이념적 구분이 민주주의에 해악적인 이유는 무엇입니까?

여당과 야당, 진보와 보수, 좌와 우와 같은 구분을 친북과 반북이라는 다른 차원으로 전치시켜, 원래의 구분이나 말뜻이 아닌 전혀 다른 이데올로기적 구분으로 만든다는 데 있다. 통치자의 관점에서 그것은 국민을 효과적으로 분할하고, 서로를 혐오하거나 증오하게 함으로써 통제할 수 있도록 한다. 문제는 권위주의 시기 동안 위력을 가졌던 이런 이데올로기적 역할이 민주주의하에서도 유지돼 왔고, 박-최 사태를 통해 드러나듯 박근혜 정부에서 많이 복원되다시피 했다는 점이다. 민주주의하에서 야당을 탄압하는 것은 정당화될 수 없지만, '종북주의자'들을 탄압하는 것은 사회 전체를 위해 필요하다고 생각되며 정당화된다. 어떤 면에서 박근혜 정부의 주요 정치 엘리트들은 실제로 그렇게 믿는 것처럼 보인다. 이런 이데올로기적 상황은 대통령이 자의적으로 권력을 행사할 수 있는 기반이기도 하다. 이런 상황은, 우리 사회가 내부의 적으로부터 언제든 공격받을 수 있는 항시적 위기 상태라는 인식으로 이어지기 때문이다.

블랙리스트 문제도 같은 차원에서 이해되어야겠군요.

문화체육부 영역 내에서만 처음에는 수백 명, 나중에는 1만 명에 이르는 놀랄 만큼 많은 사람이 요주의 인물로 분류돼 감시의 대상이 되고, 지원 대상에서 배제된 사실이 최근 특검 수사 과정에서 드러났다. 우리는 이런 이데올로기적 통제가 어떻게 만들어질 수 있는지를 권위주의 시기의 경험을 통해 잘 알고 있다. 최정점의 청와대로부터 국정원, 문체부 등 국가의 중심 기구들이 이런 이데올로기 기구로서 기능했음을 보여 준다.

앞서 상호 연관된 두 가지 측면이 중요하다고 하셨는데, 다른 하나는 무엇인지요?

관변 단체의 역할, 그리고 자율적 결사체의 취약함이다. 한국에서 국가와 개인을 매개하는 중간 집단은 관변 단체인 경우가 많다. 특히 이 관변 단체는 보수적 정당과 정부들의 사회적 기반이자, 정부 정책의 사회적 전달망으로서 역할을 한다. 말 그대로 이들은 국가기구와 관료 행정 기구의 주변에서, 국가권력이 인정하고 후원하는 조직체로서 형성되고 활동한다.

실제로 한국 사회에서는 언제나 자율적일 수 있는, 말 그대로의 자율적 결사체는 많지 않은 것 같습니다. 예컨대, 노동조합이나 농민조합 같은 생산자 조직들은, 자신들의 권익을 보호하고 대표하고자 할 때 많은 경우, 국가나 정부에 의해 법적으로든 정치적으로든 제약을 받아 왔습니다. 그런데 이는 한국 사회의 오래된 문제 아닐까요?

맞지만, 중요한 것은 결사체에 대한 이런 전체적 그림이 민주화 이후에도 크게 달라지지 않았다는 점이다. 이런 한국적 조건 때문에 노동자·농민과 같은 생산자 집단들, 사회적 약자 집단들은 제약을 받고 발전하기 어렵다. 아니, 자유롭게 조직되지도 못한다. 이런 환경에서 운동 단체들은 인권, 환경, 여성 차별 등 사회의 일반 이익을 위해 활동할 뿐 아니라, 사회적 약자들의 대변자를 자임해 활동하는 경우가 많다. 어쨌든 민주화된 한국 사회에서도 이런 권위주의 체제의 특징이 상당 정도 그대로 유지된다고 할 수 있다.

박-최 사태의 수사 과정에서 문화체육부가 보여 준 행태야말로 그런 문제를 소상하게 드러낸 기회가 아니었을까요?

최순실의 직접적인 영향하에서 움직였던 문체부의 공식 라인이 정유라에게 특혜를 주는 과정에서, 승마협회를 비롯한 부처 산하 체육 단체 전체를 대상으로 감사를 실시한 적이 있었다. 대통령의 지시를 집행하기 위해 문체부는 8월부터 12월까지 4개월 동안 대한체육회 산하 2,099개 전국 및 시도 경기 단체에 대한 특별 감사를 실시했다. 이 많은 단체들이 문체부의 감사 계획에 따라 일사불란하게 통제된 것이다. 대통령의 문화 체육 정책을 집행하는 문체부로부터 체육 진흥 예산을 지원 받기 위해 그들은 부처가 요구하는 명령에 응하지 않으면 안 되는 것이다. 특정 분야, 특정의 기능적 범주를 관장하는 중앙 부서가 있고, 그 부서가 대규모 예산을 산하단체들에게 배정하는 권한을 가질 때, 그것은 일종의 당근과 채찍 같은 역할을 하면서 그들을 명령하고 지휘할 수 있게 된다. 박근혜 정부하에서 교육정책, 인문 사회 분야의 학술 연구, 과학기술 정책과 연구 개발(R&D) 투자 등 여러 영역에서 정부 정책과 그것이 집행되는 양상 또한 이와 다르지 않다.

다른 부처에도 문제가 있지 않을까요?

나는 교육부의 대학 정책이야말로 그 대표적인 사례라고 본다. 청와대와 교육부가 어떻게 대학을 통제하고 있는지는 대학 사회에서 이미 잘 알려진 사실이다. 최근 국립대학 여덟 곳에서, 총장 선출을 위한 학내 교수 투표에서 1위를 한 후보들이 총장 임명에서 **탈락**하자 이에 항의해 교수들이 특별검사팀에 소송을 제기한 유례없는 사건이 발생했다. 대학 총장을 임명하는 것조차, 대학 교수들의 선거 결과를 존중하지 않고 대통령과 정부 정책에 협력적이었느냐 아니냐를 기준으로 한다면, 민주적인 절차에 따라 총장을 선거한다는 것은 허울 좋은 구실에 지나지 않는다. 이는 부산대학의 한 교수가 정부의 총장 선출 방식에 항의해 투신자 살을 하는, 유신 체제 때도 볼 수 없었던 비극을 낳기도 했다. 대학 교육·연구에 대한 국가 관리와 통제는 대학의 양적 발전과 더불어 강화돼 왔다. 박근혜 정부에 이르러서는 대학을 더 효과적으로 관리하겠다며 지역별 대학 협의회(교수협의회와 혼동하기 쉽지만 둘은 다르다) 구성을 대학들에 요구하고 있기도 하다.

이런 현상을 설명하는 데 늘 말씀하시는 국가 다원주의라는 개념을 유용하게 활용할 수 있지 않을까요?

앞서 '제한적 다원주의'라는 후안 린츠의 말을 소개했는데, 그보다 더 설명력을 갖는 개념이 필요하다. 우선 국가 다원주의(state pluralism)는 '자유주의적 다원주의'(liberal pluralism)에 대응하는 개념이다. 낯선 학술적 개념이지만, 오늘날 우리 문제를 깊이 이해하는 데 매우 유용하다. 먼저, '국가'와 '다원주의'라는, 의미가 서로 충돌하는 단어가 합쳐진, 즉 형용 모순적인 말이라는 점에 주목할 필요가 있다. 우선 '국가'가 의미하는 바는, 다원주의는 다원주의로되 자유주의적 가치와 부응하지 않고, 그렇기 때문에 결사체들이 정치적·사회적 자율성을 갖지 못한다는 것이다. 반면 '다원주의'는, 흔히 '자유로운 결사체'라고 말하듯이, 특정의 기능적 영역에서 이해관계를 공유하는 사람들이 자유롭게 결사체를 조직하는 것을 가리킨다. 이들 결사체가 여러 다양한 기능적 영역에서 자유롭게 조직되어 사회에 널리 산재해 존재하고 행위하므로 '다원적'이라고 말하는 것이다.

그럼 '국가 다원주의'란 우리의 결사체들이 자율적이지 못하다는 뜻이군요.

그래야 함에도 한국의 자율적 결사체들은 말 그대로의 자율성을 갖지 못했다. 국가가 이들을 관리하고 통제할 뿐만 아니라, 필요하다면 그런 결사체 조직을 국가가 지원하기도 한다. 결사 단계에서 비교적 자유롭고, 사회적 존재 형태로서 다원적이지만 국가의 통제를 받으며 자율성이 사실상 제한된다는 점에서 '국가 다원주의'라 부를 수 있을 것이다. 이런 구조에서, 우리는 대통령의 권력을 대행해 온 최순실이라는 사인이 대통령의 뜻을 받들어, 문제부 차관을 통해 어떻게 그 부서를 사실상 관장하고, 그 부서의 관리를 받는 모든 단체를 좌지우지할 수 있었는지를 투명하게 볼 수 있다. 풀어 말하면, 사회 전체가 이런 방식으로 통제되고 운영될 수 있었던 것이다.

이런 구조가 달라질 수 있을까요?

당장은 쉽지 않을 것이고, 일정한 변화의 시간이 필요할 것이다.

나는 이번 박근혜-최순실 사태를 보면서, 민주주의를 잘 운영하려면, 국가와 사회의 관계가 어떠해야 하는지에 대한 이해가 필요하다는 것을 느꼈다. 사태가 어떻게 왜 잘못되었는지를 알아야 변화도 가능할 것이다. 모두 알다시피, 박근혜 정부는 2013년 수립과 더불어 새 정부가 지향하는 경제와 사회 운영의 슬로건으로 '미래창조경제'를 내세우면서 미래창조부를 신설했다. 그런데 이 새로운 부처에서 설치한 '창조경제민관협의회'를 주목할 필요가 있다. 이 협의회는 전경련을 필두로 한 대한상의, 경총을 포함하는 경제5단체, 전국은행연합회를 한편으로 하고, 청와대 경제수석을 비롯해 교육·산업·기재·과학기술 분야 등 관련 부서들로부터 파견된 관료들을 다른 한편으로 하는 두 그룹이 합동한 기구이다.

왜 그것에 특별히 주목해야 하는지요?

국가의 중심 부서를 정부 관료들과 기업 대표들로 구성하면서, 그 계급 편향성을 공식화했기 때문이다. 그것은 국가/정부의 정책 결정 사항과 직접적으로 연관된 영역에서, 그 법안 내지 정책을 결정하려는 정부 대표와 그 법/결정에 직접적으로 이해관계를 갖는 사용자단체와 이익집단들이 서로 협상하고 협의해서 결정하는 구조이다. 이런 정책 결정 과정은 한국과 같은 나라에서는 노동을 쉽게 배제하게 된다. 정부 부서 자체를 공공연하게 정부와 기업집단들이 공동으로 운영하는 사례는 일찍이 볼 수 없었다. 미국에서 새로 출범하는 트럼프 정부가 내각을 구성할 때, 비유하자면 엑손모빌, 골드만삭스, 사모 펀드, 패스트푸드 업체 등의 최고 경영자(CEO)를 국무·재무·노동·상무부 등 정부 핵심 부서의 장관으로 임명할 수는 있다. 그러나 이들 기업의 이익을 대변하는 사용자단체들의 대표가 정부 중앙 부서의 운영 주체가 되거나 그 부서를 운영하는 당사자가 된다는 것은 상상할 수 없는 일이다. 미래창조부의 구조와 운영 방식에서 보듯, 관료들과 사용자단체가 공동으로 정부의 핵심 부서를 운영하는 사례는 그 어디에서도 볼 수 없는 것이다. 이런 식의 정부 구성이 문제가 되는 것은, 민주주의 체제란 다른 사회집단들을 배제하고, 기업만을 위한 것일 수 없기 때문이다. 이는 그야말로 전형적인 개발독재 시대에나 가능했던 발상이다. 노동자들과 그 대표들은 분명히 사용자들과 더불어 생산자 집단이며, 그들의 파트너라는 사실이 완전히 무시되었다. 미르재단과 K재단의 구조나, 전국 조직으로 확장을 도모하는 늘봄체조 프로젝트를 보면 금방 알 수 있다. 앞에서도 지적했지만, 그 조직 모델이야말로 새마을운동, 새마음운동과 같은, 권위주의 시기 권위주의 국가가 주도했던 운동 방식이다. 권위주의 시기, 대통령을 떠받치는 위로부터의 전국 조직화 방식을 따르기 때문이다. 박근혜 정부가 시도했던 것은, 정부를 운영하고 국가를 통치하는 것에서 끝나지 않고, 사회 전체를 위로부터 획일적으로, 전국의 지방 단위까지 통치자의 의지를 실현하기 위해 사회구조를 개조하려 했다는 점이다. 그 것은 권위주의적 국가 운영과 사회 구성의 패러다임을 넘어, 일 종의 전체주의적 통치 방식을 연상시킨다. 이런 구조가 어떻게 민주주의의 가치와 상응할 수 있겠는가?

6. 왜 대통령 탄핵인가 : 헌정 공백과 국회의 역할

지금까지 박근혜 정부의 문제를 깊이 들여다보았습니다. 정치학의 여러 이론적 논의를 통해 분석해 보니 사태가 더욱 선명해 보입니다. 이제 그런 박근혜 정부에 책임을 묻는 민주적 방법은 무엇인가에 대해 이야기해 봐야 하지 않을까 합니다. 우선 촛불 시위가 제기한 문제를 한국 민주주의기 이렇게 수용해야 하는가에 대해 이야기해 보겠습니다. 그간 국회의 역할을 강조하셨지요?

국회가 민의를 대변하는 기구라고 한다면, 무엇보다 먼저 시민의 요구가 무엇인지를 이해하고 그 요구를 제도와 절차에 합당한 방식으로 구현해야 한다고 보았기 때문이다. 그것이 민주주의이다.

국회의 탄핵 절차를 가리키는 것일 텐데, 국회가 그런 역할을 부여받게 된 것은 박근혜 정부의 잘못 때문이겠지요?

물론 정부의 책임이다. 박근혜 정부는 민주 정부로서 정당성을 상실했고, 도덕적 권위 또한 땅에 떨어졌다. 그뿐만 아니라 박근혜-최순실 사태 이후 국가의 중요 아젠다를 판단하고, 정책을 결정할 능력을 의심받게 되었다. 정치적·외교적·사회적·문화적·교육적 아젠다, 그리고 스포츠 분야에서 정부에 대한 비판은 광범위하고 격렬하다. 그러나 사태가 여기까지 이르게 된 것은 앞선 정부들로부터 박근혜 정부에 이르기까지 사회경제적 조건들에서 누적되어 온 정부의 무책임과 무능력 때문이다. 즉, 공정하지 못한 분배와 사회적 양극화, 그로 인한 시민 다수, 특히 사회적 약자에 대한 사회적·산업적 시민권의 배제와 성장 혜택으로부터의 소외, 청년 취업 기회의 악화, 미래 삶의 전망에 대한 불확실함과 같은 조건들 말이다. 정부의 실정에 대한 불만이 누적되지 않았다면, 대통령은 이렇듯 광범한 지지의 철회와 비판에 직면하지 않았을 것이다.

문제의 책임은 박근혜 정부에 있고, 촛불 시위는 그 책임을 물을 텐데요. 그렇다면 문제의 해결은 어떤 방식으로 이루어져야 하나요?

촛불 시위는 박근혜 정부에 통치의 정당성이 없음을 선언한 것이라 볼 수 있다. 이런 상황에서 해답은 분명했다. 그것은 국회가 헌법의 정신과 규범에 따라 헌정 공백을 메우는 역할을 담당하는 것이다.

그것이 민주주의의 원리에 맞는다는 말씀인가요?

민주적 정치체제는 서로 성격이 다른 두 측면으로 구성된다. 하나는 밑으로부터 국민 내지 시민 대중이, 통치자와 통치 제제에 대해 그들의 공적 행위의 결과에 대한 책임을 묻고, 여러 가지 방식으로 통치 체제를 향해 자신들의 의사와 요구를 전달하는 것이다. 다른 하나는 위로부터, 통치자 내지 선출된 대표자들이 시민들의 요구에 부응해 정부를 운영하고, 국정 운영의 비전과 이를 실현할 정책을 통해 통치하는 일이다. 이 두 가지 측면은 민주주의를 운영하는 데 있어 시민과 선출된 대표들 사이의 역할 분담이며, 그런 역할이 잘 상응할 때 민주주의는 온전하게 작동할 수 있다. 광장에서 터져 나왔던, 박근혜 정부에 대한 시민들의 분노가 그 첫 번째 것이라면, 그런 시민들의 요구에 부응하면서 마비 상태에 놓인 정부를 대신해 헌정 위기를 넘어 새로운 정치 질서를 만드는 데 선도적 역할을 하는 것이 두 번째 측면이다. 말할 것도 없이 국회를 운영하는 주체는 정당이고, 민의를 대표하는 선출된 정치인들이라고 할 때 이 과업은 그들의 어깨 위에 놓이게 된다.

촛불 시위 초기, 광장에서 항의와 분노가 폭발할 때 정당 정치인들은 개인으로 참여했을 뿐 자신들에게 부여된 책무가 무엇인지 별로 인지하지 못했던 같습니다.

정당과 정당 정치인들이 광장에서 시민들의 분노에 동참하는 것보다 중요한 것은, 그들이 통치의 역할을 수행하는 데 주저하거나 전략적으로 행위하지 말고 자신들에게 주어진 책무를 다하는 것이었다. 처음에 그들은 여론의 추이를 보면서 수동적 내지 전략적으로 행위하는 데 전념했다. 국가의 최고 행정 수반으로서 대통령이 절대다수의 국민들에 의해 통치에 필요한 권한과 능력을 부정당한 상황이라면, 국회가 해야 할 일은 헌법에 따라 탄핵 절차를 밟는 일이 아닐 수 없었다. 조금 늦긴 했지만 상황을 충분히 지켜본 다음 그 절차에 나선 것은 다행스러운 일이었다.

지금까지 우리는 민주주의의 제도하에서 대통령과 집행부가 일시에 무력화돼, 국정이 마비되고 헌정 공백이 생긴 경험이 없습니다. 이때 국가의 어느 부분 혹은 누가 통치의 역할을 수행해야 하는가에 대한 헌법 규정이 애매하다는 점에서 혼란이 있었는데요. 그 문제에 대해서는 어떻게 보셨나요?

그런 상황이 정치적 제도와 실천에서 여러 도전과 어려움을 가져다줌에도 불구하고, 큰 문제라고 생각되지는 않았다. 헌법 규정이 명시적이지 않다 하더라도, 헌법이 기초하고 있는 '근본 규범'으로도 현실에서 응용될 수 있는 민주주의의 원리와 지침은 얼마든지 찾을 수 있다고 보았기 때문이다. 사실 18세기 미국 독립 이후 펜실베이니아 헌법은, 행정 수반인 지사와 상원이 없는, 그리고 하원이 집행부와 의회 역할을 동시에 수행하는 가장 단순한 형태의 정부를 15년 동안이나 유지한 적도 있었다.*

행정부의 공백에도 불구하고 그것이 두려워 할 일만은 아니라고 보셨다는 뜻인가요?

걱정했던 것보다는 나쁘지 않았고, 오히려 새로운 일을 경험한 느낌이다. 헌정 공백하에서 국회가, 다음 대통령 선거를 통해 새로운 정부를 구성할 때까지 의회 내에 집행부 기능을 갖는 과도 내각을 구성하는 것은 충분히 헌법 이론적인 근거를 갖는다. 그와 병행해 국회가 해야 할 일은 대통령에 대한 탄핵 절차를 밟는 것이다. 이를 위해 국회는 무엇보다 먼저 박-최 사태를 조사하기 위해 청문회를 개최할 수 있다. 이 과정을 통해 모든 시민이 이 문제에 대해 좀 더 심도 있고 폭넓은 정보를 갖게 되는 것, 그것만큼 민주주의에 큰 교육적 효과를 갖는 것은 없기 때문이다. 또한 국회는 현재 진행 중인 검찰의 수사와는 별도로 독자적인 조사위원회, 또는 특검을 설치하고 조사하는 일에 착수할 수 있다. 두루 알다시피 오늘의 한국 검찰은 공정한 수사를 집행하는 사법 행정 기구로서보다는, 대통령을 보좌하는 권력 수단이자 도

● Gordon S. Wood, "Democracy and American Revolution," John Dunn ed., *Democracy and the Unfinished Journey, 508 BC to AD 1993* (Oxford University Press, 1992), pp. 94-95.

구로 역할해 온 지 오래되었다. 이들 검찰이 중립적이고 자율적으로 박-최 사건을 수사하기를 기대하는 데는 한계가 있기 때문이다. 전체적으로 그간 국회에서 순조롭게 일이 진행되었다고 본다.

국회에 의해 발의된 탄핵이 헌법재판소에 의해 얼마나 공정하게 평결될 수 있을지도 의문이었습니다만, 이에 대해서는 어떻게 보셨나요?

그 결과가 어떠하든 국회가 헌법 공백의 상황에서 얼마나 중심적인 역할을 하고, 헌재가 얼마나 헌법을 지키고 민주주의를 수호하는 역할을 할 것인지 명백히 드러나게 될 것인데, 이를 주목할 필요가 있다. 요컨대 박-최 사건을 풀어 나가는 과정에서 국가기구의 중심이 되는 국회와 헌재가 얼마나 민주적인지, 민주적이기 위해 어떤 변화가 필요한지를 분명하게 보게 될 것이기 때문이다. 이런 경험 없이, 한국 민주주의가 제대로 발전할 수 있기를 기대하기란 지극히 어렵다.

헌재에서 탄핵이 인용된다면 대통령 선거까지 몇 개월 남짓 남게 됩니다. 탄핵 국면과 조기 대선 국면이 겹치는 것에 대해 두려워하는 사람도 많습니다.

그럴 필요는 없다고 본다. 정당 후보들, 대선 주자들은 대선 과정에서 헌정 공백과 탄핵 문제를 둘러싼 주요 쟁점들에 대해 자신의 관점과 대책을 제시할 좋은 기회를 갖게 될 것이다. 대통령의 퇴진이나, 탄핵 과정이 빨리 진척될 경우 대선 시간표는 앞당겨질 수도 있겠다. 이 점에서 투표자들에게 이번 대선은 경쟁하고 있는 대선 주자들의 능력을 평가할 수 있는 좋은 기회가 될 듯하다. 시간의 길고 짧음은 별 문제가 되지 않는다.

7. 촛불 시위에서 나타난 특징들

탄핵 일정이 오래 걸려 국정 공백이 생기게 될 것을 걱정하는 사람들노 많았고, 조기 대선 때문에 자칫 후보에 대한 검증과 평가가 제대로 이루어지지 않을까 우려하는 사람도 있는데, 그런 것들은 그리 중요하지 않다는 말씀이군요. 제 생각에도 이른바 헌정 공백이든 정부의 권위 부재든 이런 상황을 경험해 보는 것이 좋은 효과를 갖는 것 같습니다. 국회가 있고, 지난 총선에서 시민 주권을 정당하게 위임받은 정당들이 있다면, 헌정 중단 내지 무정부 상황에 대한 두려움은 사실 과도한 우려일 수 있겠지요. 우리 사회는 그간 행정부 중심의 정부관에 의해 지배되었는데 이로부터 벗어날 기회도 되겠다 싶습니다. 따라서 탄핵 절차로 넘어가는 것에 대해 두려워할 이유가 없다고 말씀하신 것은, 지나고 보니 자연스러운 일인 것 같습니다. 탄핵 문제에 대해서는 이 정도로 마무리하고, 촛불 시위 자체에 대해 이야기해 보기로 하죠. 촛불 시위에 누가 나왔다고 보시는지요?

촛불 시위에서 가장 인상적인 점 가운데 하나는, 무엇보다 거의 모든 연령층을 포괄하는 시위 군중의 구성적 특성이 아닌가 한다. 한국 현대 정치사를 통해 볼 때, 가장 중요한 변화는 운동 아니면 군부 쿠데타에 의한 것이었다. 그런데 이번 촛불 시위는 앞선 모든 대규모 민주화 운동들과 비교해 중요한 차이가 있는데, 전 연령층이 참여했다는 점이다. 그만큼 민주주의에 대한 지지가 전 연령층으로 확대되었음을 의미한다. 민주화를 지지하고 그 가치를 실현하고자 하는 시민 집단들의 연령층이 1세대, 2세대, 3세대를 낳으면서 확대된 결과라고 본다.

1980년대 민주화를 주도했던 이른바 386세대들은 어느덧 한국 사회의 중심인 중년층이 되었고, 대규모 사회운동의 경험이 전혀 없던 자식 세대들이 촛불 시위의 주축을 이룬 것 또한 시대 변화를 실감합니다.

중요한 의미가 있다. 지금까지 권위주의에 반대하는 민주화 운동은, 4·19 학생 혁명으로부터 1980년대 민주화 운동에 이르기까지 그 중심은 사실상 학생운동이었다. 이제 그 양상이 변해 전 인구 층으로 확대된 것인데, 민주주의의 발전을 위해 그 의미는 매우 크다. 그러나 또 다르게 중요한 점은, 이런 구성적 특성에도 불구하고, 광장에서 시위를 주도하는 새로운 젊은 세대가 출현했다는 것과 그들의 역할이다. 나아가 조직된 지도부의 역할이 크지 않았다는 점도 인상적이었다. 1백만 명을 넘나드는 대규모 집회였음에도 불구하고, 질서 있고 절제되고, 품위 있는 성격을 일관되게 유지했기 때문이다.

그런 일들이 어떻게 가능할 수 있었을까요?

의사소통 매체의 기술이 발전함에 따라, 트위터·페이스북 같은 사회적 미디어가 조직적으로 시위 방향을 설정하고, 참여자들의 의사를 결집하면서 그것을 통제해 나갈 수 있었기 때문일 것이다. 인터넷 매체의 위력을 한국 민주화 운동 과정에서도 실감하게 된 것이다. 자발적으로 조직되고, 자율적으로 움직이면서 통제되는 시위 군중의 모습은 엄청난 것이었다. 대규모 시위 군중이 스스로 조직화되고, 일정하게 전략적 마인드를 가지면서 정당 정치인들을 일정 방향으로 압박하고, 탄핵을 향해 한 방향으로 힘을 결집시켜 나가는 것은 놀라웠다. 광장에 참여한 시민들은 그 어떤 정당과 정치인들 못지않게, 민주주의가 필요로 하는 정치의 기예를 제대로 발휘했다.

시민 참여의 민주적 역할을 보셨다는 뜻이군요.

그런 광경을 바라보면서 나는 20세기 전간기 바이마르공화국의 사례를 떠올렸다. 정치학자들은 바이마르공화국이 가장 좋은 헌법을 가졌음에도 나치의 등장을 허용했다는 점에서, 최악의 결과를 만들어 낸 실패 이유를 '민주주의자 없는 민주주의'에서 찾기도 한다. 신생 공화국을 떠받칠 수 있는 사회 세력을 갖지 못했다는 것이다. 당시 독일의 여러 지적 지도자들조차, 바이마르 공화국이라는 새로운 체제가 성공할 수 있을지 회의적이었기 때문이다. 그 사례와 비교할 때 오늘의 한국 민주주의는, 그 어떤 도전에도 불구하고 민주주의에 대한 열정과 의식을 갖는, 전 연령층의 수많은 민주주의자가 있으므로 희망을 가질 수 있다. 일찍이 마키아벨리도 『군주론』에서 말하지 않았던가? 자유를 경험해 본 사람들을 억압적으로 통치하는 것은, 경험해 보지 못한 사람들을 통치하는 것보다 훨씬 더 어렵다고. [*]

촛불 시위에 참여한 시민들의 요구는 무엇이었을까요?
규범으로서의 민주주의와 현실로서의 권위주의가 잘못 조합된 상황에 대해 문제를 제기했다고 본다. 민주주의라는 형식과, 실제 정치적 실체 내지 그 실천 방식으로 권위주의 또는 유신 체제를 기묘하게 결합한 박근혜 정부에 대해 어떤 명칭도 적합하지 않다. 민주주의가 지녀야 할 법의 지배와 민주적 가치 및 규범을

---

[*] 니콜로 마키아벨리 지음, 최장집 서문, 박상훈 옮김, 『군주론』(후마니타스, 2014), 5장, 특히 마지막 절.

한편으로 하고, 법 위에 군림하는 대통령의 명백한 권위주의적 통치 행태 사이의 인지적 불일치는 보통 시민들이 인내할 수 있는 범위를 넘어섰다. 광장에서의 대규모 집회를 통해 시민들이 요구한 것은, 형해화된 민주주의를 온전한 민주주의로 대체하라는 것이었다고 본다. 그들이 생각하는 민주주의는 여러 차원, 여러 측면에서 제도와 규범, 그것이 만들어 내는 정책들을 포괄하는 것이었다.

그렇다면 시민이 직접 대통령을 퇴진시켜 문제를 해결할 수 있다고 보셨는지요?

그렇지는 않다. 촛불 시위에 참여한 사람들이 희망하는 것과 그것을 현실에서 실현하는 것은 다른 문제이다. 광장에서 시민들이 희망하고 요구하는 것을 실현하는 문제, 그것은 정당과 정치인, 그리고 국회와 정부가 해야 할 일이지, 시민이나 운동, 사회의 몫은 아니다.

조금 민감한 문제를 질문하고 싶습니다. 폭력이든 물리력이든, 절제된 평화 집회에서 무엇을 느끼셨나요? 저는 맹목적이다 싶을 정도로 과도한 평화주의가 조금 불편하게 생각되었는데요.

거대한 시위 집단이 전략적으로 행위했다는 점, 나는 그것에 더 주목하고 싶다. 거대한 집단으로서 광장의 군중이, 대통령 탄핵이라는 하나의 복석에 집중하면서 자신들의 열정을 절제하고 평화적인 방법으로 시위를 이끌고 지속했다는 것은 나로서는 대단히 인상적이었다. 그들은 자신들의 시위가 폭력성을 띠거나 급진화되면 곧 그들 행위의 정당성이 훼손될 것이라는 점, 그들이 이성적이고 정치적·법적 정당성을 가질 때 비로소 광범한 시민적 동의를 얻을 수 있다는 점을 누구보다 잘 알고 행동했다.

그게 어떤 피해 의식이나 패배주의적 정서와 관련된 것은 아닐까요?
그보다는 제약된 조건에서 가능의 공간을 확대하려는 지혜의 측면을 더 중시하고 싶다. 촛불 시위 참여자들이 목표의 절제와 평화적 수단을 중요하게 생각하는 것은 특수한 한국적 조건과도 관련이 있다. 그것은 보수적 힘에 대해 잘 알고 있기 때문이다. 권력에 대한 강력한 반대 운동은, 그 연원과 목적이 무엇이든, 남북한 간 이데올로기적 갈등과 균열에 그대로 접맥될 수 있다는 점이다. 이는 한국 사회에서 가장 강력한 보수적 이데올로기의 자원이자 중대한 정치적·사회적 갈등과 균열에 압도적인 영향력을 행사한다. 그리고 다른 하나는 지난 1980년대 민주화 운동 이래 급진적 방식으로 문제를 해결하려 한 것이 민주주의 발전에서나, 현실 정치에서나 성과를 얻어낼 수 없었다는 사실을 잘 이해하고 있었기 때문이라 본다. 이 점은 여러 민주 정부들을 거치면서 학습하고 경험한 것 아니겠는가.

집합적 지혜의 산물로서 평화 집회의 전략적 측면을 강조하셨는데, 그렇다면 보수적인 정조와 무관한 현명한 진보적 실천으로 이해하시는지요. 좀 더 설명을 듣고 싶습니다.

규모와 이슈 사이의 상관관계를 강조하고 싶다. 집단의 규모가 커질수록 합의를 만들어 내기 쉽지 않기 때문에, 다룰 수 있는 의제란 누구나 동의할 수 있는 절차적 차원에 한정될 수밖에 없다. 그동안 정부들이 누적시켜 왔던 사회적 양극화나 보통 사람들의 삶의 궁핍화와 같은 사회경제적 문제가 제기되지 못한 것도 그런 측면에서 이해해야 할 것이다. 사람들의 구성은 다양할 수밖에 없고, 그들의 요구와 열정 또한 다양할 것이다. 그럴 때 대규모 군중을 결집할 수 있는 최대 공약은 하나일 때만 효과가 극대화될 것이다. 그렇지 않을 때 상황은 곧 분열로 이어질 것이다. 민주주의의 절차와 관련된 이슈인 대통령의 탄핵 혹은 퇴진을 넘어서 사회경제적 개혁 사안들을 제시하게 될 때, 군중들의 다양한 요구와 열정으로 인해 대규모 시위는 그 전의 모습을 유지하기 어려울 것이다. 사회경제적 개혁 사안이 중심 이슈가 된다 해도 목표는 하나여야 대규모 집회가 가능할 것이다. 이번 촛불 시위와 같은 대규모 군중집회에서 여러 요구 사안들을 제기하고 토의하기란 불가능할 뿐만 아니라, 그렇게 많은 다수 군중의 참여를 불러들일 수 없을 것이다. 대통령의 퇴진 혹은 탄핵이라는 하나의 목표에 집중하는 것은 어떤 전략의 결과가 아니라, 그 규모가 이미 그것을 결정했다고 할 수 있다. 촛불 시위를 통해, 사회경제적인 문제를 포함해 갈등적인 의제들을 모두 해결하려는 것은, 불가능할 뿐만 아니라 바람직한 결과로 이어지지도 않는다. 촛불 시위는 가장 기초적인 의제에 집중해 다수의 지지를 유지할 수 있을 때 그 위력이 있는 것이지, 민주주의의 모든 문제를 걸려고 하면 안 된다.

8. 촛불 시위는 명예혁명인가

혹자는 이번 촛불 시위를 '명예혁명'이라고 정의합니다. 동의하시는지요?
조금 복잡하다. 우선 기본적인 상황이랄까, 사태의 기원 내지 구조에 대해 다시 살펴볼 필요가 있을 것 같다. 우선 박-최 사건은 박근혜 정부가 약화되고 야당과 시민사회가 강화되어, 외부로부터 정권에 도전함으로써 발생한 것이 아니다. 오히려 그런 도전이 가장 약했던 시점에서 발생했다는 것이 특기할 만하다. 권력을 견제하고 그에 대한 책임을 물을 수 있는 정치적·사회적 힘과 기제들이 약해질 대로 약해진 시점에서 문제가 발생한 것이다.

박근혜 정부의 반대파가 정치에서나 사회에서 성장한 결과가 아니라는 것이군요. 그럼 대규모 촛불 시위는 어떻게 가능했던 걸까요?

촛불 시위의 등장으로부터 최소한 국회에서 탄핵이 결정되고 탄핵에 관한 헌재의 결정 사이 일정한 시점까지, 박근혜 정부의 무력화는 권력이 갖는 하나의 패러독스를 보여 준다. 억제되지 않는, 한계를 모르는 권력이 터무니없이 허약하다는 것을 보여 주기 때문이다. 이른바 '최순실 사태'와 대통령의 개인적 문제가 전면화되는 과정은 이를 잘 보여 주었다. 그러나 박 대통령의 개인적 위기가 그의 지지 기반인 사회 세력으로까지 확장될 때, 새로운 갈등과 대립이 동원될 것이다. 그때쯤 되어야 비로소 이 사태의 전체적인 모습이 어떻게 될지 분명해질 것이다. 지금 많은 사람들이 촛불 시위를 명예혁명 또는 촛불 혁명이라고 부르지만, 그렇게 부를 수 있는 것은, 대통령이 실제로 탄핵을 통해 현직에서 평화적으로 물러나고 그 이후에도 사회적으로 큰 갈등이나 대립이 발생하지 않을 때일 것이다.

그래서 절차와 제도에 따른 합법적 해결을 중시한 거군요.

나는 처음부터 대규모 집회의 요구와 압력을 통해 대통령이 자진 사퇴하거나 여론의 힘에 의해 퇴진하기보다, 헌법적 절차에 따라 퇴진하는 것이 훨씬 바람직하다고 생각했다. 그렇게 될 때 명예혁명이라 말할 수 있을 것이다. 위기에 빠진 민주주의를 헌법, 즉 법의 수단에 의해 정상화하는 것을 의미하기 때문이다. 이는 한국 역사상 최초의 경험이 아닐 수 없다. 대통령이 압도적 다수 시민들의 생각에 동의하지 않고, 물러나지 않기로 결정한다면 어떻게 해야 할까? 그럴 경우 헌재의 판결은 대통령의 퇴진을 강제하는 유일한 평화적 방법이 아닐 수 없다. 우리는 이 탄핵을 통해, 민주주의의 규범을 제도화한 헌법적 절차를 따라, 폭력적 방법이나 피를 흘리지 않고도 대통령이 교체될 수 있는 희귀한 사례를 경험하게 될 것이다. 분명 이 경험은 대통령도 법 위에 군림할 수 없다는 실례를 보여 주는 것이고, 민주주의가 잘 작동하고 있음을 경험할 수 있도록 하는 민주주의의 생생한 교훈이 될 것이다. 그럴 때 이런 탄핵을 이끌어 낼 수 있었던 촛불 시위에 대해 명예혁명이라고 말할 수 있을 것이다.

헌재의 최종 판단이 중요하겠군요.
헌재에 의한 탄핵 결정은 큰 의미를 갖는 정치적 현상을 동반한다. 한국 사회에서 중요한 정치적 갈등은, 남북한 간 체제 대립에 기초한 이데올로기적 균열의 영향을 받기 때문에, 이성과 반이성, 합리성과 비합리성 사이의 구분을 무의미하게 만드는 경우가 많다. 사람들 사이에서 갈등의 범위와 강도가 클수록 이데올로기적 갈등과 접맥되는 경향이 있다. 한국 사회에서 보수 세력은 이 균열 축에 관한 한 헤게모니를 가지고 있으므로, 민주주의에 관한 헌법적 해석에 크든 적든 일정한 영향력을 행사할 능력을 갖는다. 그럴 경우, 그 힘은 판사들의 법적·이성적 판단에 일정한 영향력을 행사할 수 있을지 모른다. 만약 박근혜 대통령을 지지하거나 찬미하는 사회적 힘이, 개발독재를 신화화하는 발전주의 이데올로기나 반공 보수주의를, 헌법적·이성적 차원에서 논의되어야 할 문제와 접맥시키는 데 성공한다면, 문제는 다른 수준으로 옮겨갈 수 있다. 그런 힘들이 촛불 시위를 혐오하게 하고, 촛불 시위가 가져올 결과에 대해 두려움을 동원하는 데 성공한다면, 탄핵을 둘러싼 갈등은 이념 대립의 차원으로 옮겨갈 수 있을지 모른다. 그렇지만 현재의 조건에서 그럴 가능성은 적다고 믿는다.

9. 2016 촛불 시위의 정신적 내용

좀 근본적인 질문을 제기하고 싶은데요. 오늘의 촛불 시위를 가능케 한 정신이 있었다면 무엇일까요.

촛불 시위에서 발견되는, 혹은 촛불 시위에 영향을 미쳤다고 생각하는 정신적·의식적 이념이나 자원이 무엇인지 묻는 것으로 이해한다. 그것이야 말할 것도 없이 민주주의 아니겠는가. 그런데 여기에는 긍정적인 의미와 부정적인 의미가 모두 함축되어 있다. 긍정적인 점은, 민주주의에 대한 지지를 유감없이 보여 준 것이라 하겠는데, 그 힘으로 인해 얼마 전까지만 해도 상상조차 할 수 없었던, 현직 대통령을 탄핵의 벼랑으로까지 몰고 갔다고 할 수 있다. 앞으로 대통령이 어떤 형태로 임기를 마감하든, 촛불 시위 전까지의 통치 방식을 그대로 반복할 수는 없게 된 것이다.

부정적인 측면은 무엇인가요?

부정적인 것은, '민주주의에 대한 지지'라는 말이 지나치게 포괄적이라는 점이다. 대통령은 민주주의의 규범을 무시하고 체제를 권위주의적으로 운영해 민주주의를 위험에 빠트렸다. 그러나 그런 통치 방식이 헌법을 위반했다는 것을 넘어, 어떤 내용의 민주주의를 해야 하는가에 대해서는 말해 주는 것이 별로 없다. 민주주의를 위해 싸웠고 그래서 민주주의를 복원해 냈다는 식의 논리는 문제를 적시하지 못하기 때문에, 그런 설명만으로는 지나치게 포괄적이고 공허하기까지 하다.

그럼 우리 사회에서 민주주의에 대한 이해가 어떤 문제를 갖고 있다고 보시는지요?

우리 사회에서 민주주의는 한편으로는 의미가 너무 좁고, 다른 한편으로는 너무 넓다. 너무 좁다는 것은, 민주주의는 민주주의의 최소 요건이라고 할 수 있는 제도적 장치를 갖추면 민주주의인 것이다. 우리는 그 민주주의를 문제가 많지만 실제로 하고 있는 중이다. 너무 넓다는 말은, 한국에서 '민주주의'라는 말은 모든 좋은 것을 담는 정치 언어라는 뜻이다.

민주주의가 너무 넓게 해석되어서 문제라는 뜻인가요?

한국 민주주의가 운동에 의해 성취됐다는 점이 중요하다. 그 결과 민주주의를 매우 이상주의적이고 낭만적으로 이해하는 경향을 낳았다. 모든 나쁜 것은 독재이고, 모든 좋은 것이 민주주의라고 한다면, 그 민주주의의 의미는 과부하된 것이라 할 수 있다.

이때 민주주의는 하나의 정치체제로 이해되기보다는, 민족주의나 사회주의, 자유주의, 보수주의 등 어떤 이념의 한 형태로 이해되는 것이기도 하다. 즉 '주의'라는 말 그대로 (이 점에서 민주주의는 잘못된 번역이다) 정치체제가 아니라 이념으로 오해되는 경향이 있다는 말이다. 어느 경우든 민주주의는 매우 포괄적인 의미를 담기 때문에 그것을 한정하거나, 그 제도적 실천을 뒷받침해 주는 어떤 내용과 가치가 필요하다. 그래서 정치학자들은 민주주의를 풀어서 '현대의, 자유주의적이고, 대의제적인 민주주의'라고 부른다.

그런 정의와 무관하게 한국에서 민주주의는 낭만적인 계기가 강하며, 자유주의적 대의 민주주의라는 관점이 약한 것 같습니다.

나는 다른 기회에 여러 차례 한국 사회에서의 민주화는, 이렇다 할 자유주의적 전환의 계기를 갖지 못했다고 말해 왔다. 그렇다면 오늘의 촛불 시위에서도 그런 상황이 지속되고 있다고 봐야 하는가? 내게는 이런 질문이 중요하게 여겨진다.

자유주의 없는 민주주의? 이런 느낌이 드네요. 좀 더 설명이 필요할 것 같습니다.

나는 오늘의 촛불 시위로부터, 민주주의와 병행해 가질 수 있는 이념으로서 자유의 정신을 생각해 본다. 이 정신은, 그동안 우리 사회의 가장 중요한 균열과 갈등의 중심에 위치해 있었던 반공 이념과, 과거 박정희 대통령이 주도했던 권위주의적 발전주의 모델이자 이념에 대응하는 정신적 가치가 아닌가 생각한다. 왜냐하면 반공주의 이념을 견지하고 관치 경제를 통해 비자유주의적 (illiberal) 또는 국가주의적(statist) 경제 운영 방식을 그대로 유지하는 토대 위에서 민주주의를 잘 발전시킬 수는 없기 때문이다.

자유주의의 부재 내지 결핍이 만들어 내는 문제를 구체적으로 설명해 주시면 좋겠습니다. 자유주의적 가치의 중요성을 보여 주는 사례도 좋고요.
한국 사회에서 자유주의 정신은, 박근혜 정부의 중고등학교 한국사 교과서 국정화 정책 및 교육부의 대학 정책에 반대하고 저항하는 이념적·정신적 가치에 내장돼 있다고 생각한다. 한국사 국정화 정책은 개발독재의 업적을 과장함으로써 구체제의 가치를 다시 불러들이고 강화하려는 이념 교육일 뿐만 아니라, 젊은 세대의 정신을 지배해 그런 체제를 다음 세대에도 영속적으로 만들려는 시도이다. 군부 권위주의의 마지막 단계인 유신 체제적 이념 교육을 민주주의를 통해 실현하고자 했다는 점에서, 그것은 시대착오적일 뿐만 아니라 대담한 시도이기도 하다. 이 점에서 박근혜 정부의 파탄은 그런 시대 역행적 시도가 더 이상 가능하지도 유효하지도 않다는 사실을 말해 준다.

유신 체제적 이념 교육에 대한 비판은 자유주의가 아니라 민족주의적 관점에서도 많이 제기되었는데요. 왜 자유주의를 강조하시는지요?

반공주의나 권위주의적 산업화에 짝을 이루는 어떤 종류의 민족주의나 국가주의 혹은 발전주의와 같은 것이 기존의 이념 교육에 대한 안티테제가 될 수 없다고 생각하기 때문이다. 이런 집단주의적 이념이 진보주의자들에 의해 보수주의가 아닌 어떤 진보적 내용을 함축하는 것으로 강조된다 하더라도, 그것은 정치와 사회를 획일적으로 지배할 수 있는 또 다른 형태의 집단주의적 이념을 의미한다. 이런 상황은 그런 이념을 지배하는 사람, 그 이념을 해석하고 정의하는 권위와 권력을 가진 사람을 전제한다. 이 경우 그들은 지적·도덕적으로 자립적일 수 있는 개개인의 능력을 억압하면서 권력자의 보호와 선의에 그들의 정신을 묶어두는 온정주의/후견주의(paternalism)를 지속하거나 영속화하려 할 것이다.

획일화된 집단주의적 대항 이념이 갖는 문제를 강조하시는 것 같습니다. 그 폐해에 대해 좀 더 설명해 주세요.

그 폐해는 두 가지인데, 하나는 다수 시민들의 정신적 자립성, 도덕적 자율성을 억압한다는 것이고, 다른 하나는 사회의 지배적 이념을 기준으로 국민을 피아(彼我) 또는 인사이더와 아웃사이더의 관계로 양분한다는 것이다. 이런 식으로 사회를 양분할 때, 그 사회는 공익을 추구하는 방향으로 역량을 결집할 수 없다. 이는 오늘날 한국 사회의 변화와 발전을 가로막는 가장 심각한 장애요인의 하나이다. 이런 점을 생각한다면, 한국 사회에서 그동안 강력했던 민족주의가 젊은 세대들 사이에서 퇴조하고 있는 것은 바람직한 현상이다. 통일에 대한 태도 변화를 알아본 한 설문 조사를 보면, 민족주의에 대한 지지가 젊은 세대들 사이에서 점차 줄어들고 있음을 확인하게 된다. 설문 조사는 '왜 통일을 원하는가'라는 질문에 '강력한 국가를 위해', '경제 발전을 위해'라는 대답을 포함했다. 이에 대한 응답에서 통일에 대한 50, 60대의 지지도는 높지만, 20, 30대의 지지도는 매우 낮아지고 있다. 경제 발전이나 상업적 이익의 가치를 담는 '통일 대박'이라는 말이 한동안 대중에게 어필했던 상황과 비교할 때, 이는 뚜렷한 변화이다.•

그 어떤 집단주의적 해결책에도 비판적이신 듯합니다. 그것이 촛불 시위와 어떤 관계가 있을까요? 혹은 어떤 함의가 있을까요?

이번 촛불 시위 때, 그것을 움직이는 정신적 힘이 무엇일까 궁금해졌다. 스스로 던진 이 질문에 대해 생각하면서, 제일 먼저 머리에 떠올랐던 철학자는 칸트(Immanuel Kant)였다. 그의 자유사상

• 서울대학교 통일평화연구원의 "통일 의식 조사," http://tongil.snu.ac.kr/xe/sub7
10/69276.

은 한 개인이, 국가든 통치자든 권력자든, 또는 지적으로 우월한 사람이든, 타자의 후견이나 보호를 거부하는 정신을 핵심으로 한다. 여기에서 자유의 이념은 개인적 자아, 개인의 이성적 판단을 도덕적 판단의 근본으로 상정한다. '타자의 후견을 거부하는 것', 즉 자립(Selbständigkeit, exit from tutelage)이라는 개념만큼 자유의 의미를 잘 표현하는 말은 없다. 그것은 양심을 갖는 개인이 스스로 판단하고, 독립적으로 행위하고 사고하는 능력을 뜻한다. 이런 인간의 능력이 있기 때문에 '무한한 후견적 권력'을 의미하는 전제정(despotism)이나 후견주의라는 말이 부정될 수 있는 것이다.

촛불 시위와 같은 거대하고 집합적인 행동을 자유주의적 정신의 발로라고 보는 것은 좀 어색한 것 같습니다. 자유주의자와 집단적 시민 행동에 대해 설명해 주셨으면 합니다.

개인의 자유에 진지한 의미를 부여하는 사람을 자유주의자라고 해보자. 그렇다고 그런 자유주의자가 자기 자신만을 생각하는 사람이라고 해석할 수는 없다. 자유주의자라면, 남녀를 포함해 많은 사람들로 하여금 누군가에 의존해서 살도록 하는 자의적 권력에 비판적일 것이다. 나아가 그런 자의적 권력을 축소하는 일에 날카로운 관심을 갖지 않을 수 없을 것이다. 정치철학자 이사야 벌린(Isaiah Berlin)은 자유를 두 가지 개념, 즉 칸트가 의미

하는 자립성을 '적극적 자유'로, 존 스튜어트 밀(John Stuart Mill)
이 말하듯 누군가로부터의 간섭을 배제한다는 의미의 독립성을
'소극적 자유'로 구분했다. 그리고 소극적 자유의 개념이 자유주
의의 본질인 듯 해석하면서 다소간의 혼란을 불러왔지만, 두 의
미가 큰 차이를 갖는다고 생각하지는 않는다. 요컨대 자유주의
는 근본적으로 전제정을 부정하는 정치 이념인 것이다. 어쨌든
한국에서는 서구와 같이 이성적·도덕적 판단의 주체로서 개인의
자유를 가치의 중심에 놓는 자유주의의 이념이 발전하지 않았고,
그 전통도 존재하지 않았다. 그리고 자유주의가 출현할 수 있는
역사적 전환의 계기도 없었다. 아니, 단순히 이런 계기가 없었던
것이 아니라, 국가권력을 가진 통치사나 성지 엘리트들은 자신
의 관점과 이념, 그리고 그것을 통해 형성된 자신의 이미지를 사
회 전체에 부과하려고 끊임없이 시도해 왔다. 그러다 보니 국가
는 무한한 잠재력을 갖는 개인의 지적·도덕적 성장과 그것을 가
능케 하는 자유를 끊임없이 억압하는 위치에 있어 왔다. 이로부
터 벗어나고자 하는 열정이 이번 촛불 시위의 정신적 내용이었
다고 본다.

문제를 좀 더 선명하게 이해하기 위해 다시 중고등학교 한국사 교과서
국정화 정책에 대해 이야기해 보겠습니다. 이번 촛불 시위에 청소년이
많이 참여했는데요, 교과서 국정화 반대와 무관하지 않은 것 같습니다.

그렇다. 하지만 이 이슈에 관해서 혼동하지 말아야 할 것이 있다. 그것은 정부가 국정화를 시도하는 중고교 한국사 교과서의 내용에 앞서 '국정화'라는 교육 방식이 문제라는 것이다. 그 교과서의 내용이 제대로 된 교과서냐 아니냐의 논쟁은 부차적일 뿐이다. 예컨대 교과서 내용에서 중요한 쟁점의 하나는, 한국의 산업화와 경제성장에서 박정희 대통령의 역할을 어떻게 평가할 것인가이다. 다시 말해, 그를 역사적인 업적을 이루어 낸 위대한 정치 지도자로 숭앙하는 것이 마땅한가 하는 문제이다. 자유 시민으로서 우리는 교과서 집필자들의 이런 관점에 동의할 수도 있지만, 동의하지 않을 수도 있다. 동의하지 않는 경우에도 여러 이유가 있을 수 있다. 전혀 인정하지 않는 사람들도 있을 것이고, 반면 산업화에서 박 대통령의 역할을 숭앙할 정도는 아니지만, 어느 정도 기여했음을 인정하는 사람들도 있을 것이다. 나의 관점은 이 두 번째이다. 즉 그의 역할을 숭앙하지는 않지만, 그의 역할이 컸다는 점은 인정할 수 있다.

국정화 문제 이전에 박정희에 대한 평가 자체가 논란의 여지가 있겠는데요. 그 이야기를 먼저 듣고 싶습니다.

1960, 70년대 한국의 산업화는 몇 가지 중요한 요소의 산물이다. 첫째, 해방 후 토지개혁이다. 이 개혁은 한국 사회의 지배계급이었던 지주를 해체했고, 농업 생산의 질곡으로부터 농민을

해방함으로써 산업 생산에 기여할 자유로운 노동자들을 창출해 냈다. 둘째, 해방 후 근대적인 보통교육과 대학 교육제도의 개혁과 발전이다. 그래서 유능한 고급 인력과 유능한 노동자 집단을 공급했다. 셋째, 한국의 산업화는 '초청에 의한 발전'(development by invitation)의 모델 사례이다. 여기서는 미국의 역할이 결정적으로 중요하다. 예컨대 라틴아메리카의 산업화 실패를 '종속이론'으로 설명하는 것은 그들의 경우 무역의 이점을 살리기 어려웠던 구조적 제약으로 고통 받았기 때문이다. 그에 비해 한국은 전후 세계 냉전의 최전방에 위치했으므로 미국으로부터 자국 시장의 개방을 비롯해 여러 측면의 지원을 아낌없이 받았다. 넷째, 박정희 대통령은 산업화를 이끄는 네 있어 상대적으로 효과적인 리더십을 보여 주었다는 것이다. 이렇게 볼 때 앞의 세 요소는 박정희의 리더십과는 무관하다. 즉, 박정희의 리더십은 산업화의 네 가지 요인 중 하나일 뿐이다. 나아가 전전 일본의 군국주의 모델에 기초한 군부 권위주의적 박정희 리더십이 아니었다 하더라도, 한국은 다른 경로를 통한 산업화, 예컨대 민주주의 혹은 온건한 민간 권위주의와 병행할 수 있었고, 자유주의적 시장을 통한 분산적 발전 경로를 걸을 수도 있었으리라 생각한다.●

● 전전 일본 군국주의하에서의 만주국 모델에 기초한 박정희 발전 모델에 대해서는 최근 출간된 다음 문헌을 참고할 수 있다. Carter J. Eckert, *Park Chung Hee and*

이 경우 초기 단계의 성장률은 낮을지 몰라도, 경제 운영의 주체
는 좀 더 분산적이고, 성장의 분배는 더 형평적이었을 것이다.

박정희의 리더십 역할을 부정하지는 않지만 여러 요인들 가운데 하나였
을 뿐이라는 뜻인가요?
박정희 리더십 하나만으로 한국의 산업화와 같은 큰 변화를 설
명할 수는 없다. 다시 국정교과서 이야기로 돌아가 보자. 지금까
지 한 이야기를 풀어 말하면, 박정희 대통령의 업적을 기리는 교
육 목적에 초점을 맞추고 그것을 강조하면서 한국의 경제 발전
과 산업화를 설명하는 것은, 지극히 좁은 시각에서 현대사를 이
해하도록 특정 관점을 주입시키는 방식이다. 물론 교과서 집필
자들이 말하듯, 많은 대중들이 박정희 대통령의 리더십을 중심
으로 산업화를 평가하고 있고 또 그렇게 믿을 수도 있다. 그것은
특정 시각에서 바라보는 관점, 아마도 대체로 보수적 시각인 역
사 이해 방식이 갖는 대중적 영향력일 것이다. 그래서 실제로 교
과서를 그렇게 써야 한다고 생각할 수 있다. 그러나 그렇다고 해
서 국정화가 정당화될 수는 없다. 내가 앞에서 제시했던 여러 요
인들을 고려하면서 역사를 이해할 수도 있을 것이다. 그래서 학

Modern Korea: The Roots of Militarism, 1866-1945 (Harvard University
Press, 2016).

교에서나 학생들은 이런저런 시각을 갖는 한국 현대사 교과서 가운데 선택할 수 있게 하는 것이 좋다고 본다. 그렇다면 왜 국정화라는 강제적인 방식으로 한국사를 가르치려 할까? 그것은 어떤 분명한 목적을 가지고, 지적·정신적으로 한창 성장할 젊은 세대들로 하여금 자유롭고 폭넓게 역사를 이해하고 학습하지 못하도록 가로막아, 지식과 사상을 통제하기 위한 것이다.

국정교과서 내용에 대한 반대보다 그런 방식에 반대한다는 뜻이군요.

요즘 일상에서 통용되는 우스갯소리를 들은 적이 있다. '답은 정해져 있으니 너는 대답만 하라'는 말을 줄여 '답정너'라고 한다더라. 전제적인 교육 방식과 교육 체제를 잘 표현하는 말 같다. '우민화'가 다른 것이 아니다. 이런 교육 방식은 자유주의의 이념 및 가치와 병립하기 어렵다.

10. 촛불 시위에서 나타나는 이념적 특징

이번 촛불 시위의 정신 내지 이념적 표출의 내용을 자유주의로 보는 것에 비판적인 사람들이 있을 것 같습니다. 그런 관점에 직면한 적은 없었는지요?

물론 있다. 많은 외신 기자들이 세계적으로 유례가 없는 한국의 촛불 시위를 취재하기 위해 서울로 왔다. 여러 기자들과 논평자들이 경쟁적으로 이를 보도했는데, 그 가운데 좌파 매체『자코뱅』(Jacobin) 지에 그레그 샤르저(Greg Sharzer)가 기고한 논평 기사가 흥미를 끌었다.[*] 나는 이 기사를 잘 쓴 기사라고 생각한다. 그러나 동의할 수 없는 중요한 한 가지 점에 대해 지적하고 싶다.

그게 뭔가요?

이 기사에 대한 불만은, 한국 보수의 이념을 자유주의로 본다는 점, 신자유주의를 그 연장선상에서 이해하면서 비판적으로 본다는 것이다. 즉 신자유주의와 자유주의를 거의 같은 것으로 보면서 자유주의를 극복해야 할 보수 이념으로 치부하는 데 있다. 내가 이 글을 인용하는 까닭은, 국내의 좌파 지식인들이나 활동가들이 자유주의에 대해 생각하는 관점도 대개 그러리라고 여겨지기 때문이다. 그러나 한국 사회에서 자유주의에 대한 내 생각은 이런 관점과는 완전히 다르다.

자유주의와 신자유주의를 다르게 본다는 뜻인가요.

---

[*] Greg Sharzer, "After Choi-gate," https://www.jacobinmag.com/2016/12/south-korea-seoul-park-geun-hye-corruption-unemployment(검색일 : 2017/02/01).

그렇긴 하지만, 덧붙일 것이 있다. 한국의 정치경제 내지 경제 운영의 원리는 신자유주의, 특히 그것의 급진판이라고 말할 수 있다. 그러나 신자유주의를 이해하는 문제 또한 복합적이다. 앞에서 나는 관치 경제에 대해 비판적으로 말했다. 그렇다면 관치 경제에 대한 대안으로서 신자유주의가 강조하는 시장 경쟁과 그 효율성을 제시할 수도 있다. 우리에게 부족한 것은 시장의 자율성이니까.* 또한 신자유주의를 비판한다 하더라도 모두 부정적인 것은 아니다. 동유럽 공산주의 국가들이 붕괴한 이후 자본주의 체제를 수용했을 때의 경험이 이를 잘 보여 준다. 이들 나라에서는 신자유주의적 개혁을 했던 나라들의 경제 발전 상황이 그렇지 않았던 나라들보다 더 좋았다. 이처럼 경제 문제에 있어 신자유주의는 양면적인 평가가 가능하다. 정치에서의 자유주의 문제는 이와 다르다. 우리 정치는 분명 자유주의와 거리가 멀다. 현재 진행되고 있는 대규모 시민 집회는, 자유주의에 반하고 권위주의 체제를 닮은 현 정부를 부정하고 반대하기 위한 것이다. 자유주의에 반대하는 것을 진보적이라고 보는 샤르저의 관점과는 달리, 한국의 정치 상황에서는 반자유주의적인 급진 민족주의를 내건 통합진보당을 진보로 보기는 어렵다. 나의 관점에서는 이런 이념적 접근으로는 한국 사회에 긍정적인 기여를 할 수 없다.

● 이 관점은 장하성, 『한국자본주의』(헤이북스, 2014)의 중심 주제이다.

또한 유럽을 모델로 하는 사회민주주의적 정당을 만들거나, 어떤 정치 세력이 사민주의적 정책을 펴는 경우라 하더라도, 그 정당은 어디까지나 정치적 자유주의의 틀 안에서 그렇게 하지 않으면 현실성도 미래도 없다고 본다.

한국에서 자유주의는 진보적인가요?

나는 그렇게 본다.[*] 이 점에서 현재 진행되고 있는 촛불 시위가 민주주의의 절차적·제도적 측면에 집중하는 반면, 이념을 통해 그 비전과 정책 방향에 일정한 일관성을 부여하고 소통할 수 있는 문제들을 제기하지 않은 것은 현명한 선택이라고 생각한다. 그것은 촛불 시위 이후, 탄핵 사태가 일정한 결말을 만들어 낸 이후의 관심사이다.

기왕에 정치적 자유주의의 이념에 관한 이야기가 나왔으니, 좀 더 살펴보고 싶습니다. 다른 나라의 경험은 어떤가요?

우리와 비슷한 시점인 1980년대 후반 민주화를 시작한 동유럽 사회주의 국가의 경험은 우리 문제를 생각하는 데 여러 가지로 도움이 될 수 있다. 동유럽에서의 민주화는 국가사회주의를 공식 이념으로 했던 전체주의에 대한 부정이다. 동유럽 민주화는

● 최태욱 엮음, 『자유주의는 진보적일수 있는가』(후마니타스, 2011).

개방사회와 민주주의를 가져왔다. 그 다음 이들이 지향했던 사회의 모습은 자유 시장과 사적 소유를 중심으로 한 자본주의 경제체제였다. 이 점에서 많은 논쟁을 불러온 프랜시스 후쿠야마(Francis Fukuyama)의 '역사의 종언'은 틀린 말은 아니다. 그러나 그 말은, 역사가 끝난 것이 아니라, 자본주의와 사회주의라는 체제 선택을 지향하는 이데올로기적 경쟁이 끝났음을 의미할 뿐이다. 그리고 역사의 종언 테제는 오히려 다른 차원에서 효력을 상실했다. 작금의 세계는, 미국 트럼프 정부의 등장이나 영국 브렉시트에서 볼 수 있듯이, 신자유주의적 세계화를 주도했던 나라들이 자유무역과 세계화된 자유 시장경제에 대응해 보호무역주의와 노동력의 자유 이동을 부정하는 '비자유수의'적 경제를 앞장서 주도하고 있는 형편이다. 이 점에서도 '역사의 종언'의 종언이라는 말이 현실화되고 있는 상황에서 자유주의의 가치는 더 요청되고 있다.

서구의 정치 이론이나 정신사적 전통에 있어 자유주의와 사회주의 이념 사이의 경쟁·긴장·갈등이 끝난 것은 아니라는 뜻인가요?

분명 민주주의와 자유주의, 사회주의 모두 하나의 보편적 정치 질서이자 가치이고 이념이다. 이런 제도적·이념적 틀을 통해 우리는 자본주의사회에서 만들어지는 사회경제적 갈등과 문제를 풀어 나가기 위해 노력해야 한다. 자유주의적 가치만이 아니라 사회주의적 가치 또한 의미 있으며 필요하다. 현대자본주의 사회에서 생성되고 분출되는, 두 경쟁적 이념 사이에 내재된 긴장과 갈등은, 현대 자유주의 그 자체를 변화시켜 왔다. 혹자는 자유주의가 사회주의를 포함해 어떤 다른 사상적 전통의 조력 없이도 그 자체로 충분한 지적 전통을 갖는다고 주장한다. 현실적으로는 일리 있는 주장이라 할 수 있다. 그러나 다르게 보면 도덕적·실천적 요소들을 제공하는 파트너로서 사회주의를 필요로 한다고 말할 수도 있다.• 어쨌든, 자유주의의 내용은 크게 변해 왔다. 이 점에서 나는 샤르저가 생각하듯이 자유주의를 보수로 규정하는 데 전혀 동의할 수 없다. 한국의 진보는 더 많은 자유주의를 필요로 한다.

한국의 진보파가 자유주의를 받아들이기는 쉽지 않을 것 같습니다.
20세기 후반의 대표적인 자유주의 철학자 가운데 한 사람인 토머스 네이글(Thomas Nagel)은 "자유주의는 두 이상의 합류"라고 말한다.•• 하나는 자유 언론과 개인적 자유의 이상이고, 다른 하나는 부와 특권의 불평등이 과도하지 않은 사회의 이상이다. 이렇듯 자유주의의 이상 속에 평등의 원리가 자리 잡을 수 있었던

• *Ira Katznelson, Liberalism's Crooked Circle : Letters to Adam Michnik* (Princeton University Press, 1996), p. 51.

•• Thomas Nagel, "Libertarianism without Foundations," *Other Minds* (Oxford University Press, 1995), p. 137.

것은, 존 롤스(John Rawls)를 비롯해 노르베르토 보비오, 아마르티아 센(Amartya Kumar Sen) 같은 현대의 법학자, 정치 이론가, 경제학자들의 기여가 아닐 수 없다. 오늘의 한국 현실과 민주주의에서는 개인적 자유의 이상보다 오히려 더 중요한 것은 부의 특권의 불평등을 해소하는 일이다. 오늘날 세계적 수준에서 가장 중요한 것은 이 불평등의 문제이다.

불평등은 민주주의는 물론 자유주의에 대한 적이라는 말씀으로 들립니다.
지금과 같은 심각한 불평등은 자유주의와 민주주의를 포함해 인간 사회의 많은 중요한 가치와 이념을 위협하고 있다. 신생 민주주의에서는 말힐 것도 없고 서구 선신 민주주의 국가들에서조차 정당들은 세계화된 신자유주의적 경제체제가 만들어 내는 사회 경제적 문제를 해결할 능력을 발휘하지 못하고 있다. 그러는 동안 경제 운영에 있어 국가의 기능과 영향력은 비약적으로 증대했다. 이와 더불어 사회로부터의 투입 기능과 국가에 의한 산출 기능 간의 불균형도 훨씬 커졌다. 정당의 위기, 정치의 위기는 바로 이 문제에서 비롯된다.

오늘날 그런 환경에서 포퓰리즘의 등장이 문제인데요. 이 문제는 어떻게 보시는지요?
포퓰리즘적 현상이 동반하는 문제와 그것이 만들어 내는 결과가,

(기존 정당을 포함하는) 민주주의 제도와 질서에 큰 도전이자 위협으로 나타나는데, 지금 세계적 현상이 되고 있다. 포퓰리즘은 대표의 체계, 이익 매개의 체계를 포함하는 기존 정치의 제도적 틀이 사회경제적 문제로부터 발생하는 요구들을 대변하고 수용하지 못할 때 누적되는 불만을 배경으로 발생하는 정치 운동이다. 그것은 체제 밖, 기존의 기득적 정치 질서의 밖으로부터 시작된다. 그러므로 제도 밖에서 제도 안에 안주하는 기득 이익을 비판하고 공격하면서, 정치인 개인이나 집단이 새로운 이슈를 제기하고, 이를 정치적으로 해결하려는 현상이다. 이런 성격의 정치 운동은 긍정적인 면과 부정적인 면을 모두 갖는다. 긍정적인 면은 현상 유지에 충격을 가한다는 점이고, 부정적인 면은 대중의 열정과 불만에 즉각적으로 호소하지만 책임은 지지 않는 일종의 선동적 정치 운동의 표현이라는 점이다. 자유주의 없는 민주주의는 포퓰리즘의 도전에 취약할 수밖에 없다.

11. 촛불 시위는 무엇을 가져왔는가

촛불 시위가 가져온 변화를 하나만 꼽으라면 무엇일까요?
정부의 발견이라 말하고 싶다. 1980년대 민주화 과정에서 우리는 운동의 모멘트, 광장의 모멘트를 가졌지만, 정부의 모멘트는 갖지 못했다. 이 시점에서 우리는 민주주의라는 말의 의미를 다시 반추해 볼 필요가 있다.

민주주의에 대한 용어부터 다시 살펴봐야겠군요.

고대 그리스에 그 어원을 두고 있는 민주주의라는 말은, '데모 (스)'와 '크라토스'라는 말의 합성어로, 민중 스스로의 통치(체제) 또는 민중 스스로의 정부를 뜻한다. 서양에서 데모크라시 (democracy)는 그것의 현대어이다. 그런데 동양에서 이 용어를 수입하면서 '민주주의'라고 번역했다. 말 그대로 자유주의, 민족주의와 같은 식으로, 민주'주의'라는 이념의 형태로 번역한 것이다. 그 결과 민주주의를 이해하는 데 많은 오해가 생겼다고 본다.

민주주의는 자유주의나 사회주의와 같은 이념의 체계라기보다는 정부 형태로 이해되어야 한다는 말씀이시군요.

그리스어로 민주주의는 귀족정(aristocracy), 과두정(oligarchy), 왕정(monarchy)과 대비되는 개념이다. 크라시(cracy)와 아키 (archy)는 통치 체제를 가리킨다. 그런 의미에서 '민주정'으로 이해하는 것이 중요하다.

그럼 왜 민주정이라는 표현은 널리 받아들여지지 않았을까요?

한국에서 젊은 세대들을 중심으로 민주화가 쟁취되었을 때, 이들은 정부 형태 내지 정부 구성에는 별 관심을 두지 않았다. 그보다는 민주주의가 목표로 하거나 실현할 수 있는 어떤 이념적 지향·규범·이상·목표들에 더 큰 관심을 가졌다. 이런 태도는 민주화 이후 민주주의를 발전시키는 데 부정적인 영향을 미쳤다.

운동으로서의 민주화를 말할 때는 민주주의라는 말이 잘 어울리지만, 민주화를 추진했던 세력이 집권을 다투게 되었을 때는 민주정이라는 의미가 더 중요했다는 말씀인가요?

그렇게 말할 수 있겠다. 대의 민주주의의 제도적 차원은 '선거와 선거 사이'라는 두 단계 내지 두 영역으로 구분된다. 첫 번째 단계인 선거의 시기는 정당 간 경쟁의 형태로 이루어지는 데 비해, 두 번째 단계는 선거 경쟁의 승자가 정부를 구성하고 운영하는 단계이다. 그것은 곧 거대한 행정 관료 체계를 운영하고 관리해, 선거 과정에서 제시했던 자신들의 비전과 선거공약을 정책으로 실현하는 과정이다.

후자는 선거 이후, 이른바 정부가 된 정당이 직면하는 문제이겠군요.

이 문제를 잘 보기 위해, 권위주의적 산업화를 기반으로 하는 보수 정당과, 이른바 '민주화 세력'으로 통칭되는, 개혁적·진보적 성향의 정당으로 구분해 보자.

흔히 우리는 전자를 여당으로, 후자를 야당으로 당연시해 왔는데, 그간 야당도 10년이나 집권했으니 이제는 권위주의 구체제에 기반을 둔 보수 정당과 이에 도전하는 개혁/진보적 정당으로 분류하는 것이 맞겠군요.

문제를 그렇게 볼 때, 민주화 이후 정부가 된 정당이 어떤 문제에 직면하는지를 더 잘 이해할 수 있다. 권위주의적 산업화 시기에 경제 발전을 주도했던 국가의 행정 관료 체계는 보통 '발전 국가'라는 개념으로 설명된다. 그리고 민주화 이후, 발전 국가와 그 관료 체계를 운영하는 문제는 보수 정당에 압도적 우위를 보장한다. 국가의 행정 관료 기구 자체가 한국 사회의 보수주의를 떠받치는 강력한 기득 체제이고, 하부 기반이기 때문이다. 민주화 이후 지금까지 내선과 총선을 비롯한 수많은 선거가 있었으며, 개혁적 정당이 최소한 두 차례에 걸쳐 집권한 경험까지 있다. 여기에서 제기되는 문제는, 권위주의시기에 구축된 행정 관료 체계의 밖에서 온 개혁적 세력이 관료 체계를 어떻게 다룰 수 있으며, 어떻게 이들을 통해 자신들의 개혁적 프로그램을 집행하고 실현할 수 있는가이다. 개혁적인 정당에 있어 이 문제는, 엄청난 도전이자 비상한 능력을 필요로 하는 과제가 아닐 수 없다.

선거에서는 야당도 승리할 수 있지만 정부를 운영하는 문제에서는 구조적 제약이 크다는 말씀이죠?

제약이 아주 크다. 야당은 선거에서 승리할 수 있고, 실제로 승리해 정부를 운영하고 통치한 경험도 있다. 즉 선거를 운영하는 것은 나름대로 능력도 있고, 전략·방법 등 노하우에 있어서도 보수적 정당에 비해 모자랄 것이 없다. 당장 오늘의 시점에서 보더라도, 여론조사를 보면 야당이 대선에서 승리할 가능성이 높은 것으로 나타나고 있다. 그래서 그 다음은 무엇인가? 그들이 어떻게 국가를 운영하고, 어떤 아젠다를 설정하고, 행정 관료 체계를 지휘해 어떻게 자신들의 개혁 프로그램을 실행할 수 있는가는 완전히 다른 문제이다. 과거 야당은 두 번이나 집권했지만, 개혁은 그만두고라도 무엇인가 뚜렷하게 남긴 것이 없다. 이 점이야말로 개혁적 정당들에게는 넘어서야 할 가장 중요한 도전이 아닐 수 없다. 그러나 박근혜 정부 이후 시기, 박정희 패러다임이 해체될 수밖에 없는 시점에서, 행정 관료 체계를 운영하는 문제는 야당만의 어려움이 아니게 되었다.

권위주의적 발전 국가의 유산 말고 또 다른 제약 조건이 있는 것인지요?
권위주의적 산업화를 통해 구축된 '발전 국가'의 기반 위에 1990년대 말 이래 신자유주의적 경제 운영 원리가 과격하게 도입된 것, 이것이 엄청났다. 그 뒤 현재에 이르기까지 '신자유주의적 발전 국가'라 할 만한, 국가의 규모·행태·내용·역할에서의 변화는 컸다. 이 시기를 통해 국가의 역할은 더 팽창했다. 외주화와 민영화를 통해 국가의 영역이 축소되기보다 사적 경제 시장의 영역으로 국가가 더 확대되었다는 말이다. 공적 영역과 사적 영역의 경계가 중첩되고 희미해지면서, 민간 영역으로까지 국가의 역할이 비대해진 것이다.

신자유주의의 도입이 국가 역할을 확대시켰다는 것은 대단히 역설적인 현상이군요.

물론 국가 영역이 확대되었다는 것이 국가의 능력을 강화하거나 증가시켰다는 뜻은 아니다. 국가의 영역과 규모의 확대는 국가 능력의 약화와 병행되었기 때문이다. 또한 공적-사적 영역이 중첩되는 영역은 권력 남용, 지대 추구, 리베이트, 비리, 부패의 온상으로 성상했다. 이 과정에서 공직자 윤리는 사라져 버리다시피했고, 오히려 한국 사회에 팽만한 부패를 선도하는 역할을 하기에 이르렀다. 행정 권력은 지나치게 비대해져 움직이지 못할 정도가 됐다.

이런 변화가 민주주의에 어떤 영향을 미쳤을까요?

관료 행정 체계와 공직자들에게 민주적 책임을 묻기에는 선출된 정부의 권능이 너무 미약해졌다는 데 문제의 핵심이 있다. 집행부 권력이 일방적으로 비대해지고 확장되는 동안, 이를 견제할 의회의 권력은 너무 허약하다. 사법부의 자율성 또한 대통령 권력을 견제하기에는 턱없이 약하다. 이런 조건에서 민주화 이후 삼권분립은 작동하지 않았으며, 이런 특징은 현재까지도 변하지 않았다. 그 마지막 단계에서 우리는 박-최 사태를 만나게 되었다. 이 사태를 통해 현 정부의 경제·사회·과학기술·문화·체육 등 분야의 중앙 부서들이 비선 권력 실세들의 사적 프로젝트를 집행하는 단계에까지 이르렀음을 확인했다. 이는 대통령으로 초집중화된 권력의 마지막 단계로 볼 수 있다.

이런 식의 국가 팽창에 어떻게 대응해야 할까요?

딜레마적 상황이다. 지금까지 국가를 민주화하는 데 큰 성과가 없었다는 문제가 크다. 즉 민주적으로 책임지는 동시에 능력이 있는 국가를 만들어 경제와 사회 발전을 도모하는 국가의 기능을 더 팽창시켜야 하는가, 아니면 그 기능을 민간에 넘기거나 민영화해야 하는가. 달리 말해, 국가 기능을 축소하고 사회로 넘겨야 하는가, 아니면 민주적으로 유능한 국가를 강화시켜야 하는가. 지금 우리에게 이 양자택일만큼 큰 문제는 없다.

12. 대의 민주주의와 직접민주주의

이번 대선에서 야당이 정부가 된다면 이 문제가 다시 초미의 관심사로 떠오르겠군요. 민주적으로 유능한 국가를 만드는 문제를 야당이 감당할 수 있을지 진지하게 살펴봐야겠는데요. 그 전에 촛불 시위가 가져온 변화를 하나 더 생각해 봤으면 합니다. 촛불 시위로 나타난 시민 의식의 고양, 그것은 직접민주주의를 향한 요구라고 봐야 할까요? 그런 의견이 사회학자나 사회운동 진영에서 강하게 제기된 바 있습니다.

촛불 시위가 그 어느 때보다 자신이 주권자라는 시민 의식을 고양시키고, 정치 참여를 통해 정치와 정부를 이끌어 갈 주도권을 가져야 한다는 의식과 자존감을 일깨웠다는 점에서, 커다란 전환적 계기였음은 분명하다. 권위와 가치가 통치 엘리트들에 의해 위로부터 아래로 배분되는 것이 아니라, 시민들이 대통령과 정부의 바람직한 역할과 의무에 대해 아래로부터 강한 요구를 분출시켰다는 점도 분명하다. 그것은 민주주의가 가장 필요로 하는, 즉 광범한 시민적 정치 참여를 가능하게 하는 시민 의식의 발로가 아닐 수 없다. 되돌아보면 두 번에 걸친 보수 정부하에서 그런 시민 의식은 서서히 약화되어 왔고, 정당·결사체·운동 등 여러 형태의 민주적 동력들도 퇴조해 왔다. 그런 시기를 경험했기 때문에 이번 촛불 시위는 시민 의식이 다시 활성화되는 하나의 전환점으로 보인다. 여기까지는 누구나 합의할 수 있을 것이다. 문제는 그 다음이다.

다음 문제는 무엇인가요?

따지고 보면 멀리 갈 것도 없이 1980년대 민주화 운동, 이명박 정부 시기 광우병 파동 때도 이런 시민 의식의 고양을 경험한 바 있다. 어떻게 보면, 주기적이다 싶은 대규모 집회와 그것을 통한 시민 의식의 폭발은 한국 정치, 한국 민주화 운동의 특징적 측면이기도 하다. 이런 현상은 평상시 제도를 통해 민주주의가 정상적으로 실천되지 못했기 때문에 발생하는 결과물이다. 만약 이런 운동이라도 존재하지 않았다면, 한국 민주주의는 이미 권위주의로 퇴행했거나, 지금보다 훨씬 더 나쁜 상태일 것이다. 어쨌든 이런 시민 참여의 공간이 넓어졌을 때 시민들은 적극적으로 참여했고, 이와 더불어 직접민주주의에 대한 요구가 표출돼 왔다. 그러나 그보다 더 중요한 것은 정부와 통치의 문제이다. 앞에서 이번 촛불 시위가 정부의 모멘트를 만들어 낼 수 있었다고 말했지만, 이렇게 되기까지 우리는 한 세대 동안 민주주의를 경험하면서, 정부의 체제와 정부를 운영하는 것이 얼마나 중요한가를 학습할 수 있었다. 직접민주주의냐 아니냐의 문제보다 나는 이것이 더 중요하다고 본다.

그럼에도 불구하고, 직접민주주의는 여전히 사회적 공론장이나 담론에서 중요한 요구로 나타나고 있습니다.

이번 촛불 시위에서 직접민주주의가 더 설득력을 얻을 수 있었던 것은, 온라인 의사소통 수단의 발전이 의사소통의 비용을 줄임으로써 그 효과를 실감할 수 있었다는 점일 것이다. 그러나 동시에 직접민주주의에 대한 한계와 문제점을 지적할 필요가 있다.

직접민주주의라는 말의 내용부터 따져 봐야 할 것 같은데요. 직접민주주의는 무엇을 말하는 걸까요?

직접민주주의를 이야기하는 사람들은, 왜 주권자인 자신들이 직접 국가를 통치하거나 운영하지 못하며, 선거로 대표를 선출해서 그들에게 통치를 위임해야 하는가에 대한 비판과 불만을 말한다. 직접민주주의는 대의 민주주의가 갖는 이런 문제점을 대체할 수 있는 좀 더 이상화된 민주주의를 가리키는 것이다. 그 결과 시민의 의사가 누군가에 의해 왜곡되거나 변형되지 않고 표현되고 실현될 수 있는 체제를 상상한다. 선거로 대표를 뽑을 필요도 없고, 시민의 의사가 대표 또는 매개되면서 왜곡되거나 배반되는 일이 없는, 직접적이고 무매개적인 정부 형태나 정치 체계를 가리킨다. 이를 위해서는 의식화된 시민의 정치 참여가 가장 중요한, 또는 유일한 원동력이라고 생각한다. 이런 관점에서, 민주주의에는 직접민주주의와 대의 민주주의라는 두 종류가 존재하며, 전자가 더 우월한 것으로 이해된다. 시민들의 이익·요구·의사·열정·가치를 대표해 국가/정부의 결정 구조에 투입하는 역할을 포함, 정당들이 통치를 위임받아 정부와 국가를 운영하는 것 자체를 부정적으로 인식한다. 직접민주주의는 정당에 대한 불신에 그 기초를 두고 있다.

시민 의식이 고양되는 것만으로 민주주의가 이루어지는 것은 아니라는 뜻인가요?

민주화가 아래로부터의 시민 참여, 시민 의식, 시민적 열정의 결과였고, 그것이 한국 민주주의를 지탱하는 힘의 원천임을 잘 알고 있다. 시민사회에서 의식화된 시민들이 권력에 대해 벌이는 투쟁이야말로 민주화 운동의 정신이 아닐 수 없다. 그러나 우리는 한 세대 동안 민주주의를 경험하면서, 그것만으로는 민주주의가 지향하는 가치와 목적을 이루어 낼 수 없었을 뿐만 아니라 민주주의를 유지하기조차 어렵다는 사실을 박근혜 정부를 통해 깨닫게 되었다. 이것을 나는 '정부의 모멘트'라는 말로 표현했다.

운동으로서의 민주주의만이 아니라 정부로서의 민주주의라는 인식이 균

형을 가져야 한다는 것인가요.

그간 전자의 민주주의관이 과도했던 반면 후자의 민주주의관은 거의 부정되다시피 했다. 이제는 민주주의가 하나의 정부 형태이자 통치 체계라는 인식에 눈을 뜰 필요가 있다. 촛불 시위가 하나의 역사적인 전환점이 되려면 (이미 우리에게 익숙한) 시민 의식과 시민 참여를 강조하기 전에, 정부 형태이자 통치 체제인 민주주의를 어떻게 잘 제도화하고, 어떻게 잘 운영할 것인가 하는 문제에 더 많은 관심을 가지고, 그것을 위해 노력해야 한다.

그러기 위해서는 권력에 대한 이해도 달라져야 하지 않을까요?

그것이 핵심이나. 권력의 본실을 이해하고, 권력을 사용해 결과를 만들어 내는 능력, 지금까지 그것은 우리에게 비교적 생소한 문제 영역이었다. 그것은 권력을 부정시하고 권력을 대상으로 투쟁하는 것을 넘어, 의도한 바를 이룰 수 있도록 권력을 긍정적으로 사용할 수 있는 기예를 말한다. 이것은 정치(학)의 본질적이고 독자적인 영역이기도 하다. 그것은 통치자가 사회와 시민을 위해 권력을 행사하는, 일종의 위로부터의 권력관을 가리킨다. 보비오가 아래로부터의 '민중의 시각'에 대비해 위로부터의 '군주의 시각'을 말하는데, 같은 맥락이다. ●

● Norberto Bobbio, *Democracy and Dictatorship* (Polity Press, 1989), p. 143.

민주주의를 좀 더 깊이 이해하기 위해 직접민주주의와 대의 민주주의를 비교해 보면 좋겠습니다.

무엇보다 두 가지 점이 중요하다. 첫째, 직접민주주의와 대의 민주주의는 둘 다 '민주주의'라고 하지만 완전히 종류가 다른 체제이다. 직접민주주의는 데모크라티아, 즉 민중 내지 다중을 뜻하는 데모(demo/demos)라는 말과 정부, 권력(kratia)을 뜻하는 말의 합성어로, 민중 스스로의 정부/통치 또는 민중의 권력을 의미한다. 기원전 6세기 말부터 4세기 말에 이르는 시기 고대 그리스, 특히 아테네를 중심으로 발전했던 민주주의를 말한다. 다른 한편 오늘날 우리가 대의 민주주의라고 말하는 민주주의는 고대 직접민주주의에 그 어원을 두지만 제도는 물론, 의미와 내용이 완전히 다르다.

어떻게 다른가요?

고대 그리스의 민주주의는, 아테네를 사례로 볼 때, 시민들이 추첨제를 통해 공직을 맡는 순환제 방식의 통치 체제였다(전문성을 필요로 하는 장군과 재무 전문가는 선거로 선출했다). 따라서 통치자와

권력을 사용해 지휘하는 통치자의 권리, 피치자가 그에 복종할 의무의 관점에서 정치를 보는 것을 군주의 시각(ex parte principis)이라 한다면, 억압되어서는 안 되는 민중의 권리를 정당화하고, 정당한 법을 선포해야 할 통치자의 의무를 강조하는 시각을 민중의 시각(ex parte populi)이라 할 수 있다.

피치자를 구분할 때 발생하는 '대표'의 개념이 존재하지 않는다. 문자 그대로 직접민주주의이다. 그러나 이 직접민주주의는 도시 국가라는 공간에서 실천되었다. 인구가 가장 많았을 때(페리클레스 시기) 25만 명 정도로 추산되는, 인구와 영토가 매우 작고 동질적인 작은 규모의 공동체에서 극히 배타적인 시민 엘리트들(시민권은 부모가 모두 아테네인인 성인 남성에게 부여되는데 전체 주민의 대략 5분의 1에서 8분의 1 사이였다)에 의해 운영되었다. 그러나 현대 대의민주주의는 대규모 사회에서 사회 성원 누구나 시민의 보편적 권리로서 시민권을 가지며, 이들이 선거를 통해 대표를 선출하고, 대표에게 통치를 위임하기 때문에 '대의' 민주주의이다. 대의민주주의는 두 가지 요소를 결합한 체제라는 것이 중요하다. 정치적 참여의 평등과 시민 주권에 기초한 민주주의, 그리고 선거를 통한 대표의 원리, 이 두 가지를 융합한 것이다.

민주주의라는 이름을 공유하고 있지만, 고대 아테네 민주주의와 현대 대의 민주주의가 완전히 다른 체제라는 점 이외에 두 번째 주목할 점은 무엇인가요?

둘째는, 두 체제 가운데 어떤 체제가 상대적으로 우월한가를 비교할 때 발생하는 문제이다. 보통 많은 사람들은 시민 주권과 정치적 평등을 완벽하게 실현하는 직접민주주의가, 선출된 대표라는 매개자나 대행자에 의해서만 간접적으로 시민 주권을 실현해야 하는 대의 민주주의보다 우월하다고 생각하는 경향이 있다. 따라서 직접민주주의가 더 우월하지만, 현실에서 실현할 수 없기 때문에 어쩔 수 없이 대의 민주주의를 한다고 생각한다. 그러나 현대인은, 고대 그리스 도시국가에서처럼 극히 동질적인 작은 정치 공동체에 살고 있지 않다. 현대인들은 사회 발전과 노동 분업의 수준에서 엄청나게 다르고, 가치·종교·사상도 제각각이다. 생업을 위해 시간에 쫓기는 바쁜 생활을 살며, 사회적 문제의 복잡함으로 인해 구체적인 사안에 대해 모두 알 수는 없으며 정치 참여에 전념할 시간적·경제적·정신적 여유도 없다. 그리고 정치 문제를 직접 다룰 수 있는 지식도 부족하다. 그렇기 때문에 현대사회에서는 전문적으로 정치에 전념해 통치의 역할을 하는 새로운 종류의 직업인이 필요하게 되었다. 즉 막스 베버(Max Weber)가 말했듯이 '정치를 위해 사는 것이 아니라, 정치에 의해 사는 직업적인 정치인 집단'이 필요했던 것이다.

시민이 직접 통치의 역할을 번갈아 맡는 체제와, 시민의 대표이자 직업적인 정치가를 필요로 하는 체제라는 차이가 중요하군요.

그렇다. 여기에서 정치 이론가 버나드 마넹(Bernard Manin)의 논리를 따라가 보자.● 그는 대의 민주주의가, 직접민주주의를 하

● 버나드 마넹 지음, 곽준혁 옮김, 『선거는 민주적인가』(후마니타스, 2004).

지 못해서 택하는 것이 아니라, 시민 스스로 의도적으로 선택한 대안이라고 말한다. 또한 대의 민주주의는 민주주의적인 것과 귀족주의적인 것을 결합하는 하나의 실험이자, 과도한 민중적 열정을 조절하는 장치라고 이해한다. 아리스토텔레스·칸트·제퍼슨·매디슨과 같은 정치철학자, 이론가들은 이 점에서 같은 선상에 있다. 따라서 대의 민주주의에서 정부는 하나의 '균형 체제'(mixed / balanced regime)인 것이다. 이는 열정을 갖는 민중의 힘과, 그들이 선거를 통해 선출한 대표로서 능력을 갖는 탁월한 지도자 사이의 균형을 말한다. 순수한 자치 정부는 일정한 한계를 갖는다. 다시 말하자면 대의 민주주의는 직접민주주의에서 실현했던, 추첨을 통한 민주적 선출 원리에 대한 대안이다. 비록 선거가 귀족주의적 성격을 갖는다 하더라도, 모든 개인에게 선거라는 평등한 투표 수단을 부여함으로써 동등한 기회를 부여한다는 또 다른 원리를 실현하게 된다. 한편으로는 선거를 중심으로 한 대의 메커니즘에서 시민들은 정기적으로 선출된 대표들에게 시민의 존재를 환기시킬 수 있고, 다른 한편 이를 통해 "정부 기관의 부서들이 시민들의 요란한 소리로부터 귀를 막을 수 없도록"할 수 있다.

촛불 시위는 대의 민주주의의 한 특징인 면이 있군요. 하지만 여전히 선거와 대의제에 대한 불만이 큽니다.

선거는 확실히 '귀족주의적인 결과'를 창출한다. 왜냐하면 선거는 "동료 시민들이, 탁월하다고 생각하는, 남다른 능력을 가진 개인들을 위해 공직을 유보해 두는 체제"라는 사실 때문이다. 그런데 여기에서 강조할 점이 있다. 대의 민주주의를 비판하는 사람들은, 대표가 민주주의와 결합됨으로써 민주주의와 대표의 원래 의미를 크게 변화시켰다는 점을 잘 인식하지 못했다. 대의 민주주의는 선거를 통해 어떻게 능력 있는 대표를 선출할 것이며, 정부를 통치 가능한 체계로 어떻게 제도화할 것인지, 정부를 어떻게 효과적으로 운영할 것인가와 같은 대표의 측면과, 이렇게 선출된 대표와 정부가 시민들이 부여한 통치의 임무를 제대로 수행하는지를 감시 감독하고, 권력 남용을 억제하기 위한 책임의 측면으로 구성된다. 이 두 측면이 모두 기능해야 대의제는 민주주의가 될 수 있다. 원리의 문제와는 별도로, 민주주의의 역사와 발전 과정을 보더라도 직접민주주의 때보다 대의 민주주의에서 참여의 폭도 넓었고 잘못된 통치자를 폭력 없이 퇴출시키는 데 있어서도 더 우월한 효과를 가졌다. 그러니 대의 민주주의가 더 우월한 체제 아니겠나.

직접민주주의를 말할 때, 정치체제로 그것을 선택하겠다는 의미보다는, 대표·대의 기구를 통하지 않고 직접 참여적 방식을 대폭 활용하는 의사 결정 방식을 의미할 수 있다고 봅니다. 예컨대 의회나 지방 의회와 같은,

선출된 대표 기구에서 법과 정책을 결정하는 것이 아니라 직접 시민/주민들이 국민투표(plebiscite), 주민 투표(referendum)와 같은 방식을 통해 결정하는 것 말입니다.

주민 투표 내지 국민투표의 문제는 최근 세계적인 관심을 받았던 두 사례를 통해 볼 수 있을 것 같다. 영국의 브렉시트, 즉 국민투표를 통해 유럽연합 탈퇴를 결정한 것, 그리고 볼리비아에서 수십 년 동안 지속돼 왔던 내전을 종결시키기 위해 정부와 반정부군 사이에 어렵사리 평화 협정이 체결되었는데, 비준을 받기 위해 치러진 국민투표에서 이것이 부결된 사례이다. 이 국민투표의 결과들은 합리적으로 판단했을 때 기대했던 것과 반대였으므로 세계를 놀라게 했다. 이들 사안이 포함하는 복잡한 문제들을, 찬성 혹은 반대라는 단순 단답형 선택으로 제시하고, 이 사안의 이해 당사자들이 캠페인을 벌이면서 시민들 사이에 열정이 고양되고 찬반양론으로 분열되는 것은, 이런 방식이 동반하는 일반적 현상이다. 이럴 때 일반 투표자들의 선택이 사려 깊고 합리적이지 못한 것으로 나타날 가능성은 얼마든지 있다.

주민이 직접 결정한다고 해서 꼭 결과가 좋은 것은 아니라는 말씀이군요.
'자치 정부'(self-government)라고 불리는 미국 캘리포니아 정치를 예로 들어 보자. 한마디로 그것은 민주당과 공화당으로 대표되는 정당 체계가 저발전된 정치 환경의 산물이기도 하다. 대의제와 자치 정부라는 말을 결합해서 정치학자들은 이를 '혼성 민주주의'(hybrid democracy)라고 부르기도 한다.[*] 시민들이 직접 법안을 만들고 투표에 부쳐 이를 결정하는 시민 이니셔티브의 사례는 이곳에서 1970년대 이래 20여 개가 넘는다. 대표적으로 〈제안법안 13〉(Proposition 13, 1978), 〈재산세 제한법〉(Proposition 184, 1994), 〈3심제〉 같은 법안들이 있는가 하면, 2003년에는 현직 주지사를 소환해 아놀드 슈워제네거(Arnold Schwarzenegger)를 선출한 것으로도 유명하다. 이런 방법이 과연 정당 중심의 대의제 정치보다 얼마나 우월한가 하는 문제가 큰 관심사가 되기도 했다. 캘리포니아 모델을 따라 다른 주들, 콜로라도·네바다·오리건 주들에서도 주민 투표로 세금 제한법을 만들었지만, 2008년 미국 경제 위기가 왔을 때 증세가 거의 불가능해 주 재정이 심각한 적자로 파산 위기에 몰리기도 했다. 〈3심제〉는 너무 가혹한 처벌을 낳았고, 그 결과 캘리포니아 감옥이 감당할 수 없을 만큼 많은 재소자를 양산해 이를 폐기하는 주민 법안이 다시 논의되기에 이르렀다. 시민들의 의사를 직접 반영하기 위해 이루어지는 주민 투표는 여러 요인들, 즉 강력한 이익집단에 의한 법안 발의와 매체를 통한 법안 선전, 보통 사람들이 판단하기에는 너무 복잡

● 캘리포니아 정치에 대해서는 Renée B. Van Vechten, *California Politics*, 2nd ed. (CQ Press, 2012)를 참조.

하고 전문적인 지식의 필요, 직장이나 생업으로 인한 시간 부족, 시민들의 열정, 문제를 빨리 확실하게 해결하려는 성급함 등 여러 가지 이유로 당초의 취지와는 달리 좋은 결과를 만들어 낼 수 없었다. 현직에 있던 선출된 공직자를 소환하는 주민 투표 역시 결과는 나빴다. 선출된 공직자들은 신중하고 장기적으로 효과가 나타나는 정책을 추진하기보다, 주민들을 만족시키기 위해 당장의 효과를 갖는 것, 뭔가를 보여 주기 위해 가시적 정책에 몰두하도록 만들었다. 우리나라의 경우도 지방자치체 단위에서 몇 차례 주민 소환 시도가 있었지만, 좋은 결과를 가져오지 못했다.

시민 정치론 내지 시민 민주주의론은 어떤가요? 시민들이 밑으로부터의 정치 참여를 통해 이니셔티브를 발휘하는 것, 정당정치가 아니라 시민사회가 민주주의의 중심이어야 한다는 것, 새로운 의사소통 기술의 발전이 이런 민주주의관을 뒷받침하는 강력한 수단이 될 수 있다는 것 등의 주장으로 나타나고 있는데요.

그들은 사회적 미디어를 통해 네트워크를 형성하는 것이 중요하고, 온라인상의 소통 공간이 의회나 선거, 정당정치보다 우월하다고 믿는다. 새로운 의사소통 매체가 이번 촛불 시위에서 위력을 발휘한 것은 사실이다. 그럼에도 불구하고, 사회적 기반을 조직하고 확대하는 전통적인 방식에 비해 그것이 더 우월하다는 것을 입증할 수는 없었다.

기술이 발전해 대규모 시민이 참여할 수 있게 된다면 직접 민주주의로 전환하는 것도 바람직하지 않을까요?

그렇지 않다.

기술적으로 참여의 규모를 넓힐 수 있느냐 없느냐가 아니라 그런 정치관 자체가 문제라는 거군요?

지금 한국 사회에서 시민의 직접 참여 중심의 직접민주주의 담론이 만들어 내는 정치관은 ① 대의 민주주의에 대응하는 직접 민주주의, ② 대의 민주주의 내에서 대표를 거치지 않고 주민/시민들이 직접 투표하는 방식을 적극적으로 사용하는 것, ③ 정당 정치를 우회하거나 넘어설 수 있는 적극적 시민 참여를 통해 민주주의를 실현·강화하는 것, 이 세 요소를 포함하는 것으로 보인다. 이런 관점에서 공통적으로 발견되는 것은 시민의 의사와 요구를 정치 체계에 직접 투입하는 것이 정당과 대의제를 통하는 것보다 우월하다고 생각한다는 점이다. 이런 정치 참여의 방식은 적지 않은 편향성을 동반한다는 점을 지적할 필요가 있다.

참여의 편향성이 더 심화될 수 있다는 것은 어떤 의미인지요?

한국 사회에서 정치 참여의 방식과 효과에 대한 경험적 자료를 찾지 못해 미국 사례를 예로 들어 간접적으로 말해야겠다. 시드니 버바를 중심으로 한 정치학자들은 시민의 자발적 정치 참여를 주제로 광범한 경험적 조사 연구를 했는데, 그 결과가 매우 흥미롭다.[*] 정치 참여에는 수많은 방식과 채널이 있다. 버바 등은 그 가운데 참여가 어떻게 왜곡되는지, 무엇보다 계층별로 저소득층과 소외 계층들이 과소 대표되고, 상층 엘리트 집단들이 과다 대표되는 현상을 발견했다. 여러 형태의 시민운동, 이익집단, 투표, 시위, 집회나 공청회, 교회, 정당, 정당과 정치인에 대한 헌금 등 시민들이 참여하는 다양한 방식이 존재하는데, 그 가운데 선거 때 투표에 참여하는 것만큼 참여의 평등이 실현되고, 자신의 요구와 의사가 효과적으로 실현되는 것이 없다는 결론, 이것이 그들 연구의 결과이다. 이들에 따르면, 무엇보다 소외 계층과 사회적 약자들이 투표 이외에 다른 방식으로 참여할 수 있는 시간적·금전적 여유를 갖지 못하는 것도 그들의 정치 참여를 제약하는 요인이 된다. 이 연구 결과는 '시민 참여'라는 것이 지적으로 계몽되고, 재정적으로 여유가 있는 적극적 시민들의 참여를 중심으로 이루어질 수밖에 없으며, 그렇지 못한 사회집단들은 참여가 어렵다는 것이다. 이 연구는 한국에서 논의되고 있는 직접민주주의적 시민 참여의 한계를 생각해 볼 수 있게 한다.

---

[*] Sidney Verba, Kay Lehman Schlozman, Henry E. Brady, *Voice and Equality : Civic Voluntarism in American Politics* (Harvard University Press, 1995).

참여의 비용 문제 이외에도 직접민주주의론에는 많은 한계가 있는 것으로 보입니다.

촛불 시위를 직접민주주의로 이해하는 것이 왜 바람직하지 않은지 좀 다른 측면에서 말하고 싶다. 그런 관점이 의도하는 대로 민주주의를 강화하는 결과를 낳기도 쉽지 않지만, 오히려 역효과가 우려되기 때문이다. 나의 민주주의관이랄까, 민주주의에 대한 이해는, 정치체제로서의 현대 민주주의는 그 자체로서 독립적으로 움직이는 것이 아니라, 자본주의 경제체제를 기반으로 작동한다는 것을 전제로 한다. 민주주의는, 자본주의 시장경제가 창출하는 사적 이익의 극대화를 규제하는 동시에, 사회적 재분배를 통해 공익에 기여할 수 있도록 자본주의와의 동태적 균형을 이루는 역할을 하는 것, 그럼으로써 자본주의를 좀 더 인간적으로 만드는 데 그 존재 이유가 있는 체제이다. 달리 표현하면, 생산성과 이윤 극대화를 위해 사회를 효율적으로 조직하려는 운동이 사회를 해체하는 힘으로 작용하는 경제 논리에 대응해, 개인과 집단들의 자유와 권리를 대변하고 보호하는 역할을 함으로써 사회적 통합과 공동체성을 유지하기 위해 작동하는 정치적 기제가 민주주의인 것이다. 즉, 민주주의는 자본주의를 넘어설 수는 없지만, 그것을 온건하게 만들어 인간존재에 친화적이 될 수 있도록 하는 역할을 갖는다. 그러므로 민주주의와 자본주의의 역할과 기능은 본질적으로 상이하며, 둘 사이에는 긴장과 균형이 작용한다. 이런 목적과 존재 이유를 갖는 정치체제인 민주주의에서 가장 중요한 것은, 사회의 개인 및 집단들과 국가 사이에 대표의 체계를 강화하고 발전시키는 일이다. 그것은 밑으로부터의 이익·의사·가치·열정을 국가의 결정 기구들에 투입하는 역할을 효과적으로 하기 위한 것이다. 그렇기 때문에 정당의 발전, 정당 대표의 기능이 중요하다. 이렇게 문제를 볼 때, 한국 민주주의의 큰 문제점은, 늘 지적하듯이, 정당이 약하다는 것, 특히 정당의 대표 기능이 약하다는 것이다.

한국의 정당 체계는 왜 약할까요?

한국 민주주의에서 정당과 대표가 취약한 것은 우리 사회의 역사적 특수성과 맞닿아 있다. 하나는 민주화의 타이밍이 늦은 신생 민주주의국가라는 점이다. 그 결과 대중정당의 단계를 거치지 않고 곧바로 '포괄 정당'(catch-all party)의 성격을 지닌 정당들 간의 경쟁으로 들어갔다. 다른 하나는 냉전 시기 국가 건설과 전쟁, 남북한 간 적대 관계의 지속으로 말미암아 진보적 이념이 자리 잡기 어려워, 정치 경쟁의 이데올로기 지평이 극히 협소하다는 점이다. 이런 특성 때문에, 한국의 정당 체계는 이념적 대립이 격렬해 보임에도 불구하고, 사회경제 정책과 대외관계 등 중요 정책 영역에서 별 차이가 없는 것이라 생각한다.

정당의 이념적 대표 범위가 협소한 점도 문제지만, 그들이 발 딛고 있는 사회적 기반 역시 공허해 보입니다.

한국은 대중정당의 성격이 약하며, 대표의 개념에서도 일반적인 국가이익을 대표하는 것과 사회의 부분 이익 또는 그 합으로서 국가이익을 대표하는 것 사이에 구분이 존재하지 않는다. 예컨대 상대적으로 보수적인 정당인 한나라-새누리당은 말할 것도 없고, 상대적으로 개혁적인 정당인 더민주당을 보더라도 상황은 크게 다르지 않다. 총선 때마다 노동운동 출신이나 농민운동 출신을 비례대표 의원으로 공천하지만, 그들이 노동자의 이익, 농민의 이익을 대표한다고 말할 수 없다. 그들은 자신이 속한 정당의 정책 방향을 지지하고 대변할 뿐이다. 그들은 '사실상의/가상적인'(virtual) 대표이지, '실제의/진정한'(actual) 대표는 아니다. 한국에서는 '실제의 대표'라는 개념이 없거나 아주 약하다. 서구에서 대표의 개념은 의회주의 시대에서 대중정당 중심의 대의민주주의로 발전하면서 바뀌었다. 그렇기 때문에 서구에서 대표의 개념은 '신탁에 의한 대표'(fiduciary)와 '대리에 의한 대표'(delegate)가 구분되며, 의미가 확실히 다르다. 한국에서는 이 구분이 사실 불가능한데, 그것을 표현하는 언어 자체가 없기 때문이다.

두 대표 개념의 차이가 뭔가요.

앞의 것은, 그를 선출한 지역구나 유권자의 의사와는 무관하게 국가와 사회 전체의 이익을 스스로 판단해 의회에서 발언하고 행동하는 대표로서, 서구에서는 귀족정적 성격이 강했던 의회주의 시대의 대표 개념이다. 그에 반해 두 번째 대표의 개념은, 대사나 외교사절처럼 본국에서 왕이나 통치자가 결정한 내용을 정확하게 전달하는 임무를 부여받은 대표이다. 그에게는 자신의 의견과 판단을 자유롭게 개진하는 것이 허용되지 않는다. 전자가 fiduciary, 후자가 delegate이다. 그러므로 '대리에 의한 대표'는 자신이 속해 있는 정당과, 대표하기로 되어 있는 노동자나 농민들의 결정과 의사를 의회에서 그대로 대변해야 한다. 한국에서 대표의 개념에는 후자의 의미가 없다.

대리자로서의 대표 개념이 없는 것은 어떤 문제를 낳을까요?

그것은 왜 사회 전체의 이익만을 위해 행위하고, 전체 이익을 구성하는 부분 이익들을 제대로 대표하지 못하는가의 문제와 연결된다. 그 결과 대표의 체계에 있어서도 사회계층화의 문제가 확연하게 노출된다. 사회의 엘리트 계층, 지식인, 전문가 집단들은 과다 대표되고, 노동자, 농민, 자영업자 등 사회의 기능적 이익들은 거의 대표되지 못한다는 말이다. 촛불 시위 이후 다가오는 대선은 탄핵 과정에서 드러난 정치적·사회경제적 문제를 해결하기 위한 '중대 선거'가 될 것이다. 그러나 정당들은 여전히 과거와 마찬가지로, 사회적 기능 이익으로 분화되지 않은, 추상화된 다수를 대표하기 위한 경쟁에 몰입하고 있다. 그럴 때 경쟁하는 정당과 후보들 간의 정책 공약에서 나타날 가치나 이념의 차이는, 레토릭 수준에서는 격렬하고 커보일지 몰라도 내용은 크게 다르지 않을 것이다. 서로 추상적인 다수에 호소하기 위해 상대의 공약들을 적극적으로 끌어들일 수 있으므로 상호 정책적 포섭이 넓을 수 있기 때문이다. 그들의 레토릭이 듣기는 좋을 수 있어도, 사회구조를 실제로 변화시키기는 어려울 것이다.

13. 양손잡이 민주주의의 등장

시민 전체가 아니라 서로 다른 시민 집단들을 다원적으로 대표하는 것이 현대 대의 민주주의의 핵심이고, 그럴 수 있어야 상층 편향적인 효과를 제어할 수 있다는 말씀까지 들었습니다. 이제 다시 촛불 시위에서 나타난 변화의 문제를 묻고 싶은데요. 특히 정치적 차원에서 볼 때 강조되어야 할 것이 있다면 어떤 것인가요?

나는 국회에서 탄핵을 이끌어 낸 힘은 두 가지라고 생각한다. 하나는 광장에서 분출된 시민 집회의 힘이다. 다른 하나는 국회 내에서 절반에 이르는 보수적 정부 여당이 야당 주도의 탄핵 추진에 동참한 것이다.

두 힘 가운데 어떤 것이 좀 더 주동적인 힘이었을까요?

광장의 힘이 아니었다면 야당들이 비록 의회 다수를 점하고 있더라도, 3당으로 나뉜 정당들 간의 정치적 이해관계의 차이로 인해, 야당 의원들이 탄핵으로 결집하기 쉽지 않았을 것이다.

대규모 촛불 시위가 야당들을 반드시 적극적으로만 만든 것 같지는 않습니다. 그들은 더 개혁적이고 진보적이 되기보다 어떤 면에서는 더 안정 지향적이 되었다는 느낌이 듭니다.

촛불 시위가 대선에서 보수정당의 재집권보다는 야당이 승리해 정권 교체가 이루어질 가능성을 높였기 때문이다. 이런 전망은 역설적이게도, 두 야당으로 하여금 기존의 정부 정책을 강력히 비판하는 정책 프로그램을 제시해 현상을 타파하려는 도전적 태도보다, 안정적인 통치 능력을 보여 주는 방향으로 당과 대선 주자를 움직이게 할 수 있다. 더민주당 쪽이 특히 더 심하다 박-최 사태로 드러난 대통령의 무능함과 실정, 부패와 리더십 파탄에 대해 과격하게 대응하기보다, 비판을 절제하면서 집권에 대한 야심을 드러내지 않는 온건한 대응이 현명하다고 전략적으로 판단했기 때문일 것이다. 결과는 소극적이고 수동적인 태도이다.

그럼 상황은 과거로 돌아가게 될까요?

그렇게만 볼 필요는 없을 것 같다. 이제 정치의 중심은 의회로 옮겨질 수밖에 없게 됐고, 그것도 무력화된 여당이 아닌, 의회 다수파인 야당의 리더십에 놓이게 된 점은 중요하다. 한국 정치사에서 희귀하게 발견할 수 있는, 야당과 의회가 통치의 전면에 나서는 상황을 맞게 되었다. 이들에 대한 사회로부터의 요구와 압박이 큰 상황에서 변화는 계속 만들어질 수도 있다.

광장에서 분출된 시민의 힘과, 야당이 다수로서 국회를 움직여 가는 상황이 서로를 강화하는 효과를 가질 수 있다는 뜻인가요?
적어도 조건은 그렇다고 본다. 박근혜 정부의 퇴진을 추동한 힘이, 정당과 국회가 무엇을 해야 하는지 구체적으로 요구하고 시시각각 평가하고 있다. 그렇기 때문에 광장에서의 시민적 요구는 국회 내 정당 정치인들을 움직이는 힘이 될 수 있고 전략적 행위가 가능하다. 물론 광장에서 운동을 통해 분출되는 시민들의 직접적인 요구와 국회 운영자로 선출된 정당 정치인들의 역할은 엄연히 다르다. 그럼에도 불구하고 힘의 중심은 아직 광장에 있다. 평상시였다면 선거와 선거 사이, 투표자들과 그들이 선출한 대표들 간의 거리가 무한히 멀어서, 선출된 대표가 그들을 선출한 시민 투표자들로부터 권력을 위임받음에도 책임지지 않는 상황이 일상화될 수 있었다. 그러나 지금은 상황이 좀 다르다. 선출된 대표들은 직접적인 시민의 참여와 압력에 대면하게 되었다. 대표와 시민 투표자들 사이의 거리가 지적으로 가까워졌다.

그러나 이미 말씀하셨듯이, 탄핵을 위한 투표에서 여당이 야당에 합류하지 않았다면 국회에서 탄핵 의결은 가능하지 않았을 것입니다. 정당 정치의 조건도 변화의 계기를 맞고 있는 건 아닐까요?

탄핵이 국회에서 의결되는 상황은 2004년 노무현 대통령 탄핵 때와 동일하다. 그렇지만 내용은 완전히 다르다. 민주화 이후 한국의 정당 체계는, 권위주의 체제의 연장선상에서 한국 사회를 지배해 온 반공과 경제 발전이라는 보수주의 이념의 헤게모니를 대표하는 보수적 정당이 한편에 있고, 민주주의의 가치를 앞세우면서 보수적 지배 질서로부터 정치적·사회경제적으로 소외된 지역과 세력을 대변한다고 자임하는, 상대적으로 개혁적인 정당이 나른 한편에 있는 양당 체계이다. 불론 이 양당 체계는 안정적인 것이 아니라, 대통령 선거를 전후로 분열과 재통합이라는 현상을 동반했다. 노무현 대통령에 대한 탄핵 의결은, 당시 여당이었던 새천년민주당이 대통령의 지지 세력인 열린우리당과 민주당으로 분당되고 민주당이 탄핵을 지지한 결과였다. 그러나 이번 국회에서의 탄핵 의결은 본질적으로 다르다.

이번에는 보수 여당이 분열되었다는 점에서 그때와 다르다는 것인가요?

'콘크리트 지지 기반'이라는 말만큼 박근혜 대통령의 지지 기반을 잘 말해 주는 것은 없다. 그것이 중요한 이유는, 보수적 가치·이념·정체성의 강고함을 표현하는 말이기 때문이다. 또한 그것은 1970년대 박정희 개발독재와 그것이 만들어 낸 업적, 리더십을 신비화하는 것이기도 하다. 그리고 그 모델이 권위주의시기에 완성되었지만, 민주화 이후로 이어져 하나의 헤게모니가 되었기 때문에 민주주의를 위협하는 것이다. 새누리당은 그 힘을 대표해 왔다. 이번 박-최 사태가 역사적으로 중요한 이유는 이런 콘크리트 지지 기반이 해체됐다는 것이다. 이는 곧 박정희 패러다임의 붕괴를 의미한다. 그리고 역사적으로 형성된 지지 기반을 붕괴시킨 힘이 보수 세력 내부로부터 왔다는 사실은 특기할 만하다. 새누리당 비박계 분파의 탄핵 지지 결정은 역사적 의미를 갖는다.

냉전 반공주의와 발전 국가 모델 등 구체제의 유산에 의존했던 보수적 정당들이 변화될 수 있을까요?

지켜봐야 할 일이다. 이탈리아의 시칠리아 출신 귀족 가문의 후예이자 작가인 주세페 토마시 디 람페두사(Giuseppe Tomasi di Lampedusa)는 『표범』(Il Gattopardo, 표범은 가문의 문장이었다)이라는 유명한 소설에서, "변하지 않기 위해서 변해야 한다."라고 말한다. 반공 강경 보수에서 계몽적 온건 보수로의 전환은, 보수가 한국 사회와 정치에서 소멸하지 않기 위해 과감하게 자기 변화의 결단을 내린 것이라 할 수 있다. 지금까지 한국의 정당 체계는, '민주 대 반민주'라는 대립 축 위에 기초해 있었다. 그렇기 때

문에 정당 간 경쟁과 갈등의 양극화라는 말이 가능하다. 민주 대
반민주라는 말에는 타협과 협력이라는 정치의 본질적 측면, 특
히 민주주의를 운영하는 데 필수적인 정치적 행위가 개입할 여
지가 없다. 이제 이런 상황이 변한 것이고, 그렇기 때문에 한국
민주주의에서 괄목할 만한 변화를 기대할 수 있을 것 같다.

보수 정당도 민주주의 발전에 기여할 수 있는 조건이 되었다는 뜻인가요?
그러기를 희망한다. 이 문제를 좀 더 잘 이해하기 위해, 대표적
민주주의 이론가의 한 사람인 필립 슈미터(Philippe C. Schmitter)
의 '양손잡이 민주화'(Ambidextrous democratization)라는 개념을
소개하고 싶다.* 그 뜻은 이런 것이다. 민주화는 우리가 한 정치
체제를 민주주의라고 말할 수 있는, 그리고 세계적으로도 통용
될 수 있는 보편적 규범이나 제도적 요건을 기준으로 정의되고
이해된다. 이 기준에 의거해 우리는 민주주의를 말하고, 민주화
투쟁의 당위성과 도덕성, 정치 질서의 정당성을 말하며 그런 운
동에 매진한다. 그러나 다른 한편 민주화가, 18세기 미국처럼 처
음부터 앙시앙 레짐의 유산이 없거나, 프랑스처럼 혁명을 통해

---

* Philippe C. Schmitter, "Ambidextrous democratization and its implications
 for MENA", 2012년에 쓰인 한 논문 초안. 정치발전소 주최, "최장집 교수와 함께하
 는 금요 브런치톡"(2016년 9월 9일)에서 그 내용을 소개했다.

낡은 조건이 청산된 상태에서 일어나는 것만은 아니다. 구질서의 유산과 역사적·문화적·종교적 전통이 서구와 다른 신생 민주주의 국가에서는 필연적으로, 민주주의의 보편적 원리·규범·가치에 대립되거나 그에 저항하는 조건들과 싸우면서 민주화를 수행해야 한다. 이때 보편적 가치와 규범에 입각해 행위하는 진보적 민주파들을 '왼손잡이 민주파'라고 한다면, 한 나라의 역사적·정치적·문화적 환경 속에서 배태된 전통적 가치를 중시하면서 민주주의를 이해하거나 때로는 빠른 변화와 개혁에 저항하는 보수적 민주파들은 '오른손잡이 민주파'라고 말할 수 있다. 20세기 후반 새로운 민주화 물결의 선봉 사례라 할 1970년대 초 스페인의 경우 좌파는 민주화를, '협약을 통한 파열/변혁'(ruptura pactada)이라 말하고, 우파는 '협약에 의한 개혁'(reforma pactada)이라며, 서로 다른 관점에서 말했다. 전자가 변혁을 강조한다면, 후자는 개혁을 강조하는 것이다. 이런 조건에서 사회의 변화와 발전은 왼손잡이 민주주의관과 오른손잡이 민주주의관이 공존하면서, 양자가 변증법적으로 지양(止揚)해 나갈 때 가능할 텐데, 양손잡이 민주화란 바로 이 점을 강조하기 위한 것이다.

보수파 없는 민주화는 현실이 아니라는 것이군요.

오늘의 한국 정치에서 박-최 사태가 국회에서의 탄핵 결정으로까지 이어진 데는, 민주화 이후 한국 정치 현실에서 보기 어려운 이런 '양손잡이 민주화'가 현실화된 결과로 이해할 수 있다. 보수적 정당인 새누리당에서 친박 세력들을 제외한 절반 이상이 대통령 탄핵에 찬성하지 않았다면, 거의 80퍼센트에 달하는 압도적 찬성으로 탄핵 소추안이 가결될 수는 없었을 것이다. 여권이 대거 탄핵 소추를 지지하지 않았다면, 그래서 찬성표가 간신히 3분의 2를 넘어서는 정도였다면, 헌재의 탄핵 결정을 기대하기 어려웠을 것이다. 이는 국회에서만의 일이 아니다. 한국 사회의 언론 시장에서 여론에 압도적으로 지배력을 행사하는 것은 보수 언론들이다. 특히 이른바 종합 편성 프로그램 방송사들이 가세하면서 보수 언론의 영향력은 비할 수 없이 확대·강화되었다. 대통령의 탄핵으로 상황을 끌고 가는 과정에서 종편의 역할은 상당히 컸다. 요컨대, 보수파들의 합류는 민주주의의 복원에서 결정적으로 중요했다. 그렇지 않고 대통령의 지지 기반인 광범한 보수 세력이 반대했다면, 탄핵 절차가 여기까지 진행되기는 어려웠을 것이다.

보수파의 합류로 탄핵이 가능해졌다는 사실이 중요하군요.
탄핵이 실현되지 못하고 대통령의 통치행위가 지속되었다면, 그때의 민주주의는 이름만 민주주의일 뿐, 사실상의 권위주의가 복원되었을 것이다. 그래서 설사 대규모 촛불 시위가 다시 일어나 대통령의 퇴진을 열정적으로 요구했다 해도, 사회는 극도의 분열을 피하지 못하고 장기화된 혼란 속에서 고통받았을 것이다. 그리고 우리는, 권위주의를 승인할 것인가, 민주주의를 위해 혼란이 지속되는 상황을 감수할 것인가의 선택에 내몰렸을지도 모른다.

그럴 경우 한국 민주주의는 어떻게 되었을까요?

이 문제와 관련해 현대 대의 민주주의 이론의 기초를 놓은 로버트 달(Robert Dahl)의 말을 들어 보자. 각 대안이 같은 수의 시민들에 의해 선호/지지되는 경우, 다수 지배의 원칙은 해결책이 아니다. 각각의 열렬한 지지자들이 내세우는 두 가지 대안 가운데 하나를 선택해 교착상태에 빠진다면, 폭력이나 내전이 발생할 것이다. 그는 미국의 남북전쟁을 예로 들면서, 링컨 대통령의 당선은 남북전쟁으로 이어졌다고 말한다.[•] 그는 시민 주권과 정치적 평등, 그리고 다수결의 원리를 핵심으로 하는 루소의 민중 민주주의 이론을, 다원주의적 민주주의 이론을 통해 비판하면서, 이렇게 문제를 진단했다. 민중의 의사를 최대한 모은다고 갈등이 평화적으로 해결되는 것은 아니다. 그 반대일 수도 있다. 민주주의는 누가 더 센 여론을 만드느냐, 누가 더 많은 민중을 모으느냐라는 단순한 문제로만 이해될 수 없는 것이다.

• Robert A. Dahl, *A Preface to Democratic Theory*(1956), pp. 39-40.

14. 탄핵 이후, 한국 사회는 어디로 가야 하나

여러 가지 우여곡절 끝에 대통령 탄핵이라는 상황까지 왔는데요. 이제 그 이후의 문제들을 짚어 보고 싶습니다. 그간 여러 인터뷰를 통해 '박정희 패러다임'의 붕괴와 정당 간 경쟁의 새로운 지평이 열린 것에 주목하셨습니다. 우선 전자와 관련해서 촛불 시위의 의미를 생각해 볼 수 있을 듯합니다.

2016년 11월 15일, 서울대학교 교수협의회가 주최한 시국 대토론회에서 "정부와 정치의 패러다임 변화를 위하여"라는 제목으로 주제 발표를 했다. 그때 나는 박-최 사태로 인한 박근혜 정부의 무력화가 갖는 가장 큰 의미는 '박정희 패러다임'의 해체라고 이야기했다.

박정희 패러다임의 해체가 왜 중요한가요?

박정희식 국가 운영 모델은 권위주의 시기뿐만 아니라 민주화 이후에도 한국 사회의 모든 영역, 모든 수준에서 헤게모니를 가졌던 국가의 운영 원리이자 사회의 지배적인 가치였다. 민주화를 통해 정치체제가 변화했음에도 불구하고 정당 체계의 차원에서 근본적인 변화가 이루어지지 못했던 것도 권위주의적 국가 운영 모델의 헤게모니 때문이었다고 할 수 있다. 이런 환경에서는 권위주의 시대로부터의 사회경제적·이념적 자원을 기반으로 하는 보수적 정당이 헤게모니 정당이 되는 것이 필연적이다. 반면 박정희 패러다임에 대한 대안적 비전과 사회적 기반을 창출할 수 없는 개혁적 야당(들)은 패권적 정당에 대한 항의와 비판에 의지해 선거에서 경쟁자 역할을 했을 뿐이다. 박정희 패러다임을 대체할 만한 정치적 자원을 발굴하기 어려웠기 때문이다. 그러므로 이런 현상은 거의 구조적인 측면이 있다. 그런데 이 헤게모니가 사실상 해체된 것이다. 민주화를 통해서도, 신자유주의적 세계화를 통해서도 가능하지 않았던 역사적 전환점을 만들 수 있는 정치적 공간이 열렸다는 점, 이것을 강조하고 싶었다.

박근혜 정부의 붕괴가 단지 정권 교체 정도의 의미에 국한될 수 없다는 것이군요.

박근혜 정부의 붕괴는 한국의 현대 정치사에서 민주화에 이어 두 번째의 정치적 대전환점이라고 본다. 이렇게 넓게 열린 공간과 예기치 않게 다가온 구질서의 치명적 약화 내지 해체가, 밖으로는 신자유주의적 세계화에 대응할 수 있고 안으로는 민주주의의 가치와 원리에 부응하는 정치 질서를 창출할 수 있는 기회가 될 것인지, 아니면 위로부터의 개혁을 통해 구질서를 다른 형태로 복원하게 될 것인지는 예측하기 어렵다. 다만 결과는 정당과 정치인들이 어떻게 대응하느냐에 따라 완전히 달라질 것이다. 대규모 시위와 운동이 반드시 그에 상응하는 정치적 결과를 가져오는 것은 아니다. 이는 1980년대 민주화 운동이 노태우 정부의 등장으로 이어진 것을 통해 경험한 바 있지만, 최근 미국에서 벌어진 시민운동의 여러 경험적 사례를 통해서도 알 수 있다. 항의의 규모가 크다고 반드시 승리하는 것은 아니라는 문제에 대해서는 『인터내셔널뉴욕타임스』(*INYT*), 2017년 1월 27일자에 실린 자이넵 투펙치(Zeynep Tufekci)의 글, "항의 시위가 그 규모에 비례해 영향력을 갖는 것은 아니다"(Protest size doesn't matter as much)를 참조할 수 있다. 아무튼 대규모 촛불 시위에도 불구하고 여전히 정치의 역할은 결정적이다.

그렇다면 열린 정치의 공간을 어떤 방향과 내용으로 채워 가야 할까요?
이 전환점에서 내가 상상할 수 있는 사회 구성의 비전은 세 가지 방향이다. 첫째는 정치적 자유주의의 방향이고, 둘째는 사회민주주의적 방향이다. 그리고 셋째는 이 두 요소가 결합된 결과로 나타나게 될 조절된 시장경제이다. 먼저 정치적 자유주의의 내용에 대해 살펴보고 싶은데, 그림을 그려 보자.

그림에서 X축은 전통적인 사회경제적 부의 분배를 둘러싼 갈

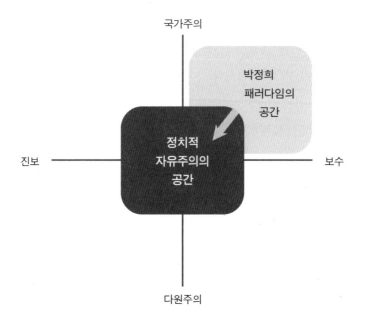

등을 표현하는 좌-우 축이다. Y축은 박정희 패러다임의 해체로 인해 발생한 새로운 갈등 축을 표현한 것이다. Y축에서 X축과 만나는 윗부분은 국가주의이고, 아랫부분은 (시민사회와 시장경제의 자율적 역할을 강조하는) 다원주의를 나타낸다.

박정희 패러다임의 붕괴가 새로운 공간을 열었는데, 그것이 정치적 자유주의라는 말씀이군요.
정말 중요한 가능성의 공간이 열렸다고 본다. 정치적 자유주의는 한국 사회를 실제로 움직이는 주요 정치적·사회적 세력들, 즉 국가 엘리트, 기업 엘리트, 그리고 노동이 민주주의적인 방식으로 각자의 정치적·사회경제적 역할을 통해 한국 사회 발전에 이바지하는 것을 전제로 한다. 한국의 사회 세력들 간 힘의 배열이 갖는 특징은, 지배적인 엘리트 집단들이 일괴암처럼 결합되어 움직이는 구조에 있다. 이 구조는 권위주의적 산업화 시기에 기원을 둔 박정희 패러다임의 중핵을 이루는 것으로서, 성장의 견인차인 국가의 관료 엘리트들과 재벌 대기업 집단 간의 동맹을 말한다. 국가 관료 체계를 운영하고 관리하는 관료 엘리트 집단과 경제 엘리트들의 결합이 만들어 내는 힘에 대응할 수 있는 사회집단은 존재하지 않는다. '발전 국가'의 경제 운영 원리로서 관치 경제, 노동 배제, 반공, 반북주의라는 이념적 힘 혹은 사회적 가치들은 이 동맹 관계를 기반으로 재생산돼 왔다. 요컨대 이 힘은 현대 세계에서 보편적 이념이라 한 자유주의를 한국 사회에 뿌리내리지 못하게 하고, 다원주의적 사회구조를 발전시킬 수 없게 만들었다. 그 결과 민주주의의 사회경제적 기반, 이념적 폭이 넓은 정당 체계의 제도화를 저해한 것이다. 이 두 힘이 분리되지 않는 한 한국 사회의 발전과 민주주의 발전은 늘 어려움에 부딪칠 것이다.

국가와 재벌의 동맹이 민주화 이후에도 지속되면서 나타난 부작용을 좀

더 설명해 주시죠.

20세기 말 이래 가속화된 외적 조건들, 즉 신자유주의적 세계화와 냉전의 해체라는 세계사적 변화에 적응하지 못하고 있다는 점을 먼저 들 수 있다. 과거와 같이 '발전 국가'가 주도하는 제조업 발전, 수출 중심 경제성장과 경제 운영 방식은 이제 유효하지 않다. 냉전 시기의 반공주의와 같은 폐쇄적 사고와 이념은 자유주의적 가치와 개방적 사고, 시장 개방과 자유무역이라는 세계적 환경에 기능적으로 잘 부응할 수도 없다. 그런 이념적 경직성과 폐쇄성, 관료주의에 의한 위계주의와 획일성은 새로운 시대의 기업 환경에 전혀 어울리지 않는 유물이다. 국가 엘리트들과 재벌 대기업의 동맹은 빠른 속도로 역효과를 증폭시켜, 두 파트너 모두에게 역효과를 창출하고 있다. 대기업은 국가의 재정적 자원을 공급하는 원천이 됨으로써, 국가주의를 강화하고 행정 관료 체계를 확대하는 물적·재정적 기반의 역할을 하게 되었다. 대기업의 입장에서 국가-대기업 동맹은, 세계경제 시장에서 경쟁을 통해 기업을 성장시키는 '어려운 방법'이 아니라, 국가의 비호와 지원으로 쉽게 돈을 벌 수 있는 '쉬운 방법'을 보장해 준다. 물론 그 대가로 공식적·비공식적으로 재정적 자원을 약탈당한다는 점에서, 엄청난 손실을 감당하지 않으면 안 된다. 이런 환경에서 한국 재벌 대기업의 기업 구조와 운영 방식은 여전히 전근대적이고 퇴행적이 되고, 현재의 상황에 안주하는 식의 쉬운 기업 운영 방식에 빠져들게 된다.

역설적이게도 박근혜 정부의 붕괴는 국가-재벌 관계의 해체가 왜 중요한지를 드러낸 모멘트였던 셈이군요.

우리는 최근 박-최 사태를 통해 이런 현상의 가장 부정적인 측면을 보게 된다. 미르 재단과 K-스포츠 재단을 설립하기 위해, 삼성과 현대차, SK, LG 등 이미 글로벌 플레이어가 된 민간 대기업들이 정부의 권위주의적 통치 방식에 따른 정책에 부응해 투자의 형식이든, 강탈적 성격을 띤 모금의 형식이든 돈을 낼 수밖에 없었다. 이런 사례들을 보면, 기업들이 과연 열심히 투자해 기업을 확대하고, 고용을 증대하고, 국가 경제 발전에 기여하고자 하는 의욕이나 인센티브를 가질 수 있는지 의문이 든다. 이런 환경이야말로, 기업들이 관치 경제로부터 벗어나 국가권력으로부터 독립해 시장에서 자유롭게 경제활동을 할 수 있어야 하며, 나아가 정치 영역에서 독자적인 세력으로 역할 해야 하는 이유이다.

국가-재벌 동맹의 다른 짝은 노동 배제적 발전 모델의 지속이 아닐까요?

그 둘은 같은 현상의 다른 얼굴이다. 박정희 모델에서 국가-재벌동맹의 짝을 이루는 것은, 조직 노동자들이 기업 수준에서, 그리고 국가 수준에서 집단적 행위자가 되는 것을 허용하지 않거나,

여러 형태의 정치적·법적 수단을 통해 억압하는 것이다. 노동운동에 대한 이런 제약은 국가-재벌 동맹의 분리·해체와 병행해 제거되지 않으면 안 된다. 그동안 노동운동이, 과거 민주노동당의 사례에서 보듯이, 정치적 참여의 권리를 전혀 갖지 못했다고 말할 수는 없다. 그러나 기업이나 생산 현장 수준에서 노동자들의 산업적 시민권이 인정되지 않기 때문에, 전국 수준에서 정치적 결사체로 노동자들이 정치과정에 참여하는 것은 원천적으로 제약돼 왔다.

노동자들에게 산업적 시민권을 허용하는 것이 왜 중요한가요?
그래야 노동 현장에서 노동자들이 고용주나 경영 측과 대등한 노사 관계를 만들고 민주적으로 운영할 조건이 마련되기 때문이다. 그럴 때 모든 고용주-피용자들 간의 불평등하고 권위주의적이며 위계적인 갑을 관계를 개선할 수 있는 출발점이 된다. 노동자들에게 산업적 시민권을 부여하는 것은, 경제 영역에 존재하는 모든 계약관계의 당사자들인 갑을 관계를 평등하게 만들 수 있는 기초이다. 나아가 타자에 대한 존중, 인간적 존엄성의 구현을 위한 출발점이기도 하다.

그간 우리 사회에서 널리 사용된 '민생'이라든가 '경제적 민주화'라는 개념으로는 부족할까요?

그런 언어에는 노동자들의 산업적 시민권이 포함되어 있지 않다. 그렇기 때문에 그보다 공허하고 애매한 말은 없다. 노동자들에게 산업적 시민권이 부여되는 과정에서 강조되어야 할 것은, 노동자들이 노사 관계의 파트너로 인정되는 문제는, 노동자들과 노동조합이 기업 운영에 협력하고 기여할 수 있는 '코포라티즘'(corporatism / 노사 협력적 관계)적 관계를 발전시키는 것과 병행되어야 한다는 점이다. 기업과의 협력적 노동운동이라는 방향이 필요하다는 것이다. 따라서 민주적 노사 관계를 만드는 과정에서, 기업이 노조를 인정하는 것과 노조가 기업을 인정하는 것은 교환관계에 있다고 할 수 있다. 이때 노사 관계를 지배하는 이념의 성격은, 서유럽에서 보편적으로 볼 수 있는 사회민주주의가 될 수 있다고 본다.

그렇게 되면 우리 사회는 어떤 발전 모델을 갖게 될까요?
다시 그림으로 표현해 보자. 그림의 내용을 설명하기 전에, 새로운 국가 운영 원리이자 사회 구성 원리와 관련해 강조하고 싶은 것이 있다. 그림에 나타낼 수 있는 것은 어디까지나 경쟁하는 정치집단들 사이의 위상일 뿐이다. 다음 그림은 어느 한 정당이나 정파의 이념이 아니라, 경쟁하는 정당들이 경쟁의 지평으로 수용할 수 있는 공동의 기반을 나타낸 것이라 생각하면 좋겠다.

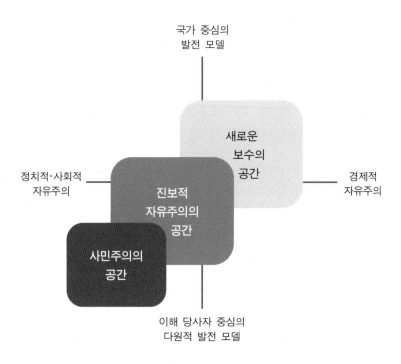

각 구성 요소를 하나씩 살펴보면서 설명해 주시죠.

우선, 사기업 혹은 사적 기업집단들이 경제행위의 주체가 되는 시장경제 영역은 어떤 이념과 가치, 규범과 규칙이 지배할 수 있을까? 누군가 영미식의 자율적 시장경제를 모델로 하는, 규제되지 않은 자유주의적 시장경제라고 말한다면, 나는 동의하지 않는다. 앞에서 나는 한편으로는 정치적 자유주의, 다른 한편으로는 산업적 시민권의 원리와 규범을 뒷받침하는 이념적 근거로서 사회민주주의를 말했다. 그렇다면 시장 운영의 원리는 정치적 자유주의와 사회민주주의적 노사 관계 사이 중간 지점 어딘가에 자리 잡아야 할 것이다. 이를 '온건하게 규제된'(moderately regulated) 자유 시장경제라고 부를 수 있지 않을까 생각한다. 규제 없는 완전한 자유 시장경제도 아니고, 규제된 사회민주주의의 이념이나 가치도 아닌, 그러나 이 양자에 의해 조절되는, '온건하게 규제된 어떤 것'이다. 그것은 자유 시장경제에 기초하되 광범한 복지 체계나 사회정책과 병행할 수 있으며, 그 영역의 원리와 가치에 부응할 수 있는 운영 원리를 말한다. 나는 기업의 입장에서도, 국가권력이 주도하는 관치 경제하에서 국가권력에 종속적인 파트너가 되어, 기업의 이익이 국가의 이익에 부응해야 한다는 명목으로 시시때때로 헌납을 강요받는 것보다, 민주적 가치에 부응해 노동운동을 인정하고 민주적 노사 관계를 받아들이는 쪽이 훨씬 명분이 있으며 국가와 사회에 기여할 수 있다고 생각한다. 물론 경제적 이익이라는 관점에서도 더 낫다고 생각한다.

그런데 그 세 구성 원리 사이에는 여전히 서로 갈등적인 측면이 크지 않은가요?

그것 때문에 문제가 되는 것은 아니다. 나는 앞에서 종류가 다른 세 가지 원리랄까 부분 체제(partial regime)를 말했다. 첫째, 정치적 자유주의의 원리로, 이는 국가 관료와 재벌 대기업 간의 역사적 동맹 관계를 단절함으로써 정치적으로 자립적인 한국의 부르주아지로 거듭나는 것을 뒷받침한다. 둘째, 노조와 노동운동을 인정해 민주적 노사 관계의 틀 안으로 포섭하는 코포라티즘적인 사회민주주의의 가치, 셋째, 시장경제 영역에서 기업이 행위하는 틀 내지 구조로서 '온건하게 규제된', 자율적이고 자유주의적인 시장경제가 그것이다. 그리고 이를 취합해 하나의 사회 구성 원리를 제시했다. 이런 발상은 정치철학, 정치 이론에 있어 아리스토텔레스에서 시작되고, 폴리비우스, 마키아벨리로 이어지는 '혼합정체'(mixed regime) 또는 '균형 헌법'(balanced constitution)의 이론으로부터 영감을 얻은 것이다. 현실에서 실현 가능한 가장 이상적인 하나의 정치 공동체는 왕정, 귀족정, 민주정과 같은 단일한 헌정 질서가 아니라, 세 정치체제의 장점을 취합한 혼합정체, 또는 이들 사이에 균형을 취하는 정치체제라는 이론이다. 나는 박정희 패러다임을 대체할 수 있는 사회 구성 원리는 국가중심주의(성격이 전혀 다른데도 애국주의나 공공선 중심 체제와 동일시되는)처럼 어떤 하나의 이념과 가치에 의해 주도되는 것이 아니라, 서로 다른 원리를 취합해 각 장점을 혼합한 체제라고 생각한다.

15. 정부 형태에 관한 생각의 변화

결국 국가주의냐 신자유주의냐, 신자유주의냐 반신자유주의냐와 같은 단선적 대체 모델이 아니라, 다소 온건한 균형 체제를 가능의 공간으로 두고 변화를 모색해 가는 정치적 노력이 중요하다는 말씀 같습니다. 이제 그런 정치적 조건의 문제를 살펴보고 싶은데요. 촛불 시위 동안 정당들의 역할을 보면서 새롭게 주목하게 된 것이 있다면 무엇일까요?

박-최 게이트가 가져온 헌정 위기와 촛불 시위는 헌법에 대한 전면적 재검토가 필요하다는 점을 제기했다고 본다. 한국 정치사에서 또 하나의 큰 전환저 계기라 할 수 있는 오늘의 사대는 헌법 자체의 내용뿐만 아니라, 헌법이 실천되었던 방식, 그것에 기초하고 있던 제도들이 제대로 작동하지 않았다는 사실을 반증하기 때문이다.

대규모 촛불 시위는 그에 상응하는 정치 체계적 변화를 필요로 한다는 말씀인가요?

다른 나라의 역사를 봐도 큰 격변적 사태는 새로운 제도 변화를 사셔오기 마련이다. 대담 앞부분에서, 대통령으로의 권력이 초집중화되는 문제, 대통령제가 가져오는 승자 독식, 국가와 사회를 매개하는 대표의 체계 내지 이익 매개의 체계에서 참여와 투입 측면의 폐색, 정치체제의 전반적인 권위주의화, 대통령 권력의 비대화가 가져오는 무책임성, 권위주의적 사회구조의 강화, 불공정 사회 등의 문제들을 지적했다. 이는 헌법 자체도 문제이지만 평상시에 헌법을 지키지 않는 것, 즉 민주주의를 실천하고 정부를 운영하는 과정에서 대통령이나 권력자들이 법 위에 군림하면서 법을 지키지 않는 것이 일상화된 결과라 할 수 있다. 요컨대 민주주의하에서 법의 지배가 실천되지 못한 것의 결과가 이번 사태의 한 내용이라 본다.

그런 문제들을 헌법이나 법의 지배, 제도상의 역기능 때문으로만 볼 수 있을까요?

물론 이 모든 부정적 현상이 제도만의 문제라고 볼 수는 없다. 그러나 법, 제도의 문제와 연결되어 있다는 점을 부정하기는 어렵다. 상황이 그러하다면 민주주의의 발전을 위해 좀 더 나은 제도를 선택하지 않을 이유가 없지 않은가.

촛불 시위가 있기 전에 비해 입장이 달라진 것이 있나요?

나는 1980년대 민주화 운동이 만들어 낸 민주주의가 1990년대를 거치면서 점차 공고화됐지만 언제든지 역진될 수 있는 취약성을 가졌다고 생각했다. 그런 우려는 박근혜 정부에 이르러 현실화되었다. 공고화의 역진이 가능하다고 생각했던 것은, 제도적으로는 민주화됐지만 권위주의적 유산은 여전히 강하고, 민주적 시민 의식과 아울러 민주주의를 떠받치는 사회적 가치관이나 문화적 전통 또한 취약했기 때문이다. 정치의 구체제(ancien ré- gime)는 붕괴되었으나, 권위주의적 에토스를 많이 유지하고 있는 구사회(ancienne société)는 여전히 크게 변하지 않은 상태로 남아 있다고 보았다. 또한 중요한 것은, 대의 민주주의의 핵심 기구인 정당 체계가 허약하고 제도화의 수준이 낮다는 것이다. 정당 체계가 공고화되지 않은 상태에서 민주주의가 공고화됐다고 볼 수 있다. 이런 요소들이 민주주의를 매우 취약하게 하는 조건들이다.

한국 민주주의의 취약한 조건 때문에 갖게 된 제도 이론, 제도에 대한 입장은 어떤 것이었나요?

평소 나는 한국 민주주의가 역진될 수 있는 조건에서도 1987년에 개정된 현행 헌법, 이른바 '민주 헌법'이 민주주의 공고화에 기여했으며, 무엇보다 5년 단임이 중요하다고 생각했다. 기존 헌법의 최대 약점은 대통령에게 너무 많은 권력을 허용함으로써, 그렇지 않아도 강력한 국가권력을 집행부로 집중시킨다는 것이다. 미국 대통령도 갖지 못한 권력, 즉 정부의 주요 인사, 세입 세출과 예산편성, 행정부에 의한 법안 제출 등, 한국의 대통령은 엄청난 권력을 행사해 왔다. 대법원, 헌법재판소, 선거관리위원회 등 모든 사법 기구 판사들의 임명권을 가짐으로써(대통령 추천이 3분의 1에, 여당 추천 몫 3분의 1을 포함하면 사실상 3분의 2) 대통령은 임기 중에 사법부까지 통제할 수 있었다. 사실상 한국에서 삼권분립은 그 내용면에서도 집행부의 압도적 우위를 보장함으로써 대통령 권력을 견제할 수 있는 제도적 요건을 갖추지 못했다. 이 점에서 한국의 대통령중심제는 대통령의 전제정을 헌법적으로 보장하는 체제라 해도 과언이 아니다. 그럼에도 한국의 대통령제가 그렇게까지 되지 않을 수 있었던 것은 5년 단임이라는 짧은 임기 덕분이었다. 임기 초반은 '제왕적 대통령'이라는 소리를 들을 만큼 막강한 권력을 행사할 수 있었지만, 임기 후반이 되면 이내 레임덕에 빠지면서 약화되었다. 그렇기 때문에 거의 모든 현임 대통령은 임기 말에 헌법을 개정하려고 했고, 다행히 모두 실패했다. 가장 중요한 순간에 제어가 가능했다는 말이다.

대통령의 권위주의화를 제어하는 효과는 있었지만, 그 밖에는 기존 헌법에 문제가 많았다는 말씀이군요. 현재의 헌법은 어떤 문제가 있나요?

나는 무엇보다도 헌법재판소와 선거관리위원회를 독립적으로 설치하도록 한 것에 대해 회의적이다. 여기서 이 문제에 대해 상세하게 논의할 수는 없지만, 헌재의 문제를 지적할 필요가 있다. 헌법재판소를 독립적으로 설치한다는 아이디어는, 제헌 헌법을 만들 때, 한국의 헌법 기초자들이 1920년 오스트리아 헌법을 기초했던 한스 켈젠(Hans Kelsen)의 영향을 받은 결과라고 생각한다. 그러나 우리는 일반 법원 가운데 최고법원인 연방대법원에 헌법 해석권을 부여한 미국과 달리, 독립된 헌법재판소의 설치를 이론화했던 켈젠이 강조했던 것을 기억해야 한다. 그에게 있어 헌재는 법 전문가들에 의한 사법 관료 기구가 아니었다. 그보다는 사법 관료 기구 밖에 위치하는 독립된 헌법 해석 기구를 의미했다. 헌재의 판사들은 일반법의 전문가들이 아닌, 민주주의/공화주의를 해석할 수 있는 사람들에게 부여되는 것임을 상기할 필요가 있다. 당연히 헌재의 판사들은 민주주의/공화주의에 대한 철학적·법이론적·정치학적 기초를 갖춰야 하고, 민주주의의 가치를 수용한다는 것을 전제로 했다.[*] 그렇지 않을 경우, 헌재는 민주주의를 수호하는 데 한계가 있을 수밖에 없다.

삼권분립을 제도화한 미국 헌법도 같은 문제를 갖지 않나요?
삼권분립을 민주주의의 제도적 근간으로 입법화했던 미국 헌법도 문제가 있기는 마찬가지다. 1780년대 말 미국에서 연방 국가를 건설하기 위한 헌법 논쟁이 벌어졌을 때, 가장 큰 이슈가 사법부(연방최고법원)에 헌법 해석권을 부여할 것인가의 문제였음을

● Georg Vanberg, *The Politics of Constitutional Review in Germany* (Cambridge University Press, 2005), pp. 79-80.

기억해야 한다. 로버트 달의 표현을 빌리면 '수호자 기구들'
(guardian institutions)은 민주주의 원리, 즉 시민 주권, 정치적 평
등, 다수결의 원리가 작용하는 정치 영역 밖에 존재하며, 그곳에
서의 일은 엘리트 전문가들의 소관 사항이다.[*] 헌법 해석권을
갖는 대법원 혹은 헌재는 이런 수호자 기구들의 시조(始祖)라 할
수 있다. 제레미 왈드론(Jeremy Waldron)이나 브루스 애커만
(Bruce Ackerman) 같은 법 이론가, 법 철학자들은 헌재든 연방최
고법원이든 법원의 헌법 해석과 민주주의의 원리는 양립할 수
없다고 본다.[**]

그렇다면 헌법과 민주주의의 관계는 어떠해야 하나요?

기본적으로 나는, 정치과정에서 헌법적 역할은 최소화되거나 소
극적이어야 한다고 본다. '민주적 입헌주의'라고 말하든 '입헌적
민주주의'라고 말하든, 혹은 민주주의를 위해 헌법의 긍정적인
역할을 인정한다 하더라도 그래야 한다고 생각한다. 이런 관점
에서 볼 때 한국의 경우, 정치적 결정 영역에서 사법부의 역할은
과도하게 크다. 자유주의, 입헌주의, 민주주의는 서로를 보완하

---

[*] 로버트 달 지음, 조기제 옮김, 『민주주의와 그 비판자들』(문학과 지성사, 1999), pp. 112-137.

[**] Jeremy Waldron, "Constitutionalism: A Skeptical view," *Political Theory : Essays on Institutions* (Harvard University Press, 2016), pp. 23-44.

며, 그 보완을 통해 상승적 효과가 나타날 수 있도록 운영의 묘를 살리지 않으면 안 된다.* 그것을 주도하는 힘은 물론 좋은 정치에서 나올 수 있다. 요컨대 시민들의 힘이 표출되는 촛불 시위, 국회에서 정당 정치인들의 역할, 권위주의화에 반하는 자유주의적 가치의 확인과 그것을 위한 헌법재판소의 역할은 자유주의, 입헌주의, 민주주의를 현실 속에서 구현하는 사례이자 계기로 이해할 수 있다.

그럼 왜 그간 개헌을 주장하지 않으셨는지요?

어쨌든 나는 현행 민주 헌법이 대통령으로의 권력 집중을 제도화했다는 점에서, 그리고 사법부의 기능이 과도하다는 점에서 비판적이다. 그럼에도 당장 개헌이 필요하다고 주장할 수 없었던 데는 여러 가지 이유가 있지만 주로는 두 가지를 들 수 있다. 첫째, 기본적으로 정치는 갈등에서 타협의 여지를 발견하고 가능을 창출하는 기예라는 사실이다. 법의 조문들은 광범한 해석의 가능성을 열어 놓기 때문에 하나의 법적 틀 안에서도 얼마든지 정치 행위와 판단 능력, 사려 깊음에 따라 다른 결과를 만들어

● 세 이론들이 서로의 장점을 살릴 수 있다는 관점은, 다음 문헌을 참조할 수 있다. Russell Hardin, *Liberalism, Constitutionalism, and Democracy* (Oxford University Press, 1999).

낼 수 있기 때문이다. 그뿐만 아니라 정치를 실천하는 과정의 비공식적이고 암묵적인 행위규범이 헌법에 의미와 역할을 부여하고, 헌법에 규정된 제도를 작동시키며, 또 작동하지 않게 만들기도 한다.

헌법의 조문과 이를 정치적으로 해석하는 차원은 구분되어야 하고, 후자가 더 중요하다는 뜻이군요.

헌법을 지키는 문제는, 헌법 조문으로 표현된 그 내용 못지않게 중요한 사안이 된다. 그것은 헌법 조문과는 별개로 작용하는 정치적 함수이기 때문이다. 정치는 열정이 있지만, 법은 열정이 없다. 가장 대표적으로 제헌 헌법으로부터 현행 민주 헌법에 이르기까지 헌법 1조는 "대한민국은 민주공화국이다"였다. 이 조항은 5·16 군부 쿠데타 이후부터 1980년대 민주화 이전까지는 거의 지켜지지 않았다. 그렇지만 민주화 이후에도 상황은 크게 달라지지 않았다.

민주화 이후에도 헌법은 지켜지지 않았나요?

그렇게 볼 수 있다. 헌법 86조에서 89조까지 국무총리의 임명과 역할, 국무위원의 임명 과정, 국무회의의 권한, 정책 심의, 법안 결정 과정에 대한 사항은 거의 지켜지지 않았거나 형식적으로만 유지됐을 뿐이다.● 박-최 게이트 조사 과정에서 드러났듯이, 심의나 결정은 고사하고 장관들은 대통령을 면담조차 하지 못했으며, 대통령 비서관들의 지휘하에 있었고, 일방적으로 명령하면 받아 적기 바쁜 형편이었다. 그렇기 때문에 정치가 중요하며, 이런 권위주의적 대통령의 권력 행사나 통치 스타일을 아무렇지도 않게 받아들이는, 법의 지배의 전통 부재, 민주주의 의식의 결여, 문화적·사회적 규범 또한 헌법적 규정보다 더 중요하다.

대통령중심제의 원조이자, 사법부에 의한 헌법 해석의 원조인 미국은 어떤가요?

미국의 사례야말로 그 점을 너무나 잘 보여 준다. 중산층의 붕괴, 사회경제적 불평능의 심화와 저소득계층의 소외, 인종차별 등 불안정한 사회 조건에서 극단주의의 등장과 아울러 정당정치가 양극화되었다. 그동안 유효했던 정당 간 경쟁과 협력의 비공식적 규범들도 허물어지고 있다. 트럼프의 집권은 이 시태를 명료하게 보여 주며, 트럼프 정부에서 미국 민주주의가 위기에 빠질 것을 우려하는 목소리가 빠르게 확대되고 있다. 미국의 정치학자들은, 미국의 삼권분립과 같은 제도적 틀이 안정적인 민주주의를 유지하는 데 생각보다 훨씬 효과가 작다고 말한다. 최근 하

● 이 점은 이홍구, "헌법 무시의 관행 청산이 가장 시급하다." 『중앙일보』(2017/01/14)에서 지적되고 있다.

버드 대학 정치학과의 두 교수는 미국 민주주의가 심각한 위기에 직면해 있다는 장문의 논설을 『뉴욕타임스』지에 게재했다.*
집행부의 권력과 권위에 대해 헌법이 규정하는 제약은 무척 애매해서 대통령들은 이를 확대하고자 하는 유혹에 빠지며, 정당한 반대를 위험시하고, 정당의 이익 추구에 매몰되어, 그동안 존중됐던 정치적 규범들을 벗어던진다는 것이다. 이는 민주주의의 퇴락이자, 그에 경종을 울리는 소리가 아닐 수 없다. 이처럼 민주주의의 원조 국가 가운데 하나인 미국의 사례를 볼 때도, 헌법을 강화하는 것이 아니라 정치의 효능을 살리는 것이 해답이며, 그러기 위한 조건을 강화하는 것이 더 중요하다는 점을 알 수 있다. 제도의 효과를 전망하면서 개헌을 주장하기에 앞서 정치발전에 더 노력을 기울이는 것이 우선이다. 있는 제도도 활용하지 못하는데, 제도가 바뀐다고 좋은 정치적 실천이 가능하리라 기대할 수 없기 때문이다.

개헌을 주장하기 어려웠던 두 가지 이유 가운데 두 번째는 무엇인가요?
순수 제도론의 관점에서 나는 대통령중심제가 아닌 의회중심제가 더 우월하다고 생각한다. 그럼에도 불구하고 의회중심제로

---

* Steven Levitsky and Daniel Ziblatt, "Is America's democracy under siege?", *International New York Times,* Dec., 19, 2016.

개헌하자고 주장하지 않았던 것은—아니 못했던 것은—의회 중심제를 시행할 수 있는 정치적 조건, 즉 정당정치의 조건이 갖춰지지 않았다고 보았기 때문이다. 대통령중심제와 의회중심제의 가장 큰 차이는, 전자가 인물 중심, 리더 중심의 체제라면, 후자는 정당 중심의 체제라는 점이다. 대통령중심제에서는 정당이 비록 약하더라도 체제는 운영될 수 있다. 문제는 정당이 취약해지고, 그 결과 사회집단들의 투입 기능이 약해지며, 승자 독식 체제가 실현되기 쉽고, 항시적으로 권력 집중과 독재화의 위험을 안게 된다는 것이다. 그런데 지난 촛불 시위는 정당 체계를 크게 변화시킬 만한 정치적 충격 효과를 가져왔다고 생각한다. 이 점에서 한국도 원하기만 한다면 의회중심제로 전환할 수 있는 조건이 조성되기 시작했다고 하겠다.

촛불 시위가 의회중심제를 선택할 수 있는 어떤 조건을 만들었다는 말씀인지요?

'양손잡이 민주화'의 등장은, 한국 민주화를 위해 촛불 시위가 만들어 낸 가장 큰 공적일 수 있다. 앞에서도 언급했듯이, 촛불 시위는 한국 정당 체계를 양극화시켜 왔던 민주 대 반민주의 구도를 해체하는 데 결정적으로 기여했다. 그 의미는 크다. 보수가 극우적 분파와 온건 합리적 보수로 분열됨과 아울러, 이른바 친박계 보수를 주변으로 밀어내는 변화를 가져왔기 때문이다. 이미 한국 사회에서는 통진당의 해체 이후 극좌가 존재하지 않는다. 정치 갈등과 경쟁의 중심에 넓은 정치적 자유주의의 공간이 형성됐다. 그것은 민주화 이후 한국 정당 체계를 획기적으로 바꾸는 큰 변화로 이해된다. 좌/우 간, 또는 진보/보수 간 거리는 비교적 가까워졌고, 나아가 필요하다면 대연정(대연정이 반드시 긍정적이라는 뜻으로 말하는 것은 아니다)까지도 가능할 만한 정치적 기초를 만들었다. 민주 대 반민주 갈등 축의 소멸은, 이데올로기 갈등으로 양극화되었던 한국의 정당들로 하여금 실체적·사회경제적 문제와 대북 정책을 둘러싼 사안들에 대해 타협하고 협력할 가능성을 열어 놓았다. 그럼으로써 정당을 중심으로 하는 의회중심제 정부를 운영할 수 있는 조건을 만들게 된 것이다. 그동안 보수와 진보를 대변해 왔던 이들 정당이 한국 정당 체계의 위상에서 그 중심(center)으로 자리 잡을 수 있다면, 그 왼쪽에 사회민주주의적 성격의 정당이 출현할 여지가 만들어질 것이다. 그 오른쪽에는 여전히 반공 보수가 존재한다. 만약 정당 간 경쟁 축이 중앙으로 이동한다면, 그동안 정부의 지원 아래 안주하고 있었던 극보수가 독자적인 정당이나 운동의 형태로 세력화하려 할지도 모른다.

정당정치에 대한 불만도 꽤 큰데요.
앞서 말한 정당 간 새로운 경쟁의 형태는, 별다른 차이가 없으면서도 투쟁에 몰입하고 현실과 괴리된 양극화된 투쟁과 다른 어떤 것을 기대할 수 있게 한다. 정치에 대한 실망과 불만이 곧 정당과 정당 정치인에 대한 불신으로 이어지는 것은 비단 한국만의 현상이 아니라 세계적이고 일반적인 현상이다. 그동안 한국 사회에서 이 문제는, 의회중심제를 부정적으로 바라보게 만들었다. '보스'가 지배하는 정당의 이미지 또한 정당에 대한 불신으로 이어졌다. 저 사람들에게 과연 국가 운영의 책임을 맡길 수 있는가라는 의문을 갖게도 했다. 그러나 촛불 시위를 통해 볼 수 있었던 시민 의식의 수준과 그 이후 드러날 정치과정에서 시민들의 적극적 참여, 정당정치에 대한 시민적 압력은, 정당과 정치인들에 대한 모니터링·감시·감독 기능을 확대하고, 정당의 역할을 시민적 요구에 밀착시키는 효과를 가질 것으로 기대된다. 그리고 이런 상황은 우리도 의회중심제를 성공적으로 실현할 수 있다는 기대를 갖도록 한다. 그럼에도 잠재적으로 전제정으로 흐를 수 있는 대통령중심제를 고집해야 할 이유는 없을 것 같다.

대통령중심제가 아니라면 어떤 정부 형태가 바람직할까요?
두 가지 대안을 생각할 수 있다. 하나는 의회중심제이고, 다른 하나는 준(準)대통령중심제(semi-presidentialism)이다. 이 가운데 나는 분명히 의회중심제가 현행 정부 형태에 대한 대안이라는 점을 강조하고자 한다. 그럼에도 불구하고 준대통령중심제 또한 하나의 대안이 될 수 있다고 말하는 것은, 의회중심제에 대한 차선의 정부 형태로서, 대안의 폭을 좀 더 넓혀 보기 위한 것이다. 의회중심제의 본산지는 미국이 아닌 유럽이다. 과거는 영국이 대표적이었지만 지금은 독일을 이념형으로 볼 수 있다. 오늘날 유럽 여러 나라들에서 민족주의적·문화적·종교적·집단적 정체성과 열정이 팽만한 가운데서도 독일만큼은, (기존의 정당 체계가 우파 신생 정당인 '독일을 위한 대안 정당'의 강력한 도전에 직면해 있다 하더라도) 여전히 기민/기사당과 사민당을 중심으로 (현재 이들이 대연정을 구성하고 있지만) 온건한 다당제를 통해 안정적인 의회중심제를 운영하고 있다. 의회중심제는 권력 독점, 승자 독식을 허용하지 않는 연립정부를 구성함으로써 여러 정당을 정부에 참여시킬 수 있다. 또한 신생 정당이 제도권으로 들어갈 수 있는 유연성과 개방성으로, 정치 참여로부터 소외되기 쉬운 소수 약자들의 다양한 사회적 이익들이 제도 내로 진입할 수 있는 기회를 폭넓게 열어 두고 있다. 사회의 다양하면서도 중요한 이익과 가치, 요구와 의사를 대표할 수 있다는 측면에서 큰 장점을 갖는다. 그럼에도 불구하고 총선에서 정당 지지율 5퍼센트 획득을 의회 진입 문턱으로 두어 정당의 난립을 막는다. 일반적으로 국가를 통치하고 지도하는 데 있어 의회중심제에서는 지도자의 역할이 약하고 정부가 불안정하다고 이해하는 경우가 많다. 그러나 독일 사례는 그것이 기우임을 보여 준다.

독일의 의회중심제는 바이마르 체제에서 붕괴된 경험이 있지 않나요?

그러나 전후 독일의 제도는 전전 바이마르공화국의 이 약점을 '불신임 투표 제도'(no confidence vote)를 통해 완벽하게 보완했다. 이 제도는 현임 수상이 의회 다수에 의해 불신임을 받는다 하더라도, 그를 대체할 수상 후보가 의회 다수의 지지를 획득하지 못할 경우 현임 수상을 퇴진시키지 못하게 했다. 그래서 지금은 대통령제보다 내각이 정치적으로 안정되고 재임 기간도 더 긴 경우가 많다. 의회중심제의 장점은, 무엇보다 프랑스를 제외한 영국과 독일을 포함한 모든 유럽 국가, 그리고 1980년대 이후 동유럽의 구사회주의국가들이 민주화되었을 때 우크라이나·벨로루시·리투아니아 등 서너 개 나라를 빼고는 정부 형태로서 의회중심제를 택했다는 사실에서도 입증된다. 유럽에서 민주화는 곧 의회중심제를 갖는 공화국 수립을 의미하기도 한다.

준대통령제는 어떤가요?

준대통령제는 프랑스를 모델로 한다. 대통령중심제와 의회중심제는 확연히 구분될 수 있는 두 가지 이념형적 모델이다. 그러나 준대통령제는 단일 권위 구조를 갖는 체제와는 달리, 직접 선출된 국가의 수상으로서 대통령과, 정부를 운영하면서 의회에 책임을 지는 수상 사이에서 권위가 분할되는 이원적 권위 구조, 우리말로 '이원 집정부제'적 형태가 가능한 체제이기도 하다. 그러나 준대통령제는 대통령중심제와 의회중심제 사이의 중간적 형태라기보다는, 대통령중심제의 변형된 형태라고 할 수 있다. 이 체제의 실제 모델은 1958년 헌법에 의해 탄생한 프랑스 5공화국에서 만들어졌다. 특히 1980년대 등장한 미테랑 정부 시기에서였는데, 그의 임기 후반, 대통령의 소속 정당인 정부 여당이 총선에서 패배하면서 대통령은 국가의 수장으로서 외교와 국방을 관장하고, 의회 다수당이 선출한 시라크 수상이 정부 행정을 운영하게 되면서 이른바 '동거 정부'(co-habitation)가 나타난 것이다.

헌법의 조문 때문에 가능했던 일인가요?

5공화국 헌법에는 수상의 권한은 명시돼 있지만, 대통령의 권한은 명시되어 있지 않다. 양자 간의 역할 분할이 애매하게 남겨져 있었다는 말이다. 그런 정치적 공간에서 이중적 권력 구조가 나타난 것이므로 이중 정부의 현상은 헌법적 애매함의 결과물이라 하겠다. 드골이 재임한 시기에는 대통령 권한에 대한 헌법 규정의 애매함에도 불구하고 그의 압도적 위상으로 말미암아 별 문제가 없었다. 하지만 그 뒤 대통령이 소속된 집권당의 지지 기반이 약해지면서 야당이 의회 다수당이 되는 사례가 빈번해지는, 미국식 '분할 정부' 현상이 나타나게 된 것이다. 미국식 순수 대통령제의 경우 분할 정부 현상과 그로부터 야기되는 정체 상태가 구조적 특징이라 한다면, 프랑스식 준대통령제는 교착 회피 수단으로 효과적임을 보여 준다. 현대 정당 이론의 개척자 가운데 한 사람인 모리스 뒤베르제(Maurice Duverger)는 준대통령제를, 대통령제와 의회중심제의 혼합이 아니라, 대통령의 소속 정당이 의회 다수당일 때는 대통령제, 의회 소수당일 때는 의회중심제로 순환하는 체제라 해석했다. 대통령제와 의회중심제의 장점을 모두 포괄하는 가변적 체제라고 할 수 있다.

프랑스식 준대통령제에 대한 비판 또한 강력하지 않나요?

대표적으로, 좋은 방향에서 두 대안이 교차하는 것은 희망 사항일 뿐이라는 비판이 있다. 대통령이 의회 다수파에 속한다 해도 순수 대통령제가 보일 수 있는 장점은 실현되기 어렵다. 대통령이 독자적으로 권력을 행사하는 것이 구조적으로 수용되기는 어렵다는 것이다. 반대로 대통령이 의회 소수당 소속일 경우에는, 허약한 대통링이 될 수밖에 없다. 나아가 체제의 통합적 성격을 유지하기 어렵다는 비판도 설득력이 있다.[*] 요컨대 두 체제의 나쁜 점만 드러나기 쉽다는 것이다.

그렇다면 우리는 어떤 방향으로 정부 형태를 변화시켜야 할까요?

● Giovanni Sartori, *Comparative Constitutional Engineering* (NYU Press, 1997), pp. 123-125.

앞서 나는 우리가 현행 헌법을 바꾼다면, 선택 가능한 대안적 모델로서 의회중심제와 준대통령중심제를 이야기했다. 그러나 현재 헌법재판소에서 대통령의 탄핵 절차가 진행되고 있고, 그것이 가결된다고 가정할 때, 대통령 선거는 헌법이 규정한 대로 두 달 내에 치러야 한다. 이 경우 대선을 치르는 일 그리고 박근혜 정부의 해체를 마무리하는 과정이 우리 앞에 놓여 있다. 이런 상황에서 대선과 개헌을 동시에 처리하는 것이 사려 깊고 합리적이라고 판단하기는 어려울 것 같다. 그렇게 개정된 헌법이 좋은 내용을 가질 수 있으리라 기대할 수 없기 때문이다. 지난날 새로운 정부를 구성하기 위해 치러졌던 대선들 모두 중요했지만, 이번은 더 중요하다. 촛불 시위에서 분출된 변화와 개혁을 향한 거대한 시민적 요구와 열망을 정치적 의제로 전환하는 일도 중요하다. 어느 정당 후보가 대통령이 되든지 상관없이 의회에서는 과반 미만의 소수당이기에 개혁 이슈와 긴급한 사안들을 어떻게 실현할 것인지도 만만치 않은 문제다.

그렇다면 이번 대선에서 시도해야 할 제도 개선 의제는 최소화되어야겠군요? 할 수 있는 것과 할 수 없는 것을 구분해야 지혜롭게 문제를 개선할 수 있다. 비상한 대선은 비상한 방식으로 이루어질 필요가 있다. 그 방식으로 결선 투표제가 바람직하지 않을까 생각한다.

16. 왜 결선 투표제를 말하는가

결선 투표제는 2002년에 출간한 『민주화 이후의 민주주의』에서부터 늘 강조해 오셨는데요. 지금도 절실하게 요청되는 이유는 무엇일까요?

무엇보다 기존의 양당제가 깨지면서 정당이 분할돼 현재 4당제 내지 5당제라고 부를 만한 상황이 출현했다. 유동하는 정치 세력 간 힘의 배열이 안정되지 않은 상황에서 기존 정당들이 이합 집산을 통해 재결합할 수도 있고, 신생 정당들이 만들어질지도 모른다. 제1당을 제외한 정당들은 단순 다수제 대선 방식에 부정적일 수밖에 없다. 신생 정당들도 마찬가지다. 그늘 역시 대성낭 중심의 양당제를 추동할 수밖에 없는 단순 다수제에 대해 부정적일 수밖에 없다. 그동안 대선과 총선, 지자체 선거를 포함한 모든 선거에서 우리는 단순 다수제를 취해 왔고, 그것이 양당제를 만들어 냈던 가장 중요한 요소임은 부인하기 어렵다. 이는 단순 다수제 선거 방식이 양당제를 추동하는 경향이 있다는, 이른바 '뒤베르제의 법칙'에도 잘 부합하며, 한국에서도 설명력을 갖는다. 지자체 선거로부터 당의 기반을 만들어 가야 하는 신생 정당과 약한 정당들에게 단순 다수제 선거 방식은 치명적이다. 그것은 지금까지 한국 정당 체계에서 보수와 진보로 양분화된 권역, 특히 보수와는 달리 하나의 정당으로 통합되지 못한 야권에서 비주류·소수파 후보들에게 강력한 후보 단일화 압력을 가하는 힘이기도 하다. 주류 정당의 경우 역시, 후보 단일화에 대한 압력은 당내 비주류나 소수 의견을 억압하고 당내 민주화를 저해하는 부정적인 요인으로 작용했다. 이런 상황은 단순 다수제가 아닌 결선 투표제를 택할 경우, 뚜렷하게 개선될 수 있으리라 기대한다.

국회의원 선거나 지자체 선거도 결선 투표로 바뀌어야 한다는 말씀인지요?
우선은 대통령 선거에서 결선 투표제가 도입되어야 한다. (탄핵을 상정할 때) 대통령의 조기 퇴진이라는 비상한 정치적 격변이 조기 대선을 불가피하게 만든 반면, 촛불 시위를 통해 구체제가 사실상 붕괴되면서 새로운 질서에 필요한 중대 개혁 사안들이 대선에서 제시되고 시민 투표자들이 그것을 선택해야 하는 상황을 전제로 하는 말이다. 우리가 선거제도 개혁을 모색할 때 가장 중요하게 고려해야 할 기준은, 모든 문제를 해결해 줄 완전한 제도가 무엇인지가 아니라, 어떤 해결하지 않으면 안 되는 분명한 필요가 있느냐에 있다. 지금 한국 정치의 문제는 어디에 있는가. 나는 밑으로부터 사회적 약자, 소수자, 대표되지 못했던 사회 세력들의 목소리가 더 자유롭게 표출되고, 더 많이 대표되어 투입이 확대되는 것이 중요하다고 본다. 앞에서도 많이 얘기했지만, 기존의 양당제보다 지금 막 조성되기 시작한 다당제를 안착시키는 것이 중요하다. 그래서 결선 투표제가 필요하고 또 바람직하다.

그리고 조기 대선으로 더 짧아진 선거 기간 동안, 투표자들이 정당 후보자들을 더 잘 판단할 수 있도록 정보와 기회를 가질 수 있어야 한다. 이 점에서 투표자에게 투표할 기회를 두 차례 부여하는 결선 투표제가 더 우월하다. 선거제도를 바꾸는 목적을 먼저 생각하고, 그것에 부응할 수 있는 기능적 수단으로서 제도를 선택한다는 뜻이다.

결선 투표제의 장점이 한국 정치에서는 어떻게 나타날까요?
정당 간 경쟁, 당내 후보 경선에서 경쟁의 자유, 그리고 경쟁의 폭을 확대하는 데 단순 다수제보다 나을 것이다. 그동안 양당제와 단순 다수 선거 방식을 통해 대표될 수 없었던 소수, 약자들의 이익이 결선 투표제를 통해 정치과정에서 대표될 수 있기 때문이다. 촛불 시위 이후 치러지는 이번 대선은 특히, 밑으로부터 올라오는 요구·이이·의견·열망이 대표될 수 있는 기회로 삼아야 한다. 일반 투표자의 관점에서 본다면 1차 투표에서 자신이 판단하는 최선의 후보를 선택하고, 2차 투표에서 전략적 투표를 할 수 있으므로 투표의 효능이 확대될 것이다.

비례대표제와 다원적 정당 체계의 짝을 말하는 사람들도 많았습니다.
나는 지금 대통령 중심 체제 또는 준대통령제와 짝이 된 선거 방식으로서 결선 투표제를 말하고 있는 것이다. 이 방식과 비교될 수 있는 것은, 의회중심제와 짝이 된 비례대표제일 것이다. 물론 의회중심제를 택할 경우, 결선 투표제와 짝을 이룰 수도 있다. 어쨌든 (준)대통령제-결선 투표제가 의회중심제-비례대표제에 비해 투표자의 선택이 잘 반영되는 투표자 중심의 방식이라는 점도 중요하다.(준)대통령제-결선 투표제의 경우, 투표자의 선택 자체가 통치자의 결정에 직접적인 요인이 되기 때문이다. 그와는 달리 의회중심제에서는 정부가 거의 연립정부로 형성되므로, 정부와 통치자의 결정은 정당 간에 정책을 중심으로 협상한 결과물이라는 것, 그러므로 그 결정의 중심 주체는 정당이라고 할 수 있다. 여기에서 나는 투표 방식의 장단점을 비교하려는 것이며, 정부 형태의 비교 우위를 말하려는 것은 아니다.

결선 투표제 도입은 개헌 사항이라는 주장도 있는데요.

결선 투표제를 제안하면서 무엇보다 다행스럽게 생각하는 것은, 대통령 선출 방식을 규정하는 헌법 67조가 선출 방식을 헌법 사항으로 명시하지 않고 있기 때문에 일반 법률을 통해 바꿀 수 있다는 점이다. 따라서 대선 기간이 짧더라도 정당들이 합의하기만 한다면 법률 개정은 전혀 어려울 것이 없다. 지금의 현행 헌법(86~89조)으로도 총리로 하여금 대통령 권력을 분점하게 할 수 있다.

결선 투표제 도입이 현실적으로 가능할까요?

촛불 시위 이후의 정치 현실에서 누군가 새로운 정당을 조직하려고 한다면 큰 딜레마에 직면할 것이다. 개혁적 비전과 정책 대안을 실현하겠다는 신생 정당은 광장의 개혁적 요구들을 정치적으로 대표하려고 노력하면서 정당으로 자리 잡기 위해서는 현실적으로 헌법 개정과 같은 제도 개혁에 동조해야 하는 압력에 직면할 가능성이 크다. 그러나 당장 헌법을 바꾸는 것이 현실적으로 가능하지 않다면 우리가 선택할 수 있는 합리적 대안은 대선 관련 선거법을 개정해 결선 투표제를 도입하는 것이라고 생각한다. 지금 국면에서 우리가 할 수 있는 것은 여기까지다. 그리고 지금 할 수 있는 바로 그것을 하는 것이 가장 중요하다. 그것이 민주정치다. 원대한 계획이나 이상적 대안을 말하는 것이 아니라, 할 수 있고 하지 않으면 안 되는 과업을 해결하는 것, 바로 그것이 정치의 핵심이다.

결선 투표제 문제를 끝으로 지금까지 많은 주제를 살펴보았습니다. 아마 앞서 논의된 주제들은 모두 이번 대선 과정, 그리고 그 결과 등장할 신정부의 통치 기간 동안 중대 의제로 다뤄질 수밖에 없을 것입니다. 이제 정당들과 후보들의 역할이 중요하겠습니다. '촛불의 시간'이 향후 '정치의 시간'으로 어떻게 이어질지 예의주시하며 지켜봐야 할 것 같습니다. 아직 한국 민주주의가 가야 할 길, 개선하고 발전시켜야 할 과제는 여전히 많으니까요. 이것으로 긴 대담을 마치겠습니다.

민주주의의
시민권적 기반에 관하여

서복경 | 서강대학교 현대정치연구소 연구원

1. '어떻게' 모르게 되었을까?

이 글은 2016년 10월 이후 광장과 제도를 오가며 휘몰아치고 있는 사태의 한가운데에서, 아주 작은 부분이지만 어쩌면 본질적일지도 모를 어떤 '의문'에 답을 구하는 하나의 과정이다.

사태 발생 직후부터 계속 머리를 떠나지 않는 의문은 대략 이런 것이었다. 사태 전개의 엄청난 속도감은 불과 몇 주 전 사건들조차 마치 오래된 옛이야기처럼 만들고 있고, 드러나는 연쇄적인 사건들의 규모는 순식간에 눈덩이처럼 불어나서 애초의 발단을 기억하기조차 어렵게 만들고 있지만, 분명한 것은 이 사태의 한가운데 '선출직 공직자'인 대통령이 있다는 것이다. 국회 국정조사와 특별검사의 수사, 언론 보도를 통해 드러나고 있는 것은, 그가 주변의 부정과 비리를 관리하지 못한 '무능한 공직자'가 아니라 능동적이며 적극적으로 위헌·위법적인 범죄행위를 조직했고 공적 제도와 공공 재정으로 사익을 추구했다는 것이다. 또한 그의 이런 행태는 취임 이후 시작된 것이 아니라 오랜 연원을 가지며 반복적으로 되풀이되고 모방되었다고 한다.

2017년 1월 중순, 발표된 한 여론조사 자료에 따르면, 선거권자 10명 가운데 8명이 "헌법재판소가 대통령 탄핵을 인용해야 한다."고 답했다(『한국일보』 2017/01/18). 2012년 12월 대통령 선거에서 투표 유권자 10명 중 5명이 그를 선택했으니, 4년여 만에 그를 선택했던 유권자 5명 중 3명이 그를 버린 셈이다. 2016년 말에서 2017년 초, 광장에서 촛불을 들었던 시민들이 가장 많이 반복했던 말 가운데 하나는 "설마 이럴 줄은 몰랐다."는 것이었다. 특히 2012년 그를 선택했고 집권 이후 반복되는 기이한 행태에도 불구하고 판단을 유보하며 그가 잘하기를 기다려 주었던 시민들에게는 "이럴 줄 몰랐다."는 말이 더 절실하게 터져 나왔다.

그런데 그는 2013년 2월 대한민국 제18대 대통령으로 취임하기 전에 1998년부터 무려 다섯 번이나 국회의원을 역임했다. 대한민국의 시민들은 도합 여섯 번의 선거 캠페인 과정을 통해 공직 후보자로서 그에 관한 정보를 접했고, 이른바 공적 검증을 했던 셈이다. 그런데 시민들은 그에 대해, 그와 그 주변에 대해 혹은 그가 수십 년 동안 행해 온 행태에 대해 어떻게 이처럼 모를 수 있었을까? 아니 모르게 되었을까?

이 문제는 비단 2013년 이후 '대통령'이라는 공직에 있게 된, '박근혜'라는 한 인물에 국한된 문제가 아닐 수 있다는 점에서, 한국 대의 민주주의 제도의 근본적 오작동 가능성을 제기한다. 도합 여섯 번의 공적 검증을 거친 정치인에 대해 시민들이 이처럼 모를 수 있었다는 사실은 다른 '선출직 공직자'들의 선출 과정에 대해서도 의문을 제기하게 만든다. 또한 선출직 공직자에 관한 정보가 이처럼 차단될 수 있는 어떤 메커니즘이 작동하고 있었다면, 임명직 공직자나 직업 공무원들에 관한 시민적 감시와 감독은 과연 작동되고 있었던 것일까? 주기적인 선거로 대표를 선출해 공적 임무를 맡기고 교체하며 그들이 직업 관료 체계를 감독하게 함으로써 작동하는 것이 대의제의 원리인데, 대표를 선출하고 교체하는 기본 시스템이 오작동해 왔다면, 우리는 이 수준에서부터 문제를 다시 진단하고 교정해 나가는 긴 과정을 밟아야 할 것이다.

2. 지나온 이야기들 속의 몇 가지 징후들

다시 여섯 번의 공적 검증을 거쳐 선출직 공직자가 된 그의 문제로 돌아가 보자. 최근 공유되는 정보들은 그의 이런 행태의 연원이 수십 년 전으로 거슬러 올라가며, 오랫동안 수많은 징후들이 곳곳에 널려 있었음을 확인해 준다. 그런데 다수의 시민들은 그 사실을 알지 못했다. 뿐만 아니라 그가 "다른 것은 몰라도 사익은 추구하지 않았다."라거나, "그의 주변에는 적어도 호가호위할 가족이 없으므로 청렴할 수 있다."라는, 전혀 사실에 부합하지 않은 정보를 진실로 믿는 시민들이 많았다. 민주화 이후 그가 정치 활동을 재개한 것이 1997년이었으니, 20여 년 동안 그에 관한 정보는 베일에 싸여 있었거나 왜곡되었다는 것이다. 어떻게 이런 일이 가능했을까?

2007년 집권당의 대선 후보 당내 경선 과정에서, 당시 이명박 후보 캠프에 있던 김해호는 기자회견을 통해 박근혜와 최순실의 관계를 폭로했다. 그가 제공했던 정보들은 지금 대부분 사실로 확인되고 있다. 하지만 당시 김해호는 '형법상 명예훼손죄'로 기소되었고 실형을 선고받았다. 그가 폭로했던 정보는 '재판 중인 정보'가 되어 법정에 갇혔고, 그가 교도소에 갇힌 이후에는 그마저도 사라져 버렸다. 그는 실형을 선고받고 항소하지 않은 채 형을 살았다. 왜 그랬을까?

2007년 시점에서 이명박 후보 진영에 있었던 정치인들 가운데 일부 혹은 상당수가 이 사실을 알고 있었다는 것이, 최근 그들의 입을 통해 드러나고 있다. 하지만 이명박 전 대통령을 포함해 그들은 모두 이 사실에 대해 입을 다물었거나 적극적으로 알리고자 노력하지 않았다. 왜 그랬을까? 당시 김해호를 기소하고 실형을 구형했던 검찰과, 실형을 선고했던 재판부는 정보를 누설하지 않았다 하더라도, 그 검찰과 재판부 주변에서 관련 정보를 접한 누군가(특히 언론)는 있었을 것이다. 그러나 그들도 모두 입을 다물었다. 아마 2007년 이전에도 다른 김해호'들'이 있었을 것이고, 이 사실을 아는 다른 정치인들과 언론이 있었을 것이다. 하지만 그들이 공유했던 정보는 다수 시민들에게 알려지지 않았다.

'왜'에 대한 설명으로 우리는 음모론과 공모론을 쉽게 떠올릴 수 있다. 음모론에 기댄다면, 어떤 거대한 권력을 가진 기획자 혹은 보이지 않는 손이 있어 이 모든 것을 조작하고 관련된 모든 이들의 입을 막았다는 것이다. 그러나 관련 정보가 드러났을 시기에 그런 권력자가 있었다손 치더라도, 그런 힘이 과연 수십 년 동안이나 작동할 수 있을까? 만약 그런 힘이 권위주의 체제에서부터 지금까지 지속될 수 있었다면, 지난 30여 년간 우리가 유지해 온 체제는 적어도 민주주의는 아닐 것이다. 주기적인 선거로 공적 권력을 교체할 수 있는 체제가 민주주의이고, 실제로 한국 사회는 선거를 통한 정권 교체를 두 차례 경험했다. 그런데도 그런 힘이 권력 교체와 무관하게 작동할 수 있다는 가설은 현실적이지 못하다.

공모론에 입각해 본다면, 대통령과 집권당 정치인, 검찰과 법원 관련자들, 이 사실을 취재하고도 보도하지 않은 언론이 공통의 이익을 공유하고 있었고 이를 지키기 위해 정보를 묻었다는 것이다. 공모론은 음모론보다는 현실적이다. 실제 그들 중 일부는 이 정부하에서 공동 범죄를 모의했으며 실행했다는 사실이 확인되고 있기도 하다. 그러나 그들의 카르텔이 긴 시간 동안 전혀 누수되지 않고 유지되는 것이 가능할까? 시간이 흐르면서 그들 중 누군가는 카르텔 밖으로 밀려났을 것이고, 정보 유출의 유인이 발생할 수 있지 않았을까? 만약 그것이 가능했다면 상황은 다시 음모론의 영역으로 빠지게 된다.

실상은 아마도 이럴 것이다. 김해호는 항소해도 재판에서 질 것임을 알았기 때문에 형을 받아들인 것이고, 이명박 전 대통령과 주변 정치인들은 폭로를 했을 경우 김해호와 같은 경로를 겪게 되리라 생각했기 때문에 말하지 않았을 것이며, 사실을 접한 언론 역시 위험을 감수하고 싶지 않았기 때문에 굳이 보도하지 않았다는 것이다. 오래된 거대 정당의 유력 정치인을 대상으로 '형법상 명예훼손죄'를 다투는 위험을 감수하지 않는 것이, 그들의 혹은 이 사회의 상식이었던 것이다.

여기에 더해, 그들은 아마도 자신들이 공유했던 정보가 굳이 다수 시민들에게 전달되어야만 하는, 공익적 가치를 지닌 정보는 아니라고 판단했을 가능성이 높다. 18년 집권자의 후손이 범죄에 연루되었던 과거가 있고, 그 범죄로 부를 취득해 지금껏 누리는 일이 그렇게 바람직한 일은 아니라 할지라도, 충분히 있을 수 있는 일이라는 것이 그들이 공유한 상식이었을 것이다. 또한 권위주의 체제에서 정치 사회화를 경험한 시민들 가운데 이런 상식을 공유해 주는 시민들이 상당수 있을 것이고, 그들은 그 시민들의 상식을 믿었을 것이다.

광장이 열리고 나서 시민들에게 속속 전달되고 있는 정보들은 다수의 제보자들에 힘입은 바 컸다. 이들은 익명으로 혹은 실명으로 정당과 국회의원들에게, 언론에 자신이 가진 정보의 퍼

즐을 제공하고 있다. 왜 지금에서야 입을 열게 되었을까? 그들 역시 김해호처럼 법정에 서거나 생계와 안전을 위협받을 것이라는 두려움 때문에, 혹은 자신이 가진 정보가 어마어마한 공익적 가치를 가진 것이라는 자각을 하지 못하다가 사태가 이렇게 되고 나서야 그 가치를 깨닫고 말을 하게 되었을 것이다. 지금도 여전히 공적 권력으로부터 해를 입을까 두려운 이들은 정보의 조각을 쥔 채 고민을 거듭하고 있을지 모른다.

물론 사태가 이렇게 되기 전에 위험을 감수하고서라도 정보를 알리고자 했던 이들도 있었다. 그러나 그 정보가 다수 시민들에게 전달되지 않았다는 점에서, 결과는 별반 다르지 않았다. 2012년 대통령 선거 캠페인 와중에, 유력 대통령 후보였던 현 대통령의 오촌 조카 사망 사건에 대해 의혹을 제기했던 두 명의 언론인이 있었다. 이들은 '공직선거법상 허위사실유포죄'로 기소되있다. 1심 재판부는 무죄를 선고했지민 검찰은 힝소했고 2심 재판부도 무죄를 선고했지만 검찰은 상고했다. 그들은 2016년 현재까지 재판 중에 있으며, 그들이 알리고자 했던 정보는 '재판 중인 정보'로 갇혀 다수 시민들에게 전달되지 못했다. 물론 일부 아는 시민들은 있었다. 하지만 자신이 아는 정보를 '유포'시키는 것만으로도 죄가 될 수 있다는 두려움은 시민들 사이에 정보 유통을 차단시켰다. 그 두 명의 언론인은 지금도 그 사건을 추적하고 있다고 했다. 그러나 '확실한 증거를 확보할 때까지' 그들은 입을 열지 못하고 시민들은 그에 대한 정보를 알지 못한다.

'세월호 7시간'에 대한 의혹을 자국에 보도했다가 한국 법정에 서게 된 『산케이신문』(産經新聞) 기자 사건은, 한국 사회를 살아가는 시민들의 언론 정보 환경을 적나라하게 보여 준다. 결국 그는 무죄를 선고받았지만, 그 사건의 파장은 당사자인 일본 기자에게보다 한국의 평범한 시민들에게 더 크게 미쳤을 것이다. 그는 시민적 기본권조차 지켜지지 않는 한국에 대해 냉소하면 그만이지만, 다른 나라 기자까지 법정에 세울 수 있는 이 나라의 사법 체계를 목격한 시민들은 더욱더 위축될 수밖에 없었을 것이기 때문이다.

이렇게 시민들은 정보를 차단당했고 시민들 사이에 자유로운 정보 유통은 가로막혔으며, 스스로 자기 입을 틀어막게 되었다. 그리고 우리는 지금, 그 중대한 결과로 현직 대통령이 된 그의 위헌·위법행위를 목격하고 있고, 그의 탄핵을 요구하기 위해 몇 달 동안 주말마다 거리로 나가야 하는 상황에 처했다. 김해호'들'이 제공했던 정보가, 그리고 소수일지라도 언론인들이 전달하려고 애썼던 정보들이 오래전부터 제약 없이 자유롭게 유통되었더라면, 대통령은 과거에 다섯 번이나 국회의원을 하지 못했을 수 있고, 집권당의 대통령 후보가 되지 못했을 수도 있으며, 지금 그 자리에 있지 못했을 가능성이 높다. 그래서 다시 묻게 된다. 무엇이 문제였을까?

3. 지난 30년 동안 우리가 해온 것들

사태가 이렇게 된 것은 당연하게도 '언론'이 권력 집단으로부터 독립성을 유지하지 못했고, '검찰'이 중립적으로 기소권을 행사하지 못했으며, 검찰을 사익 추구의 수단으로 사용했던 '선출된 대통령'이 있었고, 그 대통령의 위법 부당한 행위를 견제하지 못하는 '집권당'이 존재했으며, 그 집권당을 견제하지 못하는 '야당'들이 '국회'를 함께 구성하고 있었고, 그 국회를 구성하는 정당들과 불법 거래의 유인을 가질 수밖에 없는 지배 구조의 '재벌 체제'가 있었으며, 검찰의 부당한 기소에도 불구하고 독립적인 재판권을 행사하지 못한 '사법부'가 있었기 때문이다. 즉, 선출된 대통령과 입법부, 사법부, 언론, 정당, 재벌이라는 공적인 제도들 간에 수평적 책임성의 원리가 작동되지 않았기 때문이다.

그런데 우리는 한국 사회가, 제대로 자동하지 않는 공적 제도들을 가지고 있다는 사실을 오랫동안 알고 있었다. 그리고 그들 사이에 수평적 책임성의 원리가 작동하도록 만들어야 한다고 오랫동안 주장하거나, 그런 주장을 들어왔으며, 실제 그렇게 만들기 위해 여러 가지 제도 개선의 대안들을 마련해 왔다. 그중 어떤 것은 이미 실천되었고 또 어떤 것은 아직도 대안의 영역에 머물러 있기도 하다. 그렇다면 아직 실천되지 못한 대안들의 묶음을 이제라도 한꺼번에 제도화한다면, 문제의 전체 혹은 상당 부분을 해결할 수 있을까?

물론 이들 모두 혹은 어떤 것들은 제도화가 필요하며, 그렇게 된다면 지금보다는 민주주의 제도가 훨씬 잘 작동할 수도 있다. 그런데 지나온 경험을 반추해 보면, 제도를 만드는 것과 제도가 도입 취지대로 작동하게 만드는 것, 제도가 당초 기대했던 효과를 내도록 만드는 것 사이의 간극은 컸다.

예컨대, 사익 집단과 집권 세력이 공영 언론을 장악해 독립성을 훼손하는 것을 막기 위해 KBS 사장에 대한 국회 청문회 제도를 도입했고, 〈방송문화진흥법〉을 만들었다. 그러나 방송문화진흥회가 MBC의 독립성을 보장해 주지도, 국회 청문회가 KBS의 독립성을 보장하지도 못했다. 대통령과 집권당이 검찰을 집권과 권력 유지 수단으로 활용하지 못하도록 검찰총장 임기제를 도입했으며, 법무부 장관과 검찰총장의 권한 경계를 제도로 명시했지만 이 정부에서 검찰의 행태가 최소한 이전 정부보다 나아졌다는 증거는 없다. 대통령이 집권당을 사유화하지 못하게 막고, 국회가 제도로서 행정부를 견제하도록 만들기 위해 우리는 지난 30여 년 동안 〈국회법〉을 39번 개정했고, 〈정당법〉을 21번 개정했다. 그러나 박근혜 정부의 집권당을 보건대, 혹은 이 정부에 대한 제19~20대 국회의 견제력을 보건대 그 제도가 제대로 작동했다고 하긴 어렵다.

민주화 이후 정치가 사익 집단, 특히 대기업 집단에 의해 포획

그림 1 | 민주적 책임성의 영역

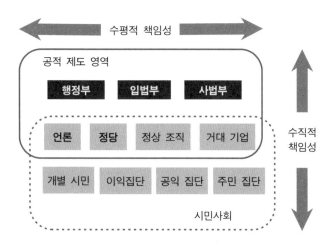

되지 못하도록 우리는 〈정치자금법〉을 만들었고 여러 차례 개정을 단행해 왔지만, 역시 이 정부와 재벌의 불법 거래를 막지는 못했다. '재벌 개혁'이라는 이름으로 대기업 집단의 선근대석 지배 구조를 바꾸기 위해 노력하지 않았던 것도 아니다. 〈공정거래법〉 개정을 위해 몇 차례, '전투'라 부를 만큼 대규모 갈등들을 벌여 왔지만, 그들은 좀 더 까다로워진 제도적 규제를 비켜 나가면서 민주화 이전 자신들의 소유 구조를 지속해 올 수 있었다. 사법부와 헌법재판소 재판관들의 독립성을 강화하기 위한 제도적 노력을 하지 않았던 것도 아니다. 대법원과 헌재 재판관들에 대한 국회 인사청문회 제도를 시행했고, 때마다 그들의 도덕성과 직무 적합성을 검증하려고 노력했지만, 그들은 이 정부에서 일어난 많은 사건들에 대해 혹은 이전 정부의 비리에 대해 독립적인 재판권을 행사하지 못했으며 오히려 면죄부를 남발했다. 그래서 다시 묻게 된다. 무엇이 문제였을까?

우선 생각해 볼 수 있는 것은, 지난 30여 년간 민주주의 제도들의 수평적 책임성을 강화하기 위해 노력해 온 제도 변화의 방향 자체가 잘못되었을 수 있다는 것이다. 예컨대 검찰의 공정한 업무 집행을 위한 장치가, 선출된 권력의 권한 경계를 명시하거나 선출 권력의 선한 권력 사용을 강조하는 방법이 아니라, '검사장 직선제'처럼 선거를 통해 시민적 개입이 가능하도록 했어야 할지도 모른다. 그러나 민주화 이후 한 세대 동안 무수한 행위자들이 집단적으로 고안해 낸 대안들이 모두 잘못된 방향이었을까? 그중 어떤 것은 제대로 된 대안이었을 것이고 어떤 것은 번지수가 틀렸으리라는 것이 현실에 좀 더 가까울 것이다. 문제는 그럼에도 지금 우리가 목도하고 있는 것은, 민주주의 제도들이 집합적으로 작동하지 않았거나 오작동해 왔다는 것이다.

다음으로 생각해 볼 수 있는 대답은, 대의제 민주제도들의 수평적 책임성을 강제할 수직적 책임성의 제도나 원리가 작동하지 않았거나 오작동했다는 것이다. 선거를 통한 유권자의 선택이 비례적으로 대표될 수 있는 제도를 갖추지 못했고, 승자 독식의 선거제도가 민의를 왜곡했다는 진단이 여기에 해당된다. 행정부에 대한 입법부의 견제, 언론과 사법부의 독립성을 보장하기 위해 마련해 놓은 여러 장치들은 모두 경쟁하는 정당들로 구성된 의회의 교차 검증과 인사 견제, 사후 감독을 기본 구성 요소로 하고 있기 때문이다. 행정 권력과 시장 권력, 언론 권력의 공모를 일상적으로 감독할 수 있는 입법부의 구성이 좀 더 유권자 선호에 부합하는 방향에서 이루어졌더라면 우리는 좀 더 나은 대의제도의 작동을 볼 수 있었을지 모른다.

그런데 이 진단에도 의문이 제기될 수 있다. 다수대표제 또한 민주주의가 허용하는 선거제도이며 다수대표제를 운용하더라도 한국보다 더 책임 있는 대의제를 작동시키는 국가들이 있고, 남미나 아프리카 국가들의 사례를 볼 때 비례대표제가 반드시 대의제도의 책임 있는 작동을 보장해 주는 것은 아니라는 점이다. 비례성이 좀 더 높은 제도가 민주주의의 질을 높일 가능성이 크다 해도, 그것이 필요충분조건은 아닐 수 있다. 점진적이고 느리긴 하지만 지난 시기 우리의 선거제도는 좀 더 비례적인 방향으로 조금씩 움직여 온 것이 사실이다. 그러나 적어도 이런 진전이 대의제의 작동을 더 낫게 만들었다고 결론 내리기는 어렵다.

지난 30여 년 동안 우리가 접해 온, 그래서 익숙한 또 다른 대답은, 시민의 참여 부재나 부족에서 원인을 찾는 것이다. 특히 이런 진단과 대안은 과거 민주당 계열 정당이 두 차례 집권했던 시기에 활성화되었고, '행동하는 양심', '깨어 있는 시민'이라는 정치 담론으로 집약되었으며, 대안은 '참여 민주주의', '직접민주주의', '광장 민주주의', '분권과 자치'의 확대 등으로 제출되었다. 2002년 제16대 대선 캠페인 과정에서 포장마차를 끌고 전국을 다녔던 '노사모(노무현을사랑하는사람들의모임)'는 시민 참여의 새로운 대안의 한 상징처럼 등장했으며, 2008년 촛불 시위는 광장의 참여를 통한 문제 해결의 주요 양식으로 비춰졌다.

이후 많은 정부 기관들은 민과 관이 공동으로 참여하는 무수한 위원회들을 구성했고, 그들 중 노사정위원회, 최저임금산정위원회 등 일부는 정책 결정의 권한을 일부 이양받기도 했다. 중앙 부처와 지방정부들은 인터넷과 다양한 소셜 네트워크 수단을 활용해 시민과 직접 소통할 수 있는 채널을 만드는 데 재정과 노력을 들였고, 각 정당들도 당원 및 지지자들과의 직접 소통을 위해 여러 채널을 만들었으며, '국민 참여 경선제' 등을 도입해 이른바 '공천권을 국민에게' 돌려준다는 방향을 표방했다. 정당들마다 정도의 차이는 있었지만 전체적인 방향에서 이를 공유했으며 이른바 '정당 민주화'를 위한 대안들이 만개했다. 주민 소환, 주민 발의, 주민 투표 제도가 도입되었고, 주민 참여 예산제 등의 다양한 직접 참여 실험들이 전개되었다. 이 모든 노력은 민주정치의 시민적 기반을 확장시켰고, 시민적 권한 부여(civic empowerment)를 중요한 제도적 개선 방향으로 자리 잡게 했으며, 시민들은 참여로 인한 권능감, 정치 효능감을 이전보다 더 가질 수 있게 되었다.

그러나 지금 시점에서 보면 한계도 명확해 보인다. '국민 참여'로 더 나아질 수 있을 것이라던 정당들은 여전히 시민적 불신의 대상이 되고 있으며, 행정부와 입법부의 제도적 권한을 제대로 행사하지 못하고 있다. 정부 주요 정책 결정권의 일부를 공유하고 있는 위원회들이 실제로 사회경제적 상태를 더 나아지게 하는 결정을 만들어 낸 것도 아니다. 노사정위원회, 최저임금산정위원회가 운영되었지만 소득 불평등을 완화하거나 노사 관계를 좀 더 평등하게 만들지 못했으며, 시장 상황은 계속 악화되어 왔다. 온라인을 통한 다양한 시민적 참여 방식이 각광을 받았지만, 온라인과 오프라인의 괴리는 점점 커졌다.

2002년, 2008년에 이어 2016년에도 광장이 열렸고, 광장은 사회적 공론장이 되었으며, 정부의 정책 결정 방향을 일정 정도 바꾸는 데에도 기여했다. 그러나 주기적으로 광장에서 이루어지는 정치는 너무 많은 비용을 요구하며, 최소한의 시간과 여유가 있는 사람들에게만 기회를 부여한다는 점에서 한계가 있다는 사실을 부정할 수 없다. 무엇보다 광장과 광장 사이 일상의 시간 동안 우리는 사태를 개선시킬 수 있는 다른 수단을 갖지 못한 채, 상황이 악화일로에 들어선 뒤에야 광장에서 사후적으로만 개입할 수 있었다. 냉정하게 보자면, 2016년의 광장은 위대하지만 대통령인 그와 그의 공모자들이 온갖 범죄들을 다 저지른 이후 더 이상 범죄를 저지르지 못하도록 막는 역할을 하고 있는 것이 현실이다. 사태가 여기에 이르기 전에, 몇 달 동안 광장을 사수하는 엄청난 비용을 치르기 전에, 우리가 이를 막을 수 있는 방법은 없었던 것일까?

4. 한국 민주주의의 시민권적 기반에 관하여

신생 민주주의 국가들에서 대의 민주주의가 민주적 책임성을 확보하지 못하는 문제를 다룬 몇몇 연구들은, 한국 민주주의가 결핍하고 있는 영역을 고민하는 데 시사점을 던져 준다. 아프리카 민주주의 정부들이 책임성을 보장하는 데 실패하고 있는 원인을 진단했던 한 연구는, '투표자이긴 하지만 시민은 아닌'(voters but not yet citizens) 대중에 의해 운영되는 민주주의의 문제를 지적한 바 있다(Bratton and Logan 2006). 또 다른 신생 민주주의에 대한 경험 연구는, 선거 관련 시민권 법률과 원칙 규범(electoral related human rights law and principles)이 확립되지 않은 상태에서 선거제도가 작동할 때, 민주정치의 포괄성(inclusiveness), 투명성(transparency), 책임성(accountability)이 보장되기 어렵다는 진단을 내놓기도 했다(Merloe 2008).

지난 한 세대 동안 한국 정치와 사회는 앞서 살펴본 다양한 원인 진단 속에서 대안들을 실험했고 제도를 개선해 왔지만, 시민적 기본권에 관한 법규범만큼은 여전히 민주화 이전 시대의 기원과 제도적 틀, 인식적 기반을 유지하고 있다. 1980년대 민주화 과정을 통해 한국 사회는 '선거로 정부를 바꿀 수 있는 체제'가 민주주의라는 규범을 세웠고, 지난 30년 동안 이를 실천했다. 그런데 그 선거가 '자유롭고 공정한 시민들'에 의해 이루어져야 하며, 이를 위해서는 '투표자이기 이전에 권리주체로서 시민'이라는 조건이 선행되어야 한다는 점에 대한 성찰이 충분히 이루어지지 못했다.

현행 헌법은 성문의 텍스트로 언론·출판·집회·결사의 자유를 보장하고 있으며 "언론·출판에 대한 허가나 검열, 집회 및 결사에 대한 허가는 인정되지 아니한다."는 점을 명시하고 있다. 뿐만 아니라 국민의 자유와 권리는 "헌법에 열거되지 아니한 이유로 경시되지 아니하"며, "국가안전보장·질서유지 또는 공공복리를 위하여 필요한 경우에 한하여 법률로써 제한할 수 있으나, 제한하는 경우에도 자유와 권리의 본질적인 내용을 침해할 수 없다."고 명시되어 있다.

그러나 선거와 선거 사이 한국의 시민들은 여전히 1948년에 만들어진 국가보안법 체제, 1958년 선거법과 1962년 정당법, 3~4공화국 박정희 체제에서 만들어진 노동관계법, 집회 및 결사에 관한 법규범의 세계에서 살아가고 있다. 원내 정당이 버젓이 정당 해산을 당하는 사회에 살고 있으며, "언론·출판에 관한 허

그림 2 | 시민적 기본권에 관한 한국 법규범의 기원

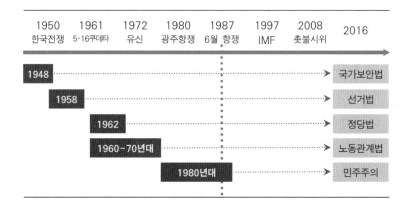

가나 검열은 인정되지 않는다."는 헌법 조항에도 불구하고, 형법
상 명예훼손죄, 사전 선거운동 금지와 후보자 비방죄, 허위 사실
유포죄 등으로 정치 표현의 자유는 검열당하고 제한당해 왔다.

　'당선되거나 되게 하거나 되지 못하게 행위'는 정해진 기간
동안만 할 수 있고, 그 외 기간 동안 이와 관계된 정치 표현 활동
은 법적 처벌을 감내해야 한다. 대통령 선거, 국회의원 선거, 지
방선거가 1~2년 단위로 시행되는 체제에서 정치 표현의 자유가
허용되는 기간은 극히 짧다. 사실상 한국의 시민들은 일상의 모
든 시간 동안 정치 표현의 자유를 제한당하며 살아가야 하는 것
이다.

'집회의 자유는 허가의 대상이 되어서는 안' 되는 본질적 권리지만 청와대 앞 1킬로미터 이내는 들어갈 수 없는 것이 당연하게 여겨졌고, 정치결사나 시장체제에서의 결사는 지금까지 항상 허가와 검열의 대상이었다. 수도에 중앙당이 있어야 하며 다섯 개 이상의 시·도당이 있어야 하고, 시도당마다 1천 명의 당원이 있어야만 정치결사를 할 수 있으며, 정당으로 등록한 이후에도 이 조건을 충족하지 못하면 해산을 당해야 한다. 노동조합의 단체행동권은 기업의 손해배상청구권으로 질식되어 있고, 단체교섭권은 행정기관의 적법한 온갖 개입으로 무력화되는 사회에 살고 있다.

2016년 광장에서 시민들이 일시적으로 누렸던 정치 표현, 집회 및 결사의 자유가 일상의 공간에서 제도적으로 보장되어 왔더라면, 우리는 사태가 이 지경에 이르기 전에 선출직 공직자인 대통령에 대한 정보를 좀 더 충분히 알았을 것이고, 다른 선택을 했을 수도 있으며, 집권 이후에라도 공적 공간에서 정보를 공유하고, 좀 더 일찍, 좀 다른 방식으로 일상적인 반대를 표명했을 것이다. 수직적 책임성의 원리가 시민권에 기반한, 시민들의 일상적이고 제도적인 참여로 실행되지 않는다면, 우리는 '투표자이지만 아직 시민은 아닌' 대중의 민주주의에서 벗어나길 기대하기 어렵다. 이런 체제에서 대의제의 수평적 책임성을 강제할 여러 제도적 장치를 마련한다 해도, 그 제도는 일상의 시민들로부터 견제 받지 않을 것이며, 그들은 또 다른 방식으로 법을 우회해 공모할 것이다.

작업장에서, 온-오프라인 공론장에서, 권력에 대한 정보를 자유롭게 동료 시민들에게 제공하고 유통시킬 수 있는 권리가 보장되지 않는다면, 정보와 표현을 매개로 한 자유로운 시민들의 연대가 보장되지 않는다면, 우리가 어떤 정부 형태를 만들어도, 어떤 견제와 균형의 제도들을 도입하더라도 또 다시 제도의 오작동을 볼 수 있다.

이런 의미에서 정부 형태나 선거제도를 기준으로 87년 체제의 한계나 극복을 논하기는 이르다. 87년 헌법이 보장하는 시민적 기본권은 여전히 법률과 규범으로 보장되지 못하고 있으며, 우리 사회는 1948년 국가보안법 체제, 1958년 선거법 체제와 1962년 정당법 체제, 3~4공화국의 노동관계법 체제를 진지하게 성찰해 보지 못했다. 대의제 민주정의 한계를 논하기는 더욱 이르다. 우린 아직 한 번도 제대로 된 대의제 민주정을 시행해 본 적이 없기 때문이다.

◆

Bratton, M. and C. Logan. 2006. "Voters but not yet Citizens : The Weak
    Demand for Vertical Accountability in Africa's Unclaimed
    Democracies." *Afrobarometer.* Cape Town.
Merloe, P. 2008. "Human Rights : The Basis for Inclusiveness,
    Transparency, Accountability and Public Confidence in Elections."
    *Promoting Legal Frameworks for Democratic Elections : An NDI
    Guide for Developing Election Laws and Law Commentaries.*
    National Democratic Institute for International Affairs, New York,
    pp. 9-36.

촛불과 민주주의

촛불 시위에서 드러난 한국 시민사회의 장점과 한계

박찬표 | 목포대학교 정치언론홍보학과 교수

1. 문제를 제기하며

2016년 11월과 12월 두 달 동안 1천만 명이 넘는 시민들이 촛불 시위에 참여했다. 광화문 광장을 비롯한 전국 각지에서 시민들은 헌정 질서를 파괴한 대통령에 대한 사실상의 '국민소환'을 단행했다. 그 결과 박근혜 대통령에 대한 국회의 탄핵 소추 결정을 이끌어 냄으로써, 1987년 민주화 이후 최대 위기에 빠진 민주주의를 되살리는 계기를 마련했다. 특히 촛불 시위는, 주권자인 국민의 의사에 반하는 권력을 기존의 헌정 질서 내에서 평화적 수단을 통해 축출하는 선례를 만들었다는 점에서 가히 '시민혁명', '명예혁명'이라 불러도 좋을 사건임에 틀림없다.

하지만 촛불 시위는 아직 진행 중이다. 그것이 최종적으로 어떤 성과를 낳을지, 좀 더 장기적인 관점에서 한국 민주주의에 어떤 결과를 가져올지는 미지수라 할 수 있다. 우선 당장은 헌법재판소의 탄핵 심판이 남아 있고, 탄핵 이후에는 대선이 기다리고 있다. 촛불 시위가 단순히 대통령 개인과 그 측근의 국정 농단에 대한 분노의 표출만이 아니라, 박근혜·새누리당 정권에 의해 자행된 민주주의 파괴와 국정 파탄 전반에 대한 시민적 저항이라는 점을 고려하면, 차기 대선에서 정권 교체가 이루어짐으로써 헌정 파괴 권력에 대한 국민의 평결이 이루어지고, 이를 통해 권력의 책임성이 실현될 때 촛불 시위의 민주적 의미는 일차적으로 실현될 수 있을 것이다.

좀 더 장기적인 관점에서 보면, 촛불 시위는 '이명박근혜'로 표현되는 보수 정권 10여 년이 초래한 민생 파탄에 대한 저항이며, 나아가 그 근원이 되는 박정희식 국가 모델에 대한 거부라고 할 수 있다. 촛불 시위의 구조적 배경인 사회경제적 불평등과 사회 양극화 등은 기본적으로 박정희의 권위주의적 발전 전략이 낳은 산물이기 때문이다.

다른 한편, 촛불 시위는 시민들이 직접행동을 통해 '87년 체제' 혹은 대의 민주주의의 한계를 극복하려는 시도로 평가되기도 한다. 직접민주주의가 대안으로 제시되기도 하고, 권력 구조 개편이나 시민권 강화 등을 위한 개헌이 과제로 제시되기도 한다.

촛불 시위가 갖는 이런 복합적 의미를 고려할 때, 헌법재판소의 탄핵 심판 결과도 나오지 않은 시점에서 촛불 시위를 분석하거나 평가하는 것은 성급한 시도라 할 수 있다. 따라서 이 글은 제한된 목표를 갖는다. 이 글에서 필자는, 촛불 시위에 대한 본격적인 사회과학적 분석이 아니라, 촛불 시위를 보고 느낀 바에 대한 몇 가지 단상을 정리하고자 한다. 신문에 보도된 참여자들의 발언이나 기사 내용, 필자의 개인적인 참여 경험 등에 기초한, 일종의 인상비평이라 해도 좋을 것이다.

또한 이 글은 촛불 시위에 대한 객관적 분석보다 실천적 관여를 지향한다. 촛불 시위는 아직 진행 중인 사태이기에 그 내용과 결과는 열려 있다. 말하자면 촛불 시위는 아직 '구성' 중에 있는 것이고, 이 글이 시도하는 촛불 시위에 대한 해석 역시 이런 구성 작업의 일환이라 할 것이다. 촛불 시위를 어떻게 해석하고, 어떤 의미를 부여하는가에 따라 촛불 시위가 한국 사회에 미치는 영향도 달라질 수 있을 것이다.

필자는 촛불 시위에 대한 두 가지 극단적 평가를 지양하고자 한다. 촛불에 대한 아무런 유예 없는 상찬이나 촛불에 대한 근거 없는 폄하를 지양하고자 한다. 또한 촛불 시위의 지향점을 극대화하려는 시도와 극소화하려는 시도를 모두 극복하고자 한다. 필자는 양 극단 사이의 균형 있는 평가가 필요하다는 전제에서 출발한다.

촛불 시위를 둘러싼 언론의 평가는, 한편에 실패한 대의 민주주의와 부패한 정치인을, 다른 한편에 위대한 시민과 광장 민주주의를 극적으로 대비하는 구도에 기초해 있다. 하지만 냉징하게 평가해 볼 때, 촛불 시위에서 나타난 시민사회의 모습 역시 어떤 한계가 있다고 생각된다. 촛불 시위는 한국 민주주의의 강점과 약점을 보여 줄 뿐만 아니라, 시민사회의 역동성과 동시에 어떤 한계를 보여 주고 있는 것이다.

이런 기본 인식하에서, 이 글은 다음과 같은 내용을 다루고자 한다. 먼저 2절에서는 촛불 시위의 의의를 민주주의 이론에 기초해 평가한다. 3절에서는 촛불 시위에서 표출된 시민의 의사를 중심으로 촛불 시위의 특징을 살펴본다. 4절에서는 촛불 시위에서 제기된 개혁 과제의 실천과 관련된 몇 가지 문제를 검토한다.

2. 촛불 시위의 민주주의론

1) 시민 저항권의 행사

아리스토텔레스(Aristotle)의 지적처럼, 인간은 정치 공동체 속에서 살아가는 동물이다. 로빈슨 크루소가 아닌 한 우리는 사회 속에서 함께 살아가야 한다. 그러기 위해서는 사회 구성원 모두가 지켜야 할 공동의 규칙이 필요하며, 이 규칙을 구성원 모두가 지키도록 강제할 수 있는 강제력이 반드시 필요하다. 우리는 이를 공권력 혹은 국가권력이라고 부른다.

그런데 공권력은 결국 구체적 인간을 통해 구현될 수밖에 없으며, 공권력의 대행자인 개별적 인간은 부나 권력, 지위 등에 대한 사적 욕망에서 벗어날 수 없는 한계를 지닌다. 이 때문에 공권력의 대행자가 그 권력을, 당초의 공적 목적에서 벗어나 사적 이익을 위해 오·남용할 수 있는 문제가 발생한다.

이는 인간이 정치 공동체를 이루며 사는 한 해결하기 어려운 근본적 딜레마가 아닐 수 없으며, 근대 자유주의가 대면한 핵심 문제였다. '개인의 자유를 보장하는 동시에 개인의 권리를 침해하지 않는 정부를 어떻게 수립할 것인가'는 자유주의의 중심 과제였다. 자유주의는 이 문제의 해결 방안을 '제한 정부론'에서 찾는다. 국가·정부는 사회적 질서와 안전을 제공하기 위해 강제력을 독점해야 하지만, 동시에 그것이 오·남용되지 않도록 제한되어야 한다는 것이다(헬드 2010, 124).

이런 제한 정부론의 정치철학적 근거는 자연권 이론과 사회계약론을 통해 마련되었다. 이에 따르면, 국가권력은, 시민들이 천부적으로 가지고 있던 자연권의 일부를, 생명의 안전 및 자유와 재산을 좀 더 확고하게 보장받기 위해 제3자에게 양도함으로써 인위적으로 형성된 것에 불과하다. 여기에서 통치자와 시민 간에는 계약의 관계가 설정된다. 국가권력은 시민으로부터 나온 것이기에, 오직 공동체 구성원의 생명·자유·재산을 지키는 데에만 사용되어야 하며, 이런 조건이 지켜지는 한에서만 시민은 국가권력에 복종할 의무를 진다. 계약의 조건이 파기될 경우, 시민은 권력에 저항할 권리를 가지며 권력을 다시 회수할 수 있다.

자유민주주의의 이런 기본 논리에 비추어볼 때, 박근혜 정부는 민주화 이후 가장 '반자유주의적'인 정부로 기록될 것이다. 박근혜-최순실 게이트는, 대통령의 사적 측근에 의해 공권력이 오·남용된 한 극단을 보여 준다. 더욱 문제가 되는 것은, 시민의 생명과 자유를 지키는 데 사용되어야 할 공권력이 거꾸로 정권에 비판적인 국민을 배제하고 탄압하는 데 사용되었다는 점이다.

자유주의 사상가 벤담(Jeremy Bentham)은, "민주주의는 ……
자신을 방어하기 위해 고용한 자에 의한 억압과 약탈로부터 그
구성원을 보호하는 …… 목적과 효과를 가진다."라고 지적한 바
있다(헬드 2010, 156). 이는 민주주의의 최소 목표라 할 수 있다.
세월호 참사와 민중 총궐기 사태,* 문화-예술계 블랙리스트 사
태 등은 이런 민주주의의 최소 목표가 부정된 사례였다. 이런 점
에서 정부가 백남기 농민의 주검에 대한 강제 부검 실시를 압박
하던, 국가 폭력이 극한에 달한 시점에 촛불 시위가 폭발한 것은
결코 우연이 아니라 생각된다. 비록 직접적인 계기는 최순실 게
이트였지만, 국가의 존재이유에 정면으로 역행하는 정부에 대해
분노가 축적되어 있었기에 폭발적인 촛불의 분출이 가능했다고
생각된다.

결국 촛불 시위의 본질은, 국가권력의 설립 목적에 반해 공권
력을 행사함으로써 신의(信義) 계약을 위반한 국가권력에 시민들
이 저항권을 행사한 것이었다. '주권자 국민'이 계약을 위반한 대

● 세월호 참사 당시 국민의 생명을 구하는 데 무력했던 국가 공권력은 항의하는 유가
족과 시민들로부터 청와대를 보호하는 데 총동원되었다. 박근혜 정권은, 2015년 민
중 총궐기 대회에서 물대포를 맞고 뇌사 상태에 빠졌다 숨진 백남기 농민의 주검에
대해 강제 부검을 실시하려 했다. 국가 폭력에 의해 희생된 시민의 주검에 대해 다시
국가 폭력을 행사하려 한 것으로, 인간 존엄의 마지막 보루마저 부정한 폭거가 아닐
수 없었다.

리인으로부터 자신의 권리를 다시 회수한 것이다.

　이런 관점에서 볼 때, 촛불 시위에서 시민들은 직접적으로는 대통령의 퇴진을 요구했지만, 사실상 '주권자 국민'으로서 기존의 국가권력 전체에 대한 '국민소환'을 단행했다고 해석될 수 있을 것이다. 삼권분립을 규정하고 있는 헌법 질서에 따르면 대통령 탄핵은 국회와 헌재의 권한이다. 이에 기초해 보수 언론에서는 촛불 시위가 국회에 대해 탄핵 소추를 압박하고, 헌재에 대해 탄핵안 인용을 압박하는 것이 대의제와 법치주의에 반하는 것이라 비판했다. 하지만 국민들이 보기에 민주주의 헌정 질서는 이미 붕괴된 상태였다. 국회는 물론이고 사법부도 대통령으로부터 자율성을 가지고 충분한 견제 기능을 해오지 못했던 것이며, 박근혜-최순실 게이트 자체가 그것을 극명히 입증했던 것이다. 따라서 촛불 시위의 압박을, 대의제나 법치주의에 반하는 것이라고 비판하는 것은 사태의 선후를 뒤바꾼 것이고, 촛불 시위의 저항권적 의미를 축소시킨 것이라 생각된다. 촛불 시위의 의미는, 헌정 질서의 부정이 아니라, 붕괴된 헌정 질서의 전면적 재건을 요구한 데 있다.

2) 대의제의 한계에 대한 저항

민주주의의 원형인 고대 아테네 민주정은, 시민과 정치권력 간의 괴리를 극복하기 위한 가장 급진적이고 적극적인 대안을 시도했던 사례였다. 아테네 민주정은 한마디로 통치자와 피치자의 제도적 구분을 없애거나, 최소한으로 줄이고자 했다. 대부분의 공직을 추첨을 통해 선발했을 뿐만 아니라, 연임이나 중임 금지, 짧은 임기, 관직 교체, 윤번제 등을 실시함으로써, 시민 모두가 번갈아 가면서 통치하고 통치받는 상태를 추구한 것이다. '통치자와 피통치자의 동일성'이라는 민주주의의 이상을 가장 적극적인 방식으로 실현하려 한 것이다.

하지만 근대 국민국가에서 실현된 대의 민주주의는 사실상 통치자와 피치자 간의 제도적 분리 위에서 운영되고 있다. 추첨제하에서는 원하는 사람 모두에게 권력 행사의 동등한 기회가 제공되지만, 선거에서는 구조적으로 탁월함이라는 조건이 요구되므로 평범한 시민이 공권력에 접근할 기회가 사실상 차단되기 때문이다(마넹 2004, 177). 뿐만 아니라 대의제에서는 대표와 시민 간에 자유 위임의 관계를 바람직한 것으로 상정하기에 대표의 결정에 영향을 미칠 수 있는 구속적 위임이나 국민의 소환권을 제도화하지 않고 있다. 결국 대의 민주주의는, '인민에 의한 통치'라는 민주주의의 어원적 의미와 달리, 탁월한 자에게 통치를 위임하는 사실상의 귀족정적 기반 위에 자리하고 있는 것이다.

그렇다면 엘리트주의적 민주주의는 어떻게 옹호될 수 있는가? 그 근거는, 그것이 정치 공동체에 좀 더 좋은 결과를 가져다

줄 수 있다는 데에서 구해진다. 미국 헌법의 설계자의 한 사람인 매디슨은, 선출된 소수에게 정부를 위임하는 것의 효과에 대해 다음과 같이 지적한다.

…… 공중의 의견은, 선택된 시민 집단이라는 매개체를 통과하면서 정제되고 확대된다. 선택된 집단의 현명함은 자국의 진정한 이익을 가장 잘 분별할 것이고, 그들의 애국심과 정의에 대한 사랑은 국가의 진정한 이익을 일시적이거나 부분적인 이유에 의해 희생시킬 가능성을 가장 낮게 해준다. 그런 조정에 의해, 인민의 대표를 통해 나오는 공중의 목소리는 같은 목적으로 소집된 인민 자신들의 목소리보다 더 공익에 부합될 수 있을 것이다(Hamilton, Madison, and Jay 2003, 44).

이처럼 대의 민주주의의 주창자들은 대의제를 '순수 민주주의'의 단점을 보완한, 좀 더 나은 정체라고 옹호한다.● 하지만 대의제가 과연 그런 장점을 실현하고 있는지는 의문이다. 선출된 대표들이 국민 전체의 의사를 대표하고 있는가? 과연 공공선을 실현하고 있는가? 세계 곳곳에서 나타나는 대중의 다양한 반란, 예를 들면 월가 점령 시위나 브렉시트, 미국 트럼트의 당선

● 매디슨은 아테네 민주정을 '순수 민주주의'라고 칭했다.

등은 대의제하에서 자신의 주권이 박탈되었다고 느끼는 시민들의 저항의 표출로 해석될 수 있을 것이다(그 저항의 결과가 바람직한 것인지는 별개의 문제이다).

한국에서 폭발한 촛불 시위 역시, 맥락은 다르지만, 기본적으로 이런 대의제의 문제에서 기인한 것으로 해석될 수 있다. 촛불이 단지 대통령 탄핵에 그치지 않고 대의제 전반에 대한 비판과 직접민주주의 강화를 요구하는 것도 이런 맥락에서 이해될 수 있다. 하지만 여기에서 강조되어야 할 것은, 박근혜-최순실 게이트에서 드러난 한국 정치의 실상은 대의제의 일반적인 문제가 표출된 것이라고 해석하기에는 너무나 심각하고 저급하다는 점이다. 말하자면 대의제에 내재된 귀족정적 문제점이 한국 현실과 만나면서 극단적으로 나타난 것이 박근혜-최순실 게이트였다고 할 수 있다.

근대 대의 민주주의가 귀족정과 민주정의 요소를 모두 포함한 혼합정임을 날카롭게 분석한 마넹은, 대의제가 귀족정의 방향으로만 흐르지 않고 민주정의 범주 내에서 작동할 수 있으려면 선거 외에 다른 요소들이 필요함을 역설한다. 시민들이 반복되는 평결(선거)을 통해 권력에 대해 책임을 물을 수 있어야 하고, 권력자들은 시민의 평결을 두려워해 공공 정책 결정 과정에서부터 시민의 의사에 반응해야 한다는 점, 대표들이 갖는 대표성과 자율성은 절대적인 것이 아니라는 점, 피치자들이 정치적 견해를 자유롭게 표명함으로써 정부를 통제할 수 있어야 하며 이를 위해 정부 정보의 공개와 표현의 자유가 절대적으로 보장되어야 한다는 점, 선출된 대표들의 집합체인 의회가 정치의 중심이 되어야 하고 의회 내에서 자유로운 집합적 토론에 의해 공적 결정이 이루어져야 한다는 점 등이 그것이다. 특히 마넹은 정당의 역할을 강조한다. 선거권 확대와 함께 정당이 대의제의 주역으로 등장하면서 대의제는 정당 민주주의 혹은 정당정부의 형태를 띠게 되는데, 이것이 대의제를 좀 더 민주적인 것으로 변화시키는 데 결정적인 역할을 했다는 것이다(마넹 2004, 203-235, 239-242).

마넹의 논의에 기조한다면, 한국의 대의 민주주의에는 이런 요소들이 심각하게 결여되어 있음을 알 수 있다. 선거는 정치권력의 책임성을 묻는 장치로 제 기능을 다하지 못하고 있으며, 그 결과 대표들은 시민들의 요구에 제대로 반응하지 않고 있다. 대의 기구인 의회가 정치의 중심이 되지 못하고 대통령과의 관계에서 종속변수에 그치고 있다. 대통령은 선거 이후 국민 전체에 대한 절대적 대표성을 자임하면서 어떤 통제도 받지 않고 자율적으로 통치권을 행사하려 한다.* 표현의 자유가 억압되고 정보

---

* 대의 정부는 권력을 인민이 선택한 어떤 한 명의 개인에게 위임하는 제도로 제안되지도, 설립되지도 않았다. 그 대신 어떤 집합적 권위가 핵심적 위치를 차지한다(마넹

마저 제공되지 않는 상황이기에 정부에 대한 시민적 통제 또한 제대로 이루어지지 못하고 있다. 무엇보다 심각한 문제는 정당의 부작용이다. 정당은 시민사회와 괴리된 채 정치 엘리트 간 권력 쟁투의 수단으로 기능하고 있다.

돌이켜보면 우리는 군부 권위주의 체제에 저항하는 과정에서 선거를 사실상 민주주의와 동일시해 왔다. 1987년 6월 항쟁의 중심 구호는 '대통령 직선제 쟁취'였던 것이다. 대의 민주주의의 기본 조건이 부정되는 상황이었기에 우리의 시야는 선거를 넘어설 수 없었다. 1987년 민주화의 결과 자유선거가 제도화되었고, 이후 30년에 걸쳐 우리는 자유선거를 실천해 왔으며, 선거를 통해 정권 교체까지 이룬 바 있다. 그 결과는 무엇인가? "간판은 민주주의, 실제는 현대판 귀족"이라는 한 촛불 시위 참여자의 말은, 우리 국민들이 대의 민주주의에 대해 느끼는 바를 집약해 준다 (『한겨레21』 2016/12/13).

결국 민주화 이후에도 주기적으로 분출하는, 촛불 시위와 같은 대규모의 시민 저항은 한국 대의 민주주의의 이런 한계와 문제점을 방증하는 증거라 할 것이다. 그렇다면 대의제의 문제는 어떻게 개선될 수 있는가? 촛불 시위에서 제시되는 직접민주주의는 과연 대의제의 대안이 될 수 있는가?

2004, 228).

3) 실질적 민주주의에 대한 요구

흔히 민주주의는 '절차적 민주주의'(정치적 민주주의)와 '실질적 민주주의'(사회경제적 민주주의)로 구분되곤 한다. 전자가 권력 경쟁이나 정책 결정의 '절차와 형식'에 초점을 두는 데 비해, 후자는 그것이 실질적으로 시민들의 사회경제적 권리에 어떤 변화를 가져다주었는가에 초점을 맞춘다. 이런 개념 구분은, 일반적으로 생각하듯이, 두 종류의 민주주의가 있다거나, 민주화 과정에 별개의 두 단계가 있음을 의미하지는 않는다. 민주주의의 핵심은 '절차'에 있으며, 민주주의는 다른 무엇보다 절차적 민주주의를 의미하기 때문이다.

하지만 민주주의 이론가들은, 이런 절차와 형식이 사회경제적 영역에서 어떤 실질적 변화를 가져다줄 가능성을 내포하고 있다고 지적한다. 왜냐하면 사회적 행위자가 의사 결정 과정에 동등하게 참여하는 것(정치적 민주주의)은, 집단적 선택으로부터 얻어지는 혜택의 동등한 분배(사회경제적 민주주의)를 가져올 가능성을 내포하고 있으며, 시민권의 원리가 일단 공적인 지배 절차에 적용되면 또 다른 두 방향, 즉 사회·경제 영역으로 확대될 것을 요구받기 때문이다(O'Donnel & Schmitter 1986). 구체적으로 그것은 시장과 시민사회 영역에서 과거 권위주의 체제 아래 구축된 불평등 구조를 민주주의라는 집합적 의사 결정을 통해 교정하는 과정일 것이다.

그렇다면 한국에서 1987년 민주화 이후 정치적 민주주의는 사회경제적 민주화의 계기로 작동해 왔는가? 이에 대한 대답은 부정적이다. 민주화 이후 구체제를 개혁하는 데 실패했을 뿐만 아니라, 신자유주의 체제가 전면화됨에 따라 사회경제적 불평등이 오히려 심화되어 왔기 때문이다. 촛불 시위에서 대통령 탄핵과 민주주의 복원뿐만 아니라 광범위한 사회경제적 개혁 요구가 분출한 것은 이런 배경에서 이해될 수 있다. 촛불 시위의 직접적인 원인은 박근혜-최순실 사태였지만, 사회경제적 불평등의 심화나 사회 양극화가 구조적 원인으로 작용했던 것이다.

　　이런 점에서 촛불 시위는, 단지 박근혜 정권의 문제가 아니라, 한국 민주화의 한계나 문제가 해결되지 못한 채 누적되어 온 결과로 이해될 수 있다. 따라서 민주화 이후 한 세대가 지난 지금, 촛불 시위에서 1987년 민주 항쟁의 재현을 떠올리는 것이 무리는 아니라고 생각된다. 1987년 민주화 운동은 뚜렷이 대비되는 두 국면 — 6월 항쟁까지의 정치적 민주화 국면과 7~9월 노동자 대투쟁이라는 사회경제적 민주화 국면 — 으로 전개되었다. 전자가 시민적 요구였다면 후자는 민중적 요구였다고 할 수 있다.

　　촛불 시위에서도 우리는 이런 두 가지 요구의 중첩을 목격하게 된다. 1987년 민주화 국면에서 우리는 두 계기의 결합에 실패한 경험을 안고 있다. 촛불 시위에서도 다시 이런 실패를 되풀이할 것인가? 촛불 시위를 바라보는 중요한 문제의식의 하나는 여기에 있다.

3. 촛불 시위에서 표출된 시민의 의사

촛불 시위는 박근혜 정권하에서 침묵을 강요당했던 시민들의 목소리가 분출하는 자리였다. 광장은 집단적 구호, 삼삼오오 시위대들의 산발적 외침, 개별적 자유 발언, 팻말과 깃발, 각종 퍼포먼스들로 가득했다. 이를 통해 시민들은 국민의 의사에 반하는 권력에 대한 거부와 저항을 표현했을 뿐만 아니라, 바람직한 정치·사회에 대한 희망과 그 구체적인 내용을 적극적으로 표출했다.

  그렇다면 촛불 시위에서 분출되었던 시민의 의사는 무엇이었는가? 무엇을 비판하고 무엇을 요구했는가? 촛불 시위에서 분출된 다양한 구호 중에서 사회적 의제로 부각된 것은 무엇이고, 그렇지 못한 것은 무엇인가? 촛불 시위에서 시민적 요구와 민중적 요구는 어떻게 표출되었는가? 이제 이런 질문을 중심으로 촛불 시위 안으로 들어가 보자.

1) 민중 총궐기와 촛불 시위 : 대조적인 두 집회

촛불 시위의 성격이나 촛불 시민의 정체성을 파악하기 위해서는 비교의 방법이 필요하다. 이를 위해 대조적인 두 집회에 대한 이야기로부터 논의를 시작하고자 한다. 촛불 시위는 놀라운 것이었지만, 촛불과 촛불 이전, 촛불 시위와 민중 총궐기의 대비는 그에 못지않게 놀라운 것이었기 때문이다.

촛불 시위 1년 전인 2015년 11월 14일, 민중 총궐기 대회가 광화문에서 열렸다. 민주노총과 전농 등을 비롯한 진보 진영의 53개 노동·농민·시민 단체가 주도한 이 집회에는 주최 측 추산 13만 명이 참여했다. 2008년 광우병 집회 이후 최대 규모였다. 시위대는 노동 개악 중단, 재벌 책임 강화, 농업 문제 해결, 민생 빈곤 해결, 청년 실업 대책, 사회 공공성 강화, 역사 교과서 국정화 계획 폐기, 사드 반대, 세월호 참사 진상 규명 등을 요구했다. 경찰은 시위대가 청와대 방면으로 진출하는 것을 막기 위해 경찰 차벽을 설치하고, 살수차를 동원해 캡사이신 섞은 물대포를 쏘았다. 경찰의 과잉 진압에 맞서 시위대는 쇠파이프·각목 등을 이용해 경찰 저지선을 돌파하려 했다. 시위는 폭력적인 양상으로 과격화되었다. 이 과정에서 전농 소속 백남기 농민이 물대포에 맞아 의식을 잃었다. 경찰은 28명을 구속하고 7백여 명을 기소했다. 민중 총궐기는 '불법 폭력 시위'로 규정되었고, 이로 인해 국민들이 "진보 진영 단체의 극력 행위에 대해 반감을 갖게" 되었다고 언론은 평가했다(연합뉴스 2016, 78-79). 보수 언론의 '불법 폭력' 프레임에 동의하지 않더라도, 2015년의 민중 총궐기 집회가 진보·민중 진영 내에 국한·고립되어 일반 시민으로까지 확산되지 못한 것은 분명해 보인다.

2016년 11~12월의 촛불 시위도 애초에는 '2016년 민중 총궐기'로 기획되었다. 9월 20일 전국 550여 개 시민·사회단체로 구성된 민중총궐기투쟁본부는 11월 12일 서울 광화문에서 20만 명이 참여하는 민중 총궐기 대회를 개최할 것을 선언했다.[•] 전국 각 지역별로 민중총궐기준비위원회가 구성되어 조직 역량은 물론 일반 시민의 참여를 동원하기 위한 노력이 시작되었고, 9월 25일 백남기 농민의 죽음을 계기로 국가 폭력에 항의하는 집회가 전국 각지에서 이어졌다.

9월 23일부터는 정부의 '노동 개악' 시도에 반대하는 한국노총 공공노련, 금융노조, 공공연맹과 민주노총 공공운수노조, 보건의료노조 등이 연쇄 파업에 돌입했다. 금속노조도 이에 합류했고, 9월 27일부터 철도노조도 파업에 돌입했다. 10월 1일에는 민주노총이 주도하는 범국민대회가 개최되었고, 6일에는 서울을 비롯한 전국 10여 곳에서 총파업 대회가 개최되었다. 10월 중후반에는 각 지역이 민중 총궐기 준비위를 중심으로 지역별 민중대회가 연속 개최되었다.

• 투쟁본부가 내건 12대 요구안은 다음과 같다. ① 노동 개악, 성과 퇴출제 폐기 및 최저임금 1만 원 실현, ② 밥쌀 수입 저지 및 대기업 농업 진출 중단, ③ 노점 단속·강제 퇴거 중단, ④ 재벌 사내 유보금 환수로 청년 좋은 일자리 창출, ⑤ 공안 탄압 중지, ⑥ 사드 배치 반대, ⑦ 한일 위안부 합의 무효화, ⑧ 신규 핵발전소 건설 저지 및 노후 핵발전소 폐기, ⑨ 철도·가스·의료 민영화 추진 중단, 또한 특별 요구안으로 ⑩ 백남기 농민 국가 폭력 책임자 처벌, ⑪ 한상균 위원장 석방, ⑫ 세월호 참사 진상 규명과 책임자 처벌 등을 제시했다.

노동계를 중심으로 하여 진보·민중 진영의 반정부 투쟁 수위
가 높아지자 정부는 강경 대응으로 맞섰다. 정부는 '노동 개혁'
강행을 거듭 천명하고, 백남기 농민 주검에 대한 강제 부검까지
실시하려 함으로써 긴장을 고조시켰다.

이처럼 2016년 민중 총궐기를 앞두고 진보·민중 진영과 정부
는 정면충돌을 향해 나아가고 있었다. 상황이 그대로 전개되었
더라면 2015년 민중 총궐기 양상이 재현되었을 것이다. 박근혜
정권은 민주주의와 권위주의의 경계를 넘어서고 있었고, 일반
시민들은 정부가 조성하는 억압적 분위기에 억눌려 있었다. 당
시 시점에서 박근혜 정권의 붕괴를 예상하기는 불가능했다.

10월 말 상황이 급변했다. 결정적인 계기는 최순실 게이트였
다. 7월 27일 TV조선의 첫 보도 이후 9월 20일 『한겨레』 보도로
사태가 본격화되기 시작하자, 박근혜 대통령은 10월 24일 국회
시정연설에서 개헌 카드를 제시해 국면 전환을 시도했다. 하지
만 10월 24일 JTBC의 태블릿PC 보도를 변곡점으로 하여 상황
은 급변했다. 정권에 대한 비판과 저항이 민중 진영뿐만 아니라
시민사회 전역에서 폭발적으로 분출하기 시작한 것이다. 당시
시민사회의 변화는 다음 신문을 통해 확인할 수 있다.

부산 지역 50여 개 시민·사회단체가 26일 오후 1시 부산역 광장
'백남기 농민 부산 시민 분향소'에서 급하게 마련한 박 대통령 하야

촉구 기자회견을 바라보는 시민들의 눈빛은 예전과는 달라져 있었다. 그동안은 기자회견이 진행되더라도 흘낏 보고 지나가는 시민들이 대부분이었는데, 이날은 시작 전부터 관심이 쏟아졌다. 기자회견을 준비하기 위해 참가자들이 '박근혜는 하야하라'는 플래카드를 펼치자 한 시민은 "하야해가(해서) 되나, 탄핵해야지"라고 응수했다. 기자회견 참가자들에게 "수고합니다"라고 손뼉을 치며 지나가는 중년 남성의 모습도 보였다. 취재진보다 몇 배는 많은 시민이 발길을 멈추고 기자회견을 지켜보거나, 스마트폰을 꺼내 이들의 모습을 사진에 담았다. 이 광경이 신기했는지 기자회견 참석자들도 자신들을 지켜보는 시민들의 모습을 사진으로 남겼다(『오마이뉴스』 2016/10/26).

이 기사는 그동안 소극적이었던 시민들이 적극적이고 자발적으로 변화하는 양상을 보여 준다. 전국의 각계각층에서 대자보와 시국 선언이 봇물처럼 터져 나왔다. 억압되어 있던 시민사회의 대폭발이었다.

이에 따라 민중총궐기투쟁본부는 일정을 앞당겨 10월 29일 청계 광장에서 제1차 촛불 시위를 개최했다. 주최 측 예상(3천 명)을 훨씬 넘는 2만 명의 시민이 참여했다. 11월 5일 제2차 집회에는 시민 20만 명이 운집했다. 민중총궐기투쟁본부가 주최한 마지막 촛불 시위인 11월 12일의 제3차 집회에는 1백만 명의 시민이 전국 각지에서 광화문에 집결했다.

제4차 촛불 시위부터는, 1천5백여 시민·사회단체가 참여하는 '박근혜정권퇴진 비상국민행동'으로 주최·준비 측이 바뀌었다. 12월 3일 제6차 집회에는 집회 사상 최대 규모인 232만 명이 운집했다. 이후 12월 31일 제10차 집회까지 전국 각지에서 1천만 명이 넘는 시민이 광장을 채웠다.

2015년 민중 총궐기와 비교할 때 2016년 촛불 시위는 놀라운 것이 아닐 수 없다. 집회는 '평화롭게' 전개되었고, 단 한 사람의 구속자도 발생하지 않았다. 경찰 차벽도 없었고, 시위대는 성역처럼 여겨졌던 청와대 턱밑까지 행진할 수 있었다. 참여 인원의 규모뿐만 아니라 시위대의 구성에서도 진보·민중 진영을 벗어나 광범위한 일반 시민이 참여한 특징을 보여 준다. 시위는 단발성이 아니라 수개월째 지속되고 있다. 무엇보다 12월 9일 국회의 탄핵 소추안 가결을 이끌어 냄으로써, 제1차 집회 이후 불과 40여 일 만에 헌정 질서를 파괴한 권력을 사실상 축출하는 데 성공하게 된다.

2) 촛불 시위에서 표출된 일반 의사

그렇다면 무엇이 이런 차이를 가져왔는가? 2016년 촛불 시위에서 나타난 폭발적이고 자발적인 시민 참여는 어떻게 가능했는가? 중산층까지 포함한 광범위한 일반 시민의 참여를 이끌어 낸 것은 무엇인가?

이에 대해 일부 언론에서는 '평화 시위'를 요인으로 지목한다. 민중 총궐기의 '불법·폭력' 방식과 달리, '준법·평화'라는 집회 방식이 다수 시민의 참여를 가능하게 했다는 것이다. 하지만 이는 시위 참여에 대한 부담이나 두려움을 제거함으로써 참여 억제 요소를 약화하는 역할은 했겠지만, 시민들을 영하의 광장으로 나오게 만든 적극적 추동 요인은 되지 못한다. 그렇다면 시민들 내부에 적극적 참여 의사를 만들어 낸 요인은 무엇이었는가?

이에 대한 대답은 결국 촛불 시민들의 요구 즉, 촛불 시위의 이슈와 의제에서 찾아야 할 것이다. 그 열쇠는 우선 '최순실 게이트'에 있다고 생각된다. 촛불 시위를 촉발한 직접적인 요인은 최순실 게이트에 대한 전 국민적 분노였기 때문이다.

최순실 게이트는 이전 정권에서도 나타났던 권력형 비리 사건과는 차원을 달리하는 사태라 할 수 있다. 앞선 정권의 비리 사건들은, 대통령의 친인척 혹은 가신들이 대통령 권력을 빙자해 공권력을 불법적으로 행사하면서 국정을 농단하고 사적 이득을 추구한 것이었다. 이와 달리 최순실 게이트에서 우리가 경악하는 것은, 국가 공권력의 최고 정점인 대통령이 스스로 사적 측근에게 의탁해 공권력을 위임함으로써 사실상 한 사인의 수족으로 행동해 왔다는 점이다. 대통령의 발언이나 정책이 한 사인에게서 나왔고 대통령은 그의 꼭두각시였다는 정황이 드러남에 따라, 국민들은 그동안 자신이 권력을 위임하지 않은 한 사인에 의해 사실상 통치당해 왔다는 사실에 직면하게 된 것이다.

촛불 시위의 구호를 상징하는, "이게 나라냐"라는 한마디는 사태의 본질을 정확히 지적한 것이 아닐 수 없다. 고대 로마 시민들은 자신들의 도시국가를 '리퍼블릭'(Republic)이라고 불렀다. 오늘날 '공화국'으로 번역되는 이 말의 어원적 의미는 '공적인(public) 것/일(Re)'이다. 한마디로 국가는 공적인 것/일이라는 의미이다. 따라서 국가 공권력의 상징인 대통령이 한 사인에 의해 통제될 때, 그것은 더 이상 국가라고 할 수 없는 것이다.

다른 한편, 앞에서 박근혜-최순실 사태는 대의 민주주의의 문제점이 한국적 상황에서 극단화되어 나타난 현상으로 볼 수 있다고 지적한 바 있지만, 사실 그것은 대의 민주주의 그 자체가 붕괴된 사건이라 할 수 있다. 대의제에서 국가권력의 정당성은 국민의 '동의'에서 나온다. 그동안 대통령에 대한 비판이 분출했지만, 그가 동의의 절차(즉, 선거)를 통해 선출된 이상, 헌법이 보장하는 임기 동안 공권력으로 인정하지 않을 수 없었다. 박근혜-최순실 사태는 이를 허문 것이었다. 국민이 동의한 적이 없는 일개 사인에게 공권력을 넘겼기 때문이다. 따라서 그것은 대의제 국가권력의 정당성의 근간을 붕괴시킨 사건이 아닐 수 없다.

이처럼 박근혜-최순실 게이트는 민주공화국이라고 하는 우리 정치 공동체의 가장 기본적인 원리를 근저에서 붕괴시킨 사태였고, 그에 저항하는 촛불 시민의 핵심적 요구는 민주공화국의 회복이었다. 2008년 광우병 집회 이후 또 다시 광장에서 불린 헌법 제1조 노래 〈대한민국은 민주공화국이다〉는 이를 상징한다. 그것은 정치 공동체의 기본 가치이자 헌정 질서의 토대이기에, 이념·세대·성·지역·계층의 차이를 막론한 보편적 가치였다. 우리가 앞에서 제기한 질문 즉, 광범위한 일반 시민의 참여를 가능하게 한 핵심적 요인은 여기에서 찾을 수 있다. 민중 총궐기와 비교할 때, 촛불 시위의 핵심 이슈는 전 국민적 보편성을 지닌 국민적·시민적 의제였고, 그것이 광범위한 시민의 참여를 가능하게 했던 것이다.

3) 촛불 시위에서 표출된 부분 의사들

촛불 시위에서 '박근혜 퇴진'은 모든 참여자들의 공통된 구호였다. 말하자면 그것은 국민의 일반 의사의 표출이었다. 하지만 집회 내부를 들여다보면, 각계각층의 다양한 구호들이 발견된다. 퇴진을 요구하는 정치적 이유는 동일하지만, 그와 함께 혹은 그보다 더 절박한 또 다른 이유가 발견된다.

이는 촛불 시민이 결코 하나의 단일 집단이 아니라는 사실을 일깨워 준다. '대통령 퇴진과 민주공화국의 회복'이라는 요구하에서 시민들은 '촛불 시민'이라는 정체성으로 단일했지만, 그 안에는 지역·세대·성·직업·계층·계급·이념 등을 달리하는 다양한 시민이 존재했던 것이다. 12월 31일 집회에서 필자가 개인적으로 확인했던, 다음에서 보는 다양한 깃발들은 촛불 시민의 다양성을 짐작하게 해준다. 정당, 시민 단체, 노조, 직능단체, 종교단체, 학생회 등의 조직적 집단뿐만 아니라, 온라인 모임, 직장 모임, 동창 모임, 지역 모임 등 다양한 비조직적 집단이 발견된다. 물론 촛불 시민의 절대적 다수는 학생, 청년, 아저씨, 아주머니, 할아버지, 할머니, 아이와 함께 온 부모, 손잡고 나온 연인, 오랜만에 만난 동창들, 동네 사람, 유모차 부모, 직장 동료 등 그야말로 다양한, 깃발 없는 시민들이었다.

좌파 노동자회, 강남서명, 풀뿌리 시민네트워크, 안남시민연대, 구리·남양주 4·16 지킴이, 박근혜퇴진 파주시국회의, 정의당, 노동인권 실현을 위한 노무사 모임, 바꿈세, 노동당, 민주동덕 총학생회, 페이스북 시국서명, 전국금속노동조합 기아자동차회 소하지회·화성지회·판매지회, 애국한양, 더민주당 고양시병지역위원회, 당진비상국민행동, 의료연대 서울대병원분회, #이사모#손가혁, 닭잡는 서울대83, 박근혜하야 직장인연대, 노무현과 함께 하는 한그릇, 카톨릭학생회 학생연대, 녹색당, 새로운 세상을 꿈꾸는 청년광장, 부천시민연합, 전국사무금융서비스 노동조합, 청년예수 향림교회, 열린사회 시민연합, 정상적인 나라에서 살고싶다, 사회변혁노동자당, 시민나팔부대, 흰수염고래당, 보건의료노조, 청소년녹색당, 녹색당 경기도당, 딴지일보 애묘당, 전국사무금융노동조합, 헬조선 박살 시민혁명, 박근혜 퇴장 레드카드 대학생행진단…….

다른 한편, 〈표 1〉의 촛불 시위 프로그램을 보면 노동, 농민, 빈민, NGO, 장애인, 중소 상인, 학생, 언론, 학계, 여성, 청년, 풍물인, 종교계, 법률인 등 다양한 사회 부문들의 조직적 참여를 확인할 수 있다. 또한 세월호 참사, 재벌 해체, 노동 개악 저지, 비정규직 문제, 장애인 인권, 국정교과서, 핵발전소, 사드, 위안부 문제, 정치 개혁(시민 수권, 직접민주주의, 검찰 개혁……) 등 실로 다양한 분야의 개혁 요구들이 확인된다.

촛불 시민들이 이처럼 다양한 부문적 요구들에 대해 모두 합의했다고 생각하는 것은 단순하고 낭만적인 생각일 것이다. 박근혜 탄핵이라는 일반 의사의 배후에는 다양한 부분 의사들이 존재했던 것이다.

따라서 우리가 질문해야 할 것은, 일반 의사와 다양한 부분 의사들 간의 관계, 또는 부분 의사와 부분 의사들 간의 관계는 어떠했는가라는 점이다. 박근혜 퇴진이라는 공동의 보편적 의세에 대해서는 합의가 형성되었지만, 각 부문별 의제를 둘러싼 상호 연대는 형성되었는가? 개별적으로 참여한 일반 시민들이 이런

표 1 | 촛불 시위 프로그램

일시	프로그램 (주최)
11.12	전국노동자대회, 농민대회, 평화행동, 청년학생 총궐기, 시민대행진, 빈민장애인 대회, 여성대회, 환경대회, 박근혜 퇴진 민중 총궐기대회, 박근혜 퇴진 청와대 에워싸기 국민대행진
11.19	박근혜 퇴진 서울시민 대행진, 세월호 박근혜 7시간 시국강연회(4·16연대, 4·16세월호참사 가족협의회), 시민자유발언대
11.26	제2차 시민평의회(비상국민행동 시민평의회 기획단), 박근혜 퇴진 재벌해체 중소상인 저잣거리 만민공동회(중소상인 비상시국회의), 박근혜 퇴진' 국민주권 회복 시민결의대회(민주주의국민행동, 민주주의서울행동, NGO비상시국대책회의, 전국대학민주동문회협의회, 민청학련계승사업회, 민청련동지회, 전대협동우회, 한청협동지회, 통일의길, 10·28건대항쟁계승사업회), 박근혜 퇴진 대학생 자유발언대(대학생 시국회의), 박근혜 하야 청소년 시국대회(전국청소년비상행동), 사라진 7시간을 밝혀라 4·16 진상규명 행진(4·16연대), 막장 교과서 끝장 대행진(한국국정화교과서 저지 네트워크), 대통령은 사퇴를 언론은 진실을 시민과 함께 하는 언론한마당, 민중연합당 사전 행진
12.3	전국 풍물인 시국선언(전국 풍물인 연석회의), 국정농단 공범 새누리당 규탄 시민대회(비상국민행동), 박정희가 시작한 핵발전소 박근혜와 함께 끝장내자(녹색당), 사드 철회 한일군사협정 폐지 할 말 있는 사람 다 모여라(사드저지전국행동), 박근혜 퇴진 청소년 자유 발언대(정의당), 박근혜 퇴진역 자유발언대(장애등급제 부양의무 폐지 공동행동), 세대공감 거리시국 이야기 마당 87청년과 16청년 광장에서 만나다(전국교수연구자비상시국회의, 민주주의디자이너, 청년참여연대), 내려와 박근혜 모여라 비정규직(민주노총), 2차 집중서명 운동(더민주 국민명령 서명운동단), 세월호 유가족 청와대 행진(4.16가족협의회, 4월16일의 약속 국민연대, 대학생 시국회의), 박근혜 하야 청소년 시국대회(전국 청소년 비상행동), 박근혜 체포투쟁 제안 대회(노동당), 박근혜정권 퇴진 이후 공공성 강화가 답이다(공공부문 공공성 강화 성과퇴출제 저지 시민사회공동행동), 박원순+노회찬 시국 버스킹, 청와대 포위
12.10	시민평의회 3차 토론(비상국민행동 시국평의회 기획단), 재벌 범죄 EXPO(비상국민행동 재벌구속특위), 박근혜 즉각퇴진 세월호 7시간 진상규명 4·16 세대 문화제(4월 16일 약속 국민연대, 4·16대학생연대), 2백 명 플래쉬 몸 박근혜를 구속해 한상균을 석방해(민주노총), 전봉준 투쟁단 2차 궐기 행진(가톨릭농민회, 전국농민회총

	연맹, 전국여성 농민회총연합, 전국친환경농업인연합회), 박근혜 재벌 사주 노동 개악 폐기 3회 노동법률가 대회(노동인권 실현을 위한 노무사모임, 민주노총 법률원, 민변 노동위원회, 민주주의 법학연구회, 전국불안전노동철폐연대 법률위원회), 사드 철회 박근혜 퇴진 원불교 행동의 날(원불교 성주성지 수호 비상대책위원회), 사드 철회 한일 군사협정 폐기(사드저지 전국행동), 세대공감 거리시국 이야기 마당 87청년과 16청년 광장에서 만나다(전국교수연구자 비상시국회의, 민주주의 디자이너, 청년참여연대), 박근혜 하야 청소년 시국대회(전국 청소년비상행동), 박근혜 즉각 퇴진 새로운 대한민국 국민주권 선언대회(민주주의국민행동, 전국대학민주동문회협의회 등), 탄핵 이후 광장은 무엇을 할 것인가(광화문캠핑촌, 박근혜퇴진과 시민정부 구성을 위한 예술행동위원회, 광장 토론위원회), 박근혜 정권 끝장내는 날 사드반대 기도회(박근혜퇴진 5대종단 공동행동), 박근혜 복지예산 사람 죽이는 예산을 국회가 통과시켰다 국회도 못믿겠다 더 이상 당하지 말자 폭발대회(장애등급제 부양의무제 폐지 공동행동), 박근혜 정권 퇴진 장애등급제 부양의무제 폐지 선전전(장애등급제 부양의무제 폐지 공동행동), 박근혜 탄핵 추진 보고대회(정의당), 시민마당 재벌 체제 탄핵(노동당), 박근혜 즉각 퇴진을 위한 녹색당 행진(녹색당), 민중연합당 당원대회 및 행진, 청년당 추진위원회 청년 분노 폭발 대회
12.17	박근혜 공범 재벌종수 구속 결의대회(비상국민행동 재벌구속 특별위원회), 제4차 시민평의회(비상국민행동), 박근혜 퇴진 청년 산타 대작전(박근혜정권 퇴진 청년행동), 12월 17일엔 광화문 종강 촛불(박근혜정권 전국 대학생 시국 회의), 박근혜 하야 청소년 시국대회(전국청소년 비상행동), 한일위안부 합의 무효(민주주의 자주통일 대학생협의회), 박근혜 퇴진 적폐 청산 민중연합당 정당연설회, 사드 배치 철회 한일군사보호협정 폐기(사드저지 전국행동), 헌법재판소 엽서 보내기(환경운동연합), 전국교수연구자 비상시국회의 거리 강연, 즉각 퇴진 재벌구속 예술-노동 퍼레이드(예술행동위원회), 정의당 시국연설회
12.24	김제동의 만민공동회, 적폐 청산 6대 긴급 현안 해결을 위한 토크콘서트, 퇴진 콘서트 물러나쇼, 하야 크리스마스 콘서트
12.31	송박영신 발언대, 송박영신 콘서트, 보신각 퍼포먼스

출처 : 필자가 각 집회 프로그램에 기초해 정리.

부문별 의제에 대해 어느 정도의 지지와 연대를 보냈는가? 다양한 요구 중에서 촛불 시위 현장을 넘어 사회적 의제로 제기되지 못하고 광장의 소리로만 그친 것은 없는가?

주변부에 맴돈 노동

촛불 시위의 다양한 부분 의사 중에서 우리가 주목하는 것은 노동 진영의 목소리다. 노동 이슈는 지난해 우리 사회에서 가장 갈등적인 사안의 하나였고, 사회경제적 개혁의 주요 영역이기 때문이다.

촛불 시위에서 제기된 다양한 분야의 사회경제적 개혁은 어떻게 가능할까? 촛불 시민의 힘으로 정권을 교체하고 그 개혁 정권을 통해 모든 분야의 개혁을 한꺼번에 단행할 수 있을까? 민주화 이후 30년의 경험, 특히 두 번의 '민주 개혁 정부'의 경험은 그런 경로가 비현실적임을 말해 준다. 각 부문에서 주요 계기마다 조금씩 점진적 개혁을 축적해 나가는 것이 현실적인 경로일 것이다.

촛불 시위의 시작 지점으로 돌아가 보면, 당초 촛불 시위는 민중 총궐기로 준비되었다. 민중 총궐기가 최순실 게이트의 본격화로 인해 촛불 시위로 전환되었던 것이다. 이후 촛불 시위마다 집회의 일부로 노동 부문 프로그램이 거의 빠짐없이 진행되었고, 촛불 시위가 정점으로 향하던 11월 30일 민주노총 총파업이 단행되기도 했다. 이런 상황을 보면, 촛불 시위는 노동이나 민중·진보 진영의 의제가 사회적으로 확산되고 사회적 지지와 연대를 확보하는 좋은 계기가 될 수 있었다고 생각된다.

하지만 촛불 시위 현장에서 노동·진보 진영의 목소리는 충분히 확산되지 못한 것으로 보인다. 촛불 시위에 참여했던 한 해고 노동자는 다음과 같이 노동의 소외를 호소하고 있다.

근데 이상했다. 그 백만의 함성과 환호 속에서 수 년 동안 박근혜 퇴진을 외쳤던 노동자들의 목소리는 찾을 수가 없었다. 함께하는 백만 명 중 한 명이 아니라 백만 명과 노동자가 나눠진 느낌이었다. 박근혜 하야는 퇴진으로, 또 구속으로, 요구는 더 진화했지만 노동자들은 계속 어딘가 주변부에서 맴도는 것 같았다(하승우 외 2017, 49).•

촛불 시위 당시, 노동 부문 집회나 관련 행사를 보면서 필자가 느낀 것도 어떤 이질감과 고립감이었다. 배제는 아니지만 적극적 지지나 연대도 없는 그런 느낌이었다.

결국 촛불 시위가 절정으로 향하던 12월 7일 철도 노조는 72

• 물론 이와 다른 견해도 있다. 촛불 시위 주최·준비 단체인 비상국민행동 상임운영위원(인진걸 참여연대 사무처장)은 "시민들이 노동조합 조합원 등 조직 대중에게도 박수를 보내고 응원한다. 1987년은 운동권, 2008년에는 네티즌과 시민을 중심으로 이루어졌다면, 이번에는 시민들의 자발성과 운동권의 조직력이 시너지 효과를 내고 있다고 생각한다."라고 평가한다(『경향신문』 2016/11/19). 이런 엇갈린 평가는 주최 측과 참여자, 혹은 시민 진영과 노동 진영이 체감하는 온도의 차이를 반영한 것이 아닐까 생각된다.

일 간의 파업을 아무 성과 없이 마무리하고 현업에 복귀했다. 12일에는 시중은행 성과 연봉제 도입이 전격 결정된 데 이어, 12월 말 지방은행으로까지 확산되었다. 결국 대통령 탄핵이라는 큰 이슈 속에서 노동 이슈는 묻혀 버렸다. 민중 총궐기는 촛불 시위를 계기로 시민 속으로 확장된 것이 아니라 희석되어 버렸던 것이다.

이는 촛불 시위의 궁극적 목적인 민주주의의 실현이라는 관점에서 볼 때, 중대한 문제라고 할 수 있다. 민주주의의 역사적 원형인 아테네 민주정의 근간은, 시민들이 민회에서 동등하게 발언할 수 있는 권리(이세고리아)였다. 그리고 아테네 시민의 네 계층 중에서 정치적 권리가 없었던 하위 두 계층에게 정치적 발언권을 부여한 솔론(Solon)의 개혁은 아테네가 민주정을 향해 출발하게 된 기점으로 평가받는다.[*] 이런 역사적 사례가 의미하는 바는, 민주주의란 다른 무엇보다 '한 사회에서 목소리가 없던 자들이 자신의 목소리를 갖게 되는 것'이라는 점이다.

이런 관점에서 볼 때, 노동문제는 우리 사회에서 민주주의 실현의 바로미터가 될 수 있다. 정치적 대표 체계가 이념적으로 폐쇄된 우리 정치 현실에서 '사회적·정치적 발언권'을 갖지 못한

---

[*] B. C. 594년경 솔론은 아테네 시민을 재산에 따라 4개 계층(펜타코시오메딤노이, 히페이스, 제우기타이, 테테스)으로 나누고 정치 참여의 권리를 상이하게 인정했는데, 데모스(하위 2개 계층)에게도 민회 참석 및 투표권, 집정관 고소권, 재판 참여권 등을 부여했다.

대표적 계층이 노동·농민 등 민중 부문이기 때문이다. 이들이 자신들의 요구를 사회적 의제로 부각시키기 위해서는 2015년 민중 총궐기처럼 '불법·폭력' 방법까지 동원해야만 했다. 2016년 겨울 광화문을 비롯한 전국의 광장은 자유롭게 열렸고, 억눌렸던 목소리들은 분출했다. 하지만 그 속에서 노동의 목소리는 사회적으로 들리지 않은 것으로 보인다.

촛불 시위 속에서 노동의 목소리가 소외되고 희석된 이유를, 노동 진영의 의사 표출 방식이 시민 친화적이지 못했다거나, 탄핵이라는 핵심 이슈 때문에, 혹은 수많은 부문 요구들이 분출되었기 때문이라고 하기에는 석연치 않다. 왜냐하면 노동은 당시 가장 첨예하게 갈등 중인 사안이었기 때문이다.

따라서 노동 이슈가 묻혀 버린 데에는 다른 이유가 있다고 생각되며, 그것은 한국 시민사회의 한 특징 혹은 문제점을 보여 주는 것이라 생각한다. 비유하면, 한국 시민사회의 구조는 촛불 시위 이슈에는 민감하게 공명해 큰 울림을 만들어 내지만, 노동·민중 진영의 소리에 공명해 사회적 울림을 만들어 내기에는 적합하지 않은 구조가 아니었을까? 2015년 민중 총궐기와 2016년 촛불 시위의 놀라운 대비는 이 때문이 아니었을까? 민중 총궐기가 촛불 시위 국면에서도 사회적 연대를 확보하지 못한 것은 기본적으로 이런 시민사회의 특징 때문은 아니었을까? 이 질문을 통해 우리는, 촛불 시위에서 드러난 한국 시민사회의 장점과 한계를 동시에 찾아보고자 한다.

4) 촛불 시위에서 드러난 한국 시민사회의 구조와 특징

촛불 시위를 계기로 드러난 한국 시민사회의 특징을 파악하기 위해, 민중 총궐기와의 대비 속에서 촛불 시위의 특징을 살펴보자.● 먼저 촛불 시위와 민중 총궐기는 참여의 주체에서 '시민'과 '민중'이라는 대비를 보인다. 촛불 시위 참여자들은 '촛불 시민'으로 불렸다. 집회명은 '민중 총궐기'에서 '촛불 범국민대회'로, 주최 측은 '민중총궐기투쟁본부'에서 '박근혜정권퇴진 비상국민행동'으로 바뀌었다. 민중 총궐기가 촛불 시위로 전환되면서, 사회적 담론의 영역에서 '민중'이라는 용어는 사실상 사라지고 그 자리를 '시민' 혹은 '국민'이 대체했던 것이다.

주지하듯이, 민중은 부문적·계층적·계급적 함의를 담는다.

● 두 집회의 대비는 이념형적인 것이기에 구체적 현실을 단순화시킨 것으로 이해되어야 한다. 따라서 현실에 적용할 때는 주의를 요한다. 이런 대비가 자칫, 촛불 시위와 비교해 민중 총궐기를 부정적인 것으로 규정하고 사회적으로 배제하려는 데 이용될 수 있기 때문이다. 이런 의도는 보수 언론에서 뚜렷이 발견된다. 보수 언론은 민중 총궐기를 조직에 의한 동원, 폭력적 수단, 불순한 의도 등으로 특징짓고, 이와 대비해 촛불 시위를 비조직적·자발적 참여, 평화적 수단, 순수한 의도 등으로 특징짓는다. 이 글에서 민중 총궐기와 촛불 시위를 대비하는 것은, 촛불 시위의 장점과 동시에 어떤 한계를 파악하기 위해서이다. 그리고 민중 총궐기와 촛불 시위의 어떤 긍정적 결합을 주장하기 위해서이다.

즉, 한 사회의 생산을 담당하는 주체이지만, 사회경제적으로 배제된 사회의 기층 인민을 가리킨다. 이에 반해 시민은 보편적·일반적 범주를 가리킨다. 천부적 자연권이나 보편적인 정치적 권리를 갖는 정치 공동체 구성원 전체를 지칭하는 개념이다.[*]

주체의 차이와 함께 두드러지는 것은 이슈의 차이다. 민중 총궐기의 핵심 이슈는 사회경제적인 것이었고, 노동자·농민·빈민 등의 부문적·계층적·계급적 이해가 주를 이루고 있었다. 이에 반해 촛불 시위의 중심 이슈는 정치적 문제였다. 구체적인 정책 이전에, 권력의 공공성에 대한 요구가 일차적이고 핵심적인 의제였던 것이다. 특정 계층의 부문적 이해가 아니라 국민 공동의 일반적 이해 즉, 공공선에 대한 추구로 특징지을 수 있다.

정치적·공적 의제에 민감한 시민사회

민중 총궐기와 대비한 촛불 시위의 이런 특징이 말해 주는 것은, 한국의 시민사회는 부문적·계층적·사회경제적 이슈보다 보편적·일반적·정치적 이슈가 쟁점이 될 때 활성화되고 정치적으로

---

[*] T. H. 마셜(Marshall 1950)은 시민권이 시민적 권리(기본권)에서 정치적 권리(선거권, 피선거권), 나아가 사회적 권리(복지권)로 확대되어 왔다고 분석한다. 즉, 시민권에는 이런 세 가지 내용이 포함되는(포함되어야 하는) 것이다. 한국에서 시민권 개념은 아직 사회적 권리로까지 확대되지 못했다고 판단된다.

동원된다는 사실이다.

물론 앞에서 보았듯이, 촛불 시위에서도 대통령 퇴진 외에 여러 부문적 요구들이 분출했다. 하지만 그것은 촛불 시위의 구조적 배경은 되었지만, 직접적 촉발 요인은 아니었다. 결국, 사회경제적 불만과 요구가 있다 하더라도 직접 행동의 광장으로 나오기 위해서는 최순실 게이트라는 계기가 필요했던 것이다. 달리 말하면, 부문적·사회경제적 이해의 분출은 어떤 공적인 것에 대한 요구라는 정치적 외피가 필요했던 것이다.

결국 시민들의 집단적·사회적 참여는 사회경제적 이슈보다 정치적 이슈를 중심으로, 부문적·계층적·계급적 이슈보다는 보편적·일반적 이슈를 초점으로 해 이루어지며, 이 경우 시민들은 사적 영역에서 벗어나 공적인 가치를 추구하는 존재로 호명된다. 민중 총궐기와 대비해 볼 때, 촛불 시민은 보편적 시민으로서의 정체성을 갖고 공공선에 헌신하는 존재로 그려지는 것이다. 다음은 이런 시민의 한 전형을 보여 준다.

우리 세대도 이제 옳고 그름의 문제가 아니라 현실이 제시하는 방향을 선택한 것이다. …… 그런 시대의 흐름을 타고 현실에 타협하면서 살아온 것이다. …… 어쩌면 지금 우리 세대가 광장에 나가는 게 주중에는 죄를 짓고 주일에는 교회에 나가 죄 사함을 구하는 모습이 아닌가도 싶다. 그동안 일반 소시민으로 살아오면서 하지 못했던 책임을 촛불을 들고 광장에 나가는 것으로 대신하려는 것일 수도 있다(『경향신문』 2016/12/24).

지난 20년간 한국 사회는 각자도생을 가치로 이기적인 사회로 치달았다. 쉽진 않겠지만 의지를 갖고 노력한다면 새로 열린 광장이 이 흐름을 꺾을 수 있을 것이라고 본다(『경향신문』 2016/12/24).

위의 인용문에서 나타나는 것은, 광장의 시민과 생활인의 구분, 후자에 매몰된 이기적 삶에 대한 반성, 광장에 나선 공적 시민의 각성 등이다. 이는 촛불 시민의 한 이상을 보여 주고 있다고 생각된다

정치적·공적 의제에 적극 참여하는 시민이 민주주의의 토대가 된다는 것은 누구도 부정하지 않는 사실이다. 특히 한국의 민주화 과정은, 사회정의에 대한 시민들의 헌신이 민주화의 주된 동력이었음을 보여 준다. 4·19 학생 혁명과 6월 항쟁은 모두 젊은 학생들의 희생과 이에 대한 시민들의 분노와 정의감의 폭발에서 시작되었다. 민주주의라는 사회적 대의에 대한 학생·시민들의 헌신이 한국의 민주주의를 가능하게 했던 것이다. 정치적 이슈에 민감하게 반응하는 시민사회가 민주화의 동력이 되었던 것이고, 촛불 시위는 이런 역사의 재연이라고 할 수 있다.

고전적 공화주의는, 정치 공동체가 유지·발전하기 위해서는

시민들이 사익보다 공적 의무를 우선시하는 '시민적 덕성'을 갖추어야 한다고 강조한다. 촛불 시위에서 우리는 이런 시민적 덕성의 한 전형을 발견할 수 있었다. 진눈깨비가 날렸던 11월 26일 제5차 촛불 시위 당시, 광장이 빌 것을 우려해, '나라도 나와야 되겠다.'는 생각으로 평소보다 더 많은 시민들이 광장을 메웠던 장면은 시민적 덕성의 징표였다고 할 수 있다.[●]

부문 이익에 부정적인 시민사회

하지만 주의해야 할 것은, 공적·보편적 의제에 민감히 반응하는 한국 시민사회의 특징이 상당한 장점과 동시에 어떤 문제점도 안고 있다는 것이다. 그리고 이런 문제점이, 앞에서 보았던 민중 총궐기의 고립, 민중 총궐기와 촛불 시위의 대비, 촛불 시위 속에서 노동의 소외를 가져온 배경이 되었다는 것이다. 어떤 문제점이 이런 결과를 가져왔는가? 두 가지를 지적할 수 있다.

첫째, 공적 의제 중심으로 활성화되는 한국 시민사회의 속성은 부문 이익에 대한 부정적 인식을 가져오기 쉽다. 시민들의 사

● 주의할 점은, 이런 논의가 우리 시민사회가 '시민적 덕성'으로 충만한 사회라고 주장하는 것이 아니라는 점이다. 이 글의 주장은, 시민들이 정치를 대하는 의식이나 태도에 대한 것이다. 즉, 우리 사회에서 정치적 참여는 사적 이익에 대한 매몰에서 벗어나 공적인 것을 추구하는 행위로 이해되고 있음을 지적하는 것이다. 시민사회가 정치와 만나는 접점의 모습이 그러하다는 것이다.

회적·정치적 행위에 있어 공공선이 강조될 경우, 그것은 시민사회 각 부문의 자기 이익 추구 행위에 대한 부정적 인식을 초래할 우려가 있다. 사회 각 부문 집단의 집단적 이익의 분출을 정당한 것으로 수용하고 지지하는 자세와는 거리가 먼 정서를 만들어 낼 수 있는 것이다.

우리 사회의 이런 정서가 단적으로 드러나는 것이, 파업 등과 같은 특정 부문 집단의 집단행동에 대한 부정적 인식, 혹은 방관적 외면이라 생각된다. 예를 들면, 현대자동차 노조 파업에 대해서는 '귀족 노조의 이익 챙기기'라는 비판이, 공공 부문 파업에 대해서는 '철밥통 지키기'라는 비판이, 정규직 파업에 대해서는 '비정규직에 대한 특권 지키기'라는 비판이 제기된다. 도시 철거민 시위나 밀양 송전탑 반대 시위, 농민 시위 등에 대해서도 집단 이기주의 혹은 지역이기주의라는 비판이 따르곤 한다. 물론 이런 비판은 지배 계층의 이념 공세에서 비롯된 것이고, 보수 언론을 통해 사회적으로 확산된다. 하지만 그런 이념 공세가 비교적 쉽게 수용될 수 있는 시민사회적 토양이 있는 것은 아닌지 돌아볼 필요가 있다.

공적 대의에는 민감하게 반응하지만 부문 이익의 분출에 대해서는 외면하는 우리 시민사회의 특징이 가져온 부정적 결과는 1987년 민주화 과정에서 나타난 바 있다. 주지하듯이 1987년 6월까지 정치적 민주화라는 대의에 대해서는 도시 중산층까지 포함하는 전 시민적 지지가 모아졌다. 하지만 7~9월 노동자 대투쟁이 시작되자 보수 언론의 주도하에 시민들은 등을 돌렸다.

촛불 시위에서도 이런 양상이 일정 부분 반복되는 듯하다. 촛불 시위와 함께 민중 총궐기, 노조 파업 등이 전개되었지만 사회적 연대를 확보하는 데 실패한 것이다. 이런 상황이 가져올 수 있는 최악의 결과는, 사회 각 부문들이 구체적 삶의 이슈와 관련된 각자의 영역에서 서로 분리된 채 각개 격파되는 상황이다.

일상과 정치의 단절

둘째, 보편적·공적 의제 중심으로 활성화되는 시민사회의 특징은 생활과 정치의 분리, 사적 영역과 공적 영역의 분리, 이로 인한 정치의 협애화를 초래하기 쉽다.

우리는 흔히 국가 또는 정치는 공적인 영역이고, 가정과 직장 등 사회경제 부문은 사적인 영역이라고 생각한다. 하지만 이런 관습적 인식이 기존의 사회경제적 불평등 구조를 온존시키는 핵심적인 지배 이데올로기의 하나임에 주목해야 한다. 그런 인식에 따를 때, 사회경제적 문제는 사적인 영역의 것이기에 개인적으로 해결해야 할 문제가 되며, 정치 혹은 민주주의와는 무관한 것이 된다. 그것은 곧 민주적 의사 결정의 범위에서 사회경제적 문제를 배제하는 것을 의미한다. 이럴 경우 민주주의는, 삶의 구체적인 문제를 해결하지 못하는, 사회경제적 불평등 구조 위에 덩그러니 얹힌 공허한 외피로 전락하기 쉽다.

촛불 시위에서도 이런 기존 인식의 한계가 여전히 발견된다. 예컨대, 다음과 같은 촛불 시위 참여자의 말을 들어보자.

30년 전 나는 불의를 봤을 때 행동으로 나섰다. 어쩌면 지금은 그때 하고는 정반대의 사고로 살고 있는지도 모른다. 생활인이 되면서 하루하루의 생계를 걱정해야 하는 상황에서 불합리한 일이 있어도 이에 저항하지 못했던 것 같다. 생활이 위협받기 때문이다. 아마도 다수의 사람들이 그렇지 않을까(『경향신문』 2016/12/24).

아버지 세대의 민주화 운동 이야기를 들어보면 어딘가 모르게 벽이 있다고 느꼈다. 로망이 있다고 할까. 지금은 생계와 불확실성 때문에 어쩔 수 없이 그렇게(정치에 무관심하게) 되는구나 싶었다. 그러나 2016년 광장에선 완전히 깨졌다. …… 넓은 스펙트럼의 사람들이 같은 문제를 제기하는 분위기가 생겼다. 정치 이야기를 하지 않는 친구들 단체 카카오톡 방이 있는데, 지금은 완전히 달라졌다(『한겨레신문』 2016/12/29).

이런 발언을 보면서 드는 의문은, 왜 위협받는 생활이나 불확실한 생계가 정치와 무관한 개인적 문제로만 간주되는가, 왜 그것을 집단적인 혹은 사회 전체의 공적인 의제로 제기하지 못하는가, 왜 일상과 정치는 그렇게 단절되는가라는 것이다.

물론 그 일차적인 원인은, 시민사회의 기능적 조직화를 금압해 온 권위주의 체제의 영향과, 민주화된 지금도 이런 구조가 지속되고 있는 데에서 찾아야 할 것이다. 하지만 그런 사회적 억압이 우리 의식 속에 내면화된 것은 아닌지 되물어야 한다. 한국 근현대사가 거쳐 온 국권 상실과 회복, 분단과 전쟁, 국가 주도의 산업화 등은 사회 구성원들에게 국가주의적·민족주의적·집단주의적 정서를 강하게 심어 왔다. 민주화 과정 역시, 어떤 개인적 권리의 주장보다, 공적 대의에 대한 헌신이라는 집단적 운동으로 전개되었다. 한국 현대사는 한마디로 개인적·부문적 사익의 추구를 정당한 것으로 받아들이는 '자유주의적 계기'를 갖지 못한 역사였던 것이다. 촛불 시민의 또 다른 말을 들어보자.

어쩌면 30년이 지난 지금 한국 사회의 민주주의 가치는 뼈다귀만 남은 게 아닌가 싶다. …… 2007년 이명박 대통령 당선이 말해 주는 시대정신이 민주주의의 좌절을 보여 주는 것은 아닐까. 이명박 후보의 경쟁력은 자신이 부를 이뤄 냈다는 것이다. 부자가 되는 것은 부끄러운 게 아니라 모두 달려들어야 할 가치가 됐다(『경향신문』 2016/12/24).

왜 부에 대한 욕망이 민주주의와 상충되는 것으로 이해되어야 하는가? 왜 민주주의는 사적 이익의 추구와는 다른 어떤 것으로 인식되어야 하는가? 정치학자 라스웰(Harold Lasswell)은, 정치란 '누가 무엇을 언제 어떻게 획득하느냐'에 관한 것이라고 정의한 바 있다(라스웰 1979). 노벨경제학상 수상자 폴 크루그먼(Paul Krugman)도 중산층은 경제성장의 자연스런 결과가 아니라 국가정책에 의해 만들어진 것이라고 지적한 바 있다(크루그먼 2008). 경제적 부의 분배·재분배 문제는 국가의 핵심 정책 과제이며, 이를 둘러싼 갈등은 정치의 핵심 중의 핵심 이슈이다.

따라서 1987년 민주화 이후 시민들이 잘못한 것이 있다면, 부의 추구 그 자체가 아니라, 그것을 사적 영역의 일로만 규정해 공적인 의제로 제기하지 못한 데에 있는 것이 아닌가 생각된다. 이명박 후보가 당선된 이유는, 시민들의 물적 욕망 때문이 아니라, 그것을 해결할 수 있는 대안적 패러다임을 진보 개혁 진영이 제시하지 못한 데 있는 것이다.

사사화에서 사회화로

우리는 흔히 '사익 추구'와 '공적 참여'를 상충되는 것으로 이해한다. 앞에서 본 촛불 시민의 인식은 이를 잘 보여 준다. 그러면 이런 관습적 인식을 어떻게 돌파할 것인가? 우리는 그 해답을 마키아벨리의 현실주의 정치 이론에서 찾을 수 있다. 마키아벨리는, "이기적 인간을 어떻게 국가에 헌신하게 할 수 있는가."라는 질문에 대해, "부자와 빈자를 모두 통치 과정 안으로 끌어들이고, 그들 간의 공직 배분을 통해 자신들의 이익이 표출될 정당한 통로를 마련해 줄 것"을 대안으로 제시한다(헬드 2010, 90-91). 즉, 마키아벨리는 시민들에게 사익을 버리고 공적인 일에 헌신하라고 요구하지 않는다. 사익의 추구는 당연한 것이기 때문이다. 정치의 과제는, 그런 사적 이해가 공적인 제도적 공간에서 표출되도록 하는 것이다.

현대의 정치 언어로 표현하면, 자유민주주의 정치과정의 핵심은 이익 정치 혹은 이익집단 정치이다. 시민들의 사적 이익 추구가 이익집단(노조, 직능단체 등은 그 대표적 예이다)을 통해서, 나아가 정당을 통해서 자유롭게 표출되고 집약되어 국가의 정책 결정 과정에 반영될 때 비로소 민주주의는 작동하는 것이다.

이런 점에서 우리에게는 더 많은 자유주의의 계기가 필요하다고 할 수 있다. 공·사의 기계적 구분, 광장과 생활 영역의 이분법, 광장에 대한 규범적 접근 등을 지양하고, 좀 더 많은 사적·부문적 이해가 광장에서 분출되도록 하는 것이 필요하다. 즉, 생계와 생활의 문제를 더 이상 '사사화'(私事化)하지 말고 '사회화'해야 한다(샤츠슈나이더 2008).

촛불 시위에 참여한 또 다른 참여자의 발언은 이런 변화의 양상을 보여 준다.

1987년에서 내 삶의 민주주의는 사실 빈칸이었다. 민주화가 된다는 것은 좋은 정권이 들어서는 것이라 생각했지 구체적으로 내 삶이 어떻게 될 것이라고는 생각해 보지 않았다. …… 지금 광장에 나온 청년 세대는 내 삶을 어떻게 변화시킬 것인가를 주목해서 보고 내 삶의 변화가 수반되지 않는 정치적 구호는 헛된 것이라는 생각을 하는 것 같다(『경향신문』 2016/12/24).

2011년 여름, 나는 반값 등록금 구호를 외치며 거리로 나갔다. 명동 롯데백화점 앞을 뛰었다. 힘껏 뛰던 나는 곁에 있던 한 언니에게 말했다. "언니, 이게 공적 주체가 된 기분인가 봐!" 그 말을 하곤 잊어버렸다. 내가 한 그 말을, 곁에 있던 언니가 나중에야 밀해 주었다(『한겨레』 2016/12/21).

삶의 변화를 수반하는 정치적 구호를 외치는 세대, 생활의 이슈를 사회적 이슈로 만드는 공적 주체 등은 정치에 대한 규범적 접근에 매여 있는 기성세대와는 다른 주체의 등장을 보여 준다. 촛불 시위 광장은 정치적 계기로 인해 열렸지만, 다른 한편으로는 부문 이익들이 광장에서 공적 의제로 제기될 수 있는 좋은 기회를 제공하고 있다. 촛불 시위가 이런 변화를 더욱 촉진하고 확산시키는 계기가 되어야 할 것이다.

4. 촛불 시위에서 제기된 개혁 과제의 실천 전략

촛불 시위에서 분출된 시민들의 요구는, 앞에서 보았듯이 크게
두 가지 범주로 구분될 수 있다. 첫째는, 박근혜-최순실 게이트
에서 직접 촉발된 정치적 의제이다. 둘째는, 촛불 시위를 계기로
분출된 의제로서, 사회경제적 개혁에 대한 요구가 여기에 해당
한다. 전자가 정치적 민주주의와 관련된 시민적 요구라면, 후자
는 사회경제적 민주주의와 관련된 민중적 요구라 할 수 있다.

그렇다면 이 두 범주의 개혁은 어떻게 실현될 수 있는가? 두
범주 간의 관계는 어떻게 설정해야 할 것인가? 이에 대해 필자
는, 후자의 과제는 전자를 매개로 해서 추진될 수밖에 없음을 강
조하고자 한다. 그리고 급진적이고 근본적인 변화가 아닌, 정치
적 민주주의를 통한 점진적 개혁을 수용할 수밖에 없는 이유를
촛불 시위 현장의 사례를 통해 살펴보고자 한다.

1) 개혁의 전제조건

역사적으로 민주주의는 민중적 회원에 기초한 집단적 열정에 의
해 추동되어 왔다. 데모크라시(democracy)라는 말의 출생지인 고
대 아테네의 경우를 보더라도, 우리는 흔히 데모스(demos)를 일
반적 인민(people)을 지칭하는 단어로 이해하고 있지만, 엄격히

말해 그것은 계층적 의미를 담은 용어였다. 앞에서도 말했듯이 데모스는 아테네 시민의 네 계층 중 하위 두 계층을 지칭하는 용어로, 이들이 정치적 권리를 갖게 됨으로써 비로소 모든 시민이 평등한 정치적 권리를 갖는 정체, 즉 민주정이 성립되었던 것이다. 그리고 데모스는 시민들 가운데 수적으로 다수였기에, 결국 민주정은 하층 민중이 주권을 행사하는 체제이기도 했다. *

　근대 민주주의의 발전 과정을 보더라도, 민주주의의 최종적 실현은 보통 평등 선거권을 요구한 사회 하층민들, 특히 노동계급의 투쟁에 의해 이루어졌다. 한국의 민주화 과정을 보더라도 1980년대 운동권·학생들이 지향한 민주화의 궁극 목표는 급진적 사회변혁이있다. 민주주의는 이처럼 민중 주권(popular sovereignty)과 이를 통한 급진적 사회변혁이라는 민중적 이상과 결부되어 왔음을 볼 수 있다. 우리는 이를 '민중적 민주주의' 또는 '이상주의적 민주주의'라 부를 수 있을 것이다.

　현재 진행되는 촛불 시위 속에서도 사회 개혁의 이상을 추구하는 깃발과 구호들을 보게 된다. 광장은 고양된 시민 의식과 사

● 아테네 체제 지지자들의 입장에서 보면 민주정은 '모든 시민의 주권'을 말하지만, 반대 진영에서 보면 민주정은 시민의 다수를 차지하는 '가난한 사람들의 주권'을 말하는 것이었다(모세 2002, 136). 아리스토텔레스는 모든 시민(polites)에 의한 바람직한 통치 체제를 폴리테이아(politeia)로 칭한 반면, 데모크라시는 '빈자에 의한 통치'라고 비판했다.

회의 근본적 변화를 지향하는 민중적 열정으로 가득했다. 이런 촛불 시위의 열기 속에서 '영구 촛불에 의한 근본적 변화'의 이상이 제시되고 있다.

하지만, 우리가 급진 변혁이나 혁명적 변화를 지향하지 않는다면, 그런 개혁은 현실의 제약 조건하에서 점진적으로 추진될 수밖에 없다. 개혁에 반대하는 수구·보수 세력도 그런 제약 조건의 하나이겠지만, 여기에서 강조할 것은 '현실의 민주정'이 부과하는 각종 제약들이다. 우리는 앞에서 정치적 민주주의는 사회경제적 민주화의 가능성을 내포하고 있음을 살펴본 바 있다. 하지만 그 반대의 측면도 존재한다. 정치적 민주주의하에서는 급진적인 사회경제적 변혁이 불가능하다는 점이다. 정치적 민주주의가 요구하는 각종 형식과 절차에 의해 국가(정부)의 역할이 크게 제약받기 때문이다.

그렇다면 왜 우리는 그런 제약을 받아들여야만 하는가? 왜 점진적 개혁이라는 타협책을 수용하지 않으면 안 되는가? 이 질문에 답하기 위해서는, 개혁의 상대편인 타자의 존재를 통해 문제를 객관화할 필요가 있다.

이런 타자의 존재를 상징적으로 보여 준 것이 12월 24일 촛불 시위 현장이었다. 그날 촛불 시위가 개최된 광화문 광장과 박사모 집회가 개최된 대한문 앞 사이에는 경찰에 의해 약 1백 미터에 이르는 완충지대가 설치되었다. 촛불 시위가 개혁적 시민

사회의 상징이라면, 탄핵 반대 집회는 수구·보수적 시민사회의 상징으로 여겨졌다. 그리고 두 시위대 사이에 놓인 텅 빈 공간과 상호 격리된 두 집단의 존재는, 우리 사회에 존재하는 깊은 균열의 상징처럼 보였다. 두 집회는 서로를 넘지 못했다. 거리에는 두 개의 목소리, 갈등하는 두 개의 구호가 맞부딪혔다.

그날의 현장은, 촛불 시민들이 추구하는 개혁이 촛불 시위의 인원과 목소리를 높인다고 실현될 수 있는 것이 아님을 선명히 보여 주었다. 개혁은 두 집단 간의 갈등과 적대를 어떻게 '평화적인' 방법으로 극복하고 상호 합의의 영역을 만들어 내느냐에 달린 문제였던 것이다. 우리는 이미 이런 과제의 해결에 실패한 경험을 안고 있다. 해방 후의 갈등과 이로 인한 분단이 그것이다. 그리고 그 여파는 지금도 한국 사회에 깊은 이념적 균열과 적대를 만들어 놓고 있다. 12월 24일 시위 현장은 이런 현실을 적나라하게 보여 주었다.

공존의 메커니즘 : 절차적 민주주의와 제한 정부

그렇다면 두 시민사회 사이의 간극을 어떻게 해소하고, 단일의 정치 공동체 내에서 촛불 시민이 꿈꾸는 이상 사회를 실현할 수 있는가? 어떤 조건에서 그것은 가능한가? 결국 이에 대한 대답은 정치의 기능, 민주주의의 역할에서 찾아야 할 것이다.

이를 위해서는 우선 국가라는 정치 공동체의 특징부터 살펴보아야 한다. 국가는 시민사회의 '자율 결사체'와 달리 '강제 결사체'이다. 국가는 구성원들에게 국가의 공적 결정에 따르도록 강요하는 강제력의 독점체이다. 사실상 이것은 전체 인구의 일부가 다른 사람들에게, 타당한 정책이 무엇인지에 관한 자신들의 견해를 강요한다는 사실을 의미한다. 설령 그 견해가 옳다고 하더라도 그런 강요는 정당화될 수 없다(스위프트 2011, 288). 따라서 국가권력을 둘러싸고는 항상 지배와 복종의 문제가 제기된다.

민주주의는 국가의 공적 결정 과정에 사회 구성원의 동등한 참여를 제도화함으로써 이 문제를 해결하려 한다. 이를 통해 자기 지배(자치)의 이상을 실현하고자 한다.* 이런 민주정체의 원리는 시민들에게, 자신이 선호하는 가치의 절대적 우월성을 포기하고 가치의 상대성에 기초한 공존을 받아들일 것을 요구한다. 뿐만 아니라 민주정은, 자신의 선호에 반하는, 타인의 선택이 강요하는 권력까지 수용하고 복종할 것을 요구한다. 민주정하에서 선거는 '자신에 대한 결정'일 뿐 아니라 '타인에 대한 결정'이기 때문이다. 선거는 자신이 선택한 공권력의 지배를 수용하도록

---

* 엄밀히 말하면 민주정하에서도 자기 지배의 이상은 완전히 실현될 수 없다. 민주주의는 형식적으로 모두에게 동등한 결정의 권리를 부여하지만, 실질적으로 그것은 다수가 소수에게 자신의 견해를 강요하는 결과를 낳기 때문이다. 이에 대해 민주정은 다수와 소수의 구분이 일시적이고 유동적이기 때문에 지배-복종의 관계 역시 가변적이고 가역적임을 들어 이런 관계를 정당화한다.

타인에게 요구하는 행위인 것이다. 따라서 정치학자 립셋은 선거를 '민주적으로 제도화된 계급투쟁'이라고 규정한 바 있다 (Lipset 1981).

상호 적대적 세력들이 단일의 강제적 결사체 내에서 평화적으로 공존해야 하는 이 과제를 해결한 것은 민주정이 이룬 가장 큰 성과의 하나라 할 것이다. 그렇다면 민주정은 어떤 장치를 통해 이 과제를 해결했는가? 그 대답의 핵심은 '절차적 민주주의'와 '제한 정부'에 있다. 이에 따르면 민주주의는 절차적·형식적 차원에서 정의된다. 민주주의의 요체는 정치권력을 둘러싼 공정한 경쟁의 규칙에 있다. 정치적 경쟁자들이 서로의 통치를 수용할 수 있는 것은, 권력 경쟁의 절차에 상호 동의했고, 권력 경쟁 과정에서 그 절차가 공정하게 지켜졌기 때문이다.

좀 더 중요한 것은, 패배의 위험을 상쇄시켜 권력 경쟁의 결과를 상호 수용할 수 있도록 하는 것이다. 이를 위해 국가권력은 제한되어야 하며, 정파 간 권력의 분점(삼권분립)을 통해 상호 견제되어야 한다. 정치권력을 둘러싼 경쟁의 규칙, 국가권력이 적용되는 영역과 범위, 권력의 운영 방식 및 절차 등이 상호 합의되고 공표된 규칙(곧, 헌법과 법률)에 따라 이루어져야 하며, 이를 통해 권력자의 자의적 권력 행사가 최소한으로 억제되어야 한다.●

●'제한 정부'는 신자유주의에 입각한 '작은 정부'와는 다른 개념이다. 작은 정부는 시

박근혜 정부는 절차적 민주주의와 제한 정부의 중요성을 다른 누구보다 절실히 일깨워 준 계기였다. 국정원 대선 개입 사건에서 보듯이, 박근혜 정부의 성립 과정에서부터 절차적 민주주의는 파괴되었고,[•] 집권 이후 국가권력의 운영에 있어서도 민주주의가 요구하는 절차와 형식은 형해화되었다. 그 결과는 민주공화국의 총체적 훼손이었다. 이런 사태의 재발을 막기 위해서는 공권력의 오·남용과 권력의 사인화를 차단할 수 있는 법적·제도적 장치를 강화해야 한다. 그 요체는 절차적 민주주의와 제한 정부 메커니즘의 강화에 있다고 할 것이다.

열정과 냉정

하지만 이것이 촛불 시민의 최종 목표는 아니라고 생각된다. 촛불 시민들은 정치적 민주주의뿐만 아니라 광범위한 영역의 사회경제적 개혁을 정부에 요구하고 있는 것이다. 제한 정부가 정치

장에 대한 국가 개입의 최소화, 정치권력이 행사되는 범위의 최소화를 지향한다. 이에 반해 제한 정부는, 정치권력이 행사될 영역과 범위를 둘러싼 갈등까지도, 정치적으로 미리 합의된 절차와 형식에 따라 해소할 것을 요구한다.

• 특히 대선 개입이 국정원과 기무사 등 국가 안보 기구에 의해 자행된 것은, 내부의 경쟁자를 외부의 적과 동일시해 공동체로부터 배제하려는 의도로밖에 해석되지 않는다. 이는 경쟁 규칙의 훼손뿐 아니라 정치적 경쟁자를 공동체의 일원으로 인정해야 한다는 민주정의 가장 기본적 토대를 허문 것이라는 점에서 사안의 심각성이 더하다고 할 수 있다.

권력의 횡포를 막기 위한 소극적 목표라면, 사회경제적 개혁은 좀 더 적극적 목표라고 할 수 있다.

그런데, 여기에서 주목해야 할 것은, 이런 두 가지 목표가 기본적으로 상충 관계에 있다는 점이다.[●] 우리는 흔히 촛불 시위에서 제기된 개혁 과제들을 일관된 연속적 차원의 것으로 이해하는 경향이 있다. 대통령 탄핵으로 민주주의를 회복하고, 정치 개혁과 함께 진보 개혁 세력으로 정권을 교체하며, 이를 통해 적폐를 청산하고 사회경제적 불평등을 교정하는 대대적 개혁을 단행하는 경로를 지향하고 있는 것이다.

하지만 이는 진보 세력 중심의 자기 편향적 사고가 아닐 수 없다. '정치권력은 형식과 절차에 의해 엄격히 제한되어야 한다'는

● 두 목표가 상충되는 것은, 기본적으로 그것이 정치권력에 대한 상충되는 관점과 정치의 기능에 대한 상충되는 요구에 근거하고 있기 때문이다. 먼저 촛불의 1차적 목표인 제한 정부의 이상은 정치권력에 대한 소극적 평가에 기반한다. 이에 따르면 시민의 자유를 억압하는 것은 정치권력이며, 여기에는 민주적 권력도 예외가 아니다. 민주주의는 '다수파의 전제'가 될 수 있기 때문이다. 따라서 정치권력은 제한되고 한정되어야 한다. 이에 반해 촛불의 또 다른 목표인 사회경제적 개혁을 추구하는 입장에서는, 시민의 자유를 억압하는 좀 더 중요한 근원은 사회경제적 억압이라고 생각한다. 그리고 민주적 권력은 이를 해결하는 진보의 수단으로 상정된다. 전자가 자유주의적 정치관이라면, 후자는 진보적 자유주의나 사민주의적 정치관이라고 할 수 있다. 정치권력에 대한 이런 대조적 입장은 양자 선택의 문제가 아니다. 두 관점 중에서 우선 되어야 하는 것은 전자이다. 전자의 기반 없이 후자를 추구할 경우 그것은 통제되지 않은 권력에 의한 전체주의적 사회를 초래할 위험이 높기 때문이다. 현실적으로 사회경제 개혁의 과제는 혁명적·급진적 변혁이 아니라, 민주주의의 형식과 절차에 따라 점진적이고 부분적으로 이루어질 수밖에 없는 것이다.

것과 '진보 개혁 정권이 과감히 개혁을 단행해야 한다'는 것은 상충하는 목표임이 분명하기 때문이다. 이 둘을 모순 없이 받아들인다는 것은, 보수 정권은 반민주적·반민중적이기에 통제되어야 하지만, 진보 정권은 민주적·민중적인 것으로 정당하기 때문에 수구 세력의 저항을 제압하고 과감하게 개혁을 단행해야 한다는 논리가 아니면 설명되기 어렵다.

이런 논리는 민주정이 요구하는 전제 조건에 반하는 것이다. 민주정은 가치의 상대성을 요구하며, 진보 정권이냐 보수 정권이냐를 막론하고 모든 국가권력은 제한될 것을 요구하기 때문이다. 결국 현실의 민주정이 요구하는 이런 조건은, 진보 개혁 정부가 성립되더라도 급격한 사회경제 개혁의 가능성을 제한하는 효과를 낳기 쉽다. 이상주의적·민중적 민주주의의 관점에서 볼 때 그 결과는 실망스러운 것이 될 것이다. 설령 진보 개혁 정부가 출범하더라도, 개혁 작업은 절차적 민주주의와 제한 정부의 메커니즘에 의해 여러 단계에서 장애물에 직면하게 될 것이기 때문이다.●

● 개혁 작업은 여소야대의 국회, 국회 내 야당의 반대, 지방정부의 반대, 헌법재판소의 위헌법률심판권에 의한 제동, 보수적 시민사회, 보수 언론 등의 저항에 직면할 수 있다. 국회선진화법은 개혁 법안이 국회에서 통과되는 데 좀 더 많은 시간과 양보를 요구할 것이다. 환경영향평가제도, 법안비용추계제도 등 정책 수립 및 집행에 요구되는 각종 법·제도 역시 급격한 사회경제적 개혁에 제동을 거는 기능을 할 것이다.

이렇게 될 경우, 이상주의적 민주주의자의 눈에 현실의 대의 민주주의 정치과정은 개혁을 가로막는 보수 세력의 진지이거나 정치 엘리트들의 담합 구조로 비치기 쉽다. 대의 민주주의 과정은 시끄럽고 혼란스러우며, 원칙 없는 타협이 난무하고, 갈등과 대립이 끊이지 않으며, 무엇보다 무기력한 것으로 간주되기 쉽다. 결국 이는 현실의 민주정에 대한 실망으로 귀결될 수 있다.

이럴 경우 대안은, 운동을 통해 급진적 변혁을 추구하는 것이나, 대의제를 부정하고 직접민주주의를 강화하는 것 등에서 찾아지게 된다. 전자의 가능성은 한국 사회에서 1980~90년대를 거치면서 이미 소진된 것으로 보인다. 후자인 직접민주주의 방식 역시 현실의 민주정(즉, 대의제)을 대체할 수는 없다고 생각된다. 개혁의 성패는, 개혁 진영의 힘을 강화하는 데 달려 있기도 하지만, 보수 진영과의 갈등·적대를 어떻게 최소화하느냐에 달려 있기 때문이다. 직접민주주의 방식은 대중적 힘이 직접 부딪히기 때문에 갈등을 격화시키기 쉬운 결정적 단점을 안고 있다.

이런 점들을 고려하면, 촛불 시위가 지향하는 사회경제적 개혁을 추진함에 있어서 우선적으로 필요한 것은, 개혁의 민중적 이상은 현실의 민주정체가 가하는 제약하에서 점진적으로 실현될 수밖에 없다는 현실주의적 인식이다. 그 과정은 지연되고, 갈등적이며, 때로는 원칙을 훼손하는 타협에 의해 얼룩지고 후퇴할 수도 있을 것이다. 하지만 그것이, 가치관과 이해를 달리하는 집단들이 하나의 강제 결사체 내에서 공존하기 위한 불가피한 선택이라는 점을 받아들일 필요가 있다. 촛불 시위가 추구하는 사회경제 개혁을 위해서는 촛불 시위의 열정과 함께 현실을 받아들이는 냉정함이 동시에 요구되는 것이다.

2) 정치적 개혁 과제

이상에서 우리는 촛불 시위에서 제기된 개혁 과제의 실천과 관련된 기본적 전제 조건에 대해 살펴보았다. 이제 구체적 개혁 과제에 대해 살펴보기로 한다.

먼저, 촛불 시민의 1차적 목표인 정치적 민주주의와 관련된 과제는 '절차적 민주주의와 제한 정부의 제도화'로 요약될 수 있을 것이다. 앞에서 우리는 그것이 민주정의 요체임을 살펴보았다. 여기에서는 그런 과제가 특별히 요구되는 몇 가지 한국적 상황에 대해 살펴보자.

첫째는 초중앙집중화된 한국 사회의 구조이다. 한국 사회는 중앙-지방 간의 공간적 차원에서뿐만 아니라, 정치·경제·문화 등 기능적 차원에서도 국가의 모든 자원이 중앙정부 권력, 특히 대통령에 집중되어 있다. 둘째, 이처럼 초중앙집중화된 국가권력을 둘러싼 갈등이 이념적 균열에 따라 전개되고 있다. 자본주의 국가에서는 대개 중요한 정치·사회적 갈등이 경제적 부의 배분을 둘러싸고 전개되는 데 반해, 우리의 경우 남북문제를 둘러싼 이념 균열이 가장 중요한 갈등 요인으로 작용하고 있다.

이런 두 특징의 결합은, 과거 막강한 국가권력을 장악한 보수 세력으로 하여금 반대 세력을 외부의 적과 연계시켜 공격하고 배제하도록 부추겨 왔다. 이런 양상은 민주화 이후에도 되풀이되고 있다. 국정원 댓글 사건이나 통진당 해산은 대표적인 예였다. 세월호 참사에 항의하는 시민을 종북 세력으로 규정해 억압한 것이나, 문화계 블랙리스트 파동 등은 막강한 국가권력이 이념적 잣대를 동원해 국민을 피아로 구분한 뒤에 배제와 포섭의 분할통치 전략을 펼쳤음을 의미한다. 국민의 '혼이 비정상'이기 때문에 국정교과서를 통해 교정해야 한다는 사고도 이념적 극단주의의 한 단면을 보여 준다. 이는 '가치의 상대화에 의한 사회적 갈등의 평화적 관리'라는 민주정의 가치에 정면으로 반하는 것이 아닐 수 없다. 이런 고질적 문제를 해결하는 관건은 제한 정부 메커니즘의 강화라고 생각된다.

셋째, 민주주의 실천과 관련해, '사회적 비용'을 최소화하기 위해서도 제한 정부는 긴요하다. 우리는 "벌거벗은 임금님"의 우화를 알고 있다. 이 이야기에서 통상 강조되는 것은 '결국 진리와 정의가 승리했다'는 것이다. 하지만 주목해야 할 것은 정의가 지연되는 과정에서 시민들이 받았던 억압이라 할 수 있다. 촛불 시위를 통해 박근혜 정권은 결국 물러나고 민주정이 회복되겠지만,

그 과정에서 무수한 시민과 민중들이 고통받고 억압받았으며 심지어 목숨까지 잃어야 했다. '지연된 정의는 정의의 부정'이라는 말처럼 '지연된 민주주의는 민주주의의 부정'인 것이다.

한국의 민주화는 부당한 권력의 횡포를 시민적 저항을 통해 극복하는 과정을 통해 이루어졌다. 박근혜 정부의 헌정 유린 행태와 이에 저항하는 촛불 시위는, 민주화에도 불구하고 우리가 아직 이런 패턴을 극복하지 못했음을 말해 준다. 따라서 이 시점에서 우리는 "민주주의를 유지하는 데 필요한 사회적 비용을 어떻게 최소화할 것인가?"라는 질문을 진지하게 제기해야 한다. 그 대답은 민주주의의 제도적 실천을 확보하는 데에서 찾을 수 있다. 민주주의는 통치자의 선의가 아니라 제도적 강제에 의해 유지된다. 제한 정부는 바로 이런 제도적 강제의 메커니즘이다.

그렇다면 제한 정부를 제도화하기 위해 필요한 구체적 방안은 무엇인가? 이와 관련된 다양한 대안들을 자세히 논하기는 어렵다. 다만 기존 논의에서 빠져 있는 한두 가지 사안을 검토하고자 한다.

사적 이익이 공적 권리의 파수꾼이 되게 하라

먼저, 민주화 이후 정치 개혁의 초점에는 항상 제왕적 대통령의 문제가 있었고, 이를 극복할 다양한 방안이 제시되어 왔다. 의회 중심제 혹은 이원집정제로의 권력 구조 개편, 대통령제하에서 총리 권한의 강화(이른바 '책임총리제'), 사법부의 독립성 제고, 국회 권한 강화, 지방분권(연방제, 양원제 등 포함) 등이 그것이다. 이런 논의는 대부분 국가 권력의 기능적·공간적 분권화에 초점을 두고 있다.

그런데 기존의 논의에서는, 대의 민주주의의 핵심 행위자라 할 수 있는 정당에 대한 고려가 빠져 있거나 부정적으로 인식되고 있다. 정당은 파당적인 권력 쟁투의 수단이므로 정부 운영에서 가능한 한 배제되어야 할 것으로 간주된다. 초당적 자세가 바람직한 정치인의 자세이며, 거국내각 또는 협치가 바람직한 정부 운영 방식으로 거론되고 있다.

하지만, 정부 운영에서 정당을 배제하려는 이런 시도는 비현실적일 뿐만 아니라, 그 결과 역시 의문스럽다. 주지하듯이 자유 민주주의에서 권력을 통제하는 핵심 장치의 하나는 삼권분립이다. 그리고 제한 정부의 전형인 미국 헌법의 설계자 중 한 명인 매디슨은, 삼권분립이 현실에서 작동하기 위해서는 정파적 이익을 적극적으로 활용해야 한다고 주장한다.

매디슨은, 몽테스키외의 삼권분립론이 의도한 것은 삼부의 제도적 분리가 아니라 정파적 분점이라고 주장한다. 즉, '한 부의 모든 권력이, 다른 부의 모든 권력을 소유하고 있는 동일 세력에 의해 행사되어서는 안 된다'는 것이다(Hamilton, Madison, and Jay 2003, 236).

입법, 집행, 사법의 모든 권력이 동일한 세력의 수중으로 집적되는
것은, 그것이 한 사람, 소수, 혹은 다수이건, 세습적이거나 자임했
든, 혹은 선출되었든 간에 상관없이, 모두 독재라고 정확히 단언할
수 있을 것이다(Hamilton, Madison, and Jay 2003, 234).

나아가 매디슨은, 각 부를 나누어 장악한 세력들의 사적(즉, 정
파적) 이해에 의해 권력은 상호 통제되며 그 결과 민주주의는 지
켜진다고 설파한다.

(삼부 중: 인용자) 한 부에 여러 권력들이 점점 집중되는 것을 방지
하는 가장 확실한 방법은, 각 부를 관장하는 자들에게 다른 부의 권
리침해를 저지하는 데 필요한 헌법적 수단과 개인적 동기를 부여하
는 것이다. …… 개인의 이해관계는 그의 직책의 헌법적 권리와 결
부되어야 한다. …… 즉 모든 개인의 사적인 이익이 공적인 권리의
파수꾼이 되게끔 한다(Hamilton, Madison, and Jay 2003, 252-3).

결국 권력분립이란, 단일 정파가 삼부를 모두 장악하지 못하
도록 하는 것을 의미하며, 각 부를 나누어 장악한 정파들의 정파
적 이해에 의해 권력이 상호 견제됨으로써 권력의 횡포가 방지
될 수 있다는 것이다.*

---

* 이런 매디슨적 민주주의에 기초해 설계된 미국 헌정 체제의 핵심은, 단일한 다수파

매디슨의 논의에 기초한다면, 우리의 경우 지난 보수 정권의 대부분 기간 동안 진정한 의미의 삼권분립은 존재하지 않았다고 할 수 있다. 예를 들면, 이명박 정부 수립 이후 2016년 4월 총선까지의 8년여 동안 대통령과 국회는 동일 정파에 의해 장악되었다. 사법부 역시, 대법원장을 포함한 대법원 판사 전원에 대한 최종적 임명권을 대통령이 행사하므로, 동일 정파의 압도적 영향하에 있었다고 할 수 있다. 주지하듯이 자유민주주의 체제에서 사법부는 다른 부와 달리 국민 직선으로 선출하지 않는다. 그 이유는 다수파의 권력 독점을 막기 위해서이다. 그런데 한국에서 사법부는 사실상 다수파의 전리품으로 제도화되어 있다.● 이를 개선하는 사법 세노 개혁은 개헌의 가장 중요한 의제가 되어야 한다.

'다수파에 의한 권력 독점의 방지'라는 원칙은 여타의 정치제

또는 단일 파벌이 삼부를 전일적으로 장악하지 못하게 하는 데 있다. 연방과 주를 구분하고, 연방과 주 수준 모두에서 삼권을 분립하며, 입법부는 다시 양원으로 분립할 뿐 아니라 선출 방식과 임기(선거 주기) 등에서 차이를 두고, 나아가 사법부 구성에 대통령과 의회(상원)가 함께 관여토록 하고 대법관 임기를 종신으로 하는 등의 장치를 통해 단일한 다수파가 정부의 삼권을 전일적으로 장악하지 못하게 한 것이다.

● 헌법에 의하면, 대법원장은 국회의 동의를 얻어 대통령이 임명하며, 대법관은 대법원장의 제청으로 국회의 동의를 얻어 대통령이 임명한다. 대통령 소속 정당이 원내 과반을 확보하고 있을 경우, 사실상 대법원 전부를 집권당이 선호하는 법관으로 임명할 수 있는 구조이다. 헌법재판소의 경우 9인의 재판관을 대통령이 임명하는데, 이 중 3인은 국회에서 선출하는 자를, 3인은 대법원장이 지명하는 자를 임명한다. 실제로 현재 재판관 중 압도적 다수를 대통령과 집권당이 선호하는 인사로 임명할 수 있는 것이다.

도 개선 논의에서도 판단의 기준이 될 수 있다. 예를 들면, 대통령 결선 투표제 도입과 총선 비례대표제 확대는 다당 체제 형성을 촉진하며, 이를 통해 정당 간 연합의 정치를 가져오는 전기가 될 수 있다. 국회 운영과 관련해서 쟁점이 되는 국회선진화법 역시, 다수당이 국회를 장악하지 못하도록 막는 장치라는 점에서 계속 유지되어야 한다.

'다수파의 권력 독점 방지' 원칙은 시민사회에 대한 정치권력의 영향력을 약화·중화시키는 데에도 적용될 수 있다. 공영방송은 그 대표적 예가 될 것이다. 민주화 이후에도 방송의 정치적 중립성이 심하게 훼손되는 현상이 되풀이되고 있다. 현행 방송법하에서는 공영방송 사장 임명이 사실상 대통령과 집권 여당에 의해 좌우되기 때문이다. 이를 차단하기 위해서는 공영방송 지배 구조를 여야 간 힘의 균형이 성립되는 방향으로 개선할 필요가 있다.●

직접민주주의가 대안인가?

정치 개혁과 관련해 다음으로 살펴볼 주제는 '직접민주주의'이

● 기존 방송법에 의하면, KBS 이사회는 여야 추천 이사 7 대 4의 비율로 구성된다. MBC 사장을 선출하는 방송문화진흥회 역시 청와대가 3명, 여당이 3명, 야당이 3명의 이사를 각각 추천하도록 규정하고 있어, 대통령과 여당이 압도적 다수를 점하게 된다.

다. 이는 촛불 시위에서 가장 많이 거론되는 개혁 주제일 것이다. 우리는 앞에서 '촛불 시위에서 제시하는 직접민주주의는 과연 대의제의 대안이 될 수 있는가'라는 질문을 제기한 바 있다.

이 질문에 답하기 위해서는 우선 민주주의에 대한 정확한 정의(定意)부터 살펴보아야 한다. 민주주의(democracy)란 어떤 추상적 이념(-ism)이 아니라 구체적인 통치(-cracy) 형태를 가리킨다. 'democracy'의 정확한 번역어는 '민주주의'가 아니라 '민주정'인 것이다. 이것이 의미하는 바는, 민주주의란 '국가라는 단일의 강제 결사체의 권위적인 의사 결정 메커니즘'의 하나라는 것이다. 따라서 흔히 거론되는 '촛불 민주주의', '인터넷 민주주의', '광장 민주주의' 등은 엄밀히 말하면 성립될 수 없는 개념이다. 촛불 시위나 광장 혹은 인터넷 공간에서 시민들이 어떤 공적인 권위적 결정을 내릴 수 있는 것은 아니기 때문이다.

물론 그 개념들이 의도하는 바는, 인터넷이나 촛불 광장이 시민들에게 민주주의의 기초가 되는 자유로운 의사 표현과 정치적 참여의 기회를 제공하고 있음을 강조하는 데 있을 것이다. 특히, 대의제에서는 그런 기회가 제한되어 있는 것과 대비해, 그런 기회를 폭넓게 제공하는 집회 광장이나 인터넷 공간이 좀 더 '민주적'임을 강조하고자 하는 것이다. 하지만 이런 은유적 표현 역시 현실 정치와 민주주의를 이해하는 데 혼란을 초래할 수 있다.

아테네 민주정에서 시민권은 곧 참정권을 의미했고, 그 핵심은 '이세고리아'였다. 주목할 것은 그것이 일반 광장에서의 발언권이 아니라, 아테네 최고 주권 기구인 민회에서 발언할 수 있는 동등한 권리였다는 점이다. 따라서 그 발언에는 상당한 정치적 책임이 따랐다. 이런 점에 주목하면, 인터넷이나 촛불 시위에서 정치적 의사 표현의 기회가 주어지는 것이 시민들의 정치 참여를 촉진하는 효과는 있겠지만 그 자체가 시민들의 '민주적' 권리 (즉, 주권적 권리)를 확대·강화하는 것은 아님을 알 수 있다. 그곳은 공적인 권위적 결정을 하는 공간이 아니기 때문이다.

촛불 민주주의 등의 개념이 갖는 가장 심각한 문제는, 정치사회 현실과 상이한 경험을 마치 동일한 것처럼 잘못 인식하게 만들 수 있다는 것이다. 집회나 광장, SNS 공간 등은 서로 비슷한 의견을 갖는 비교적 동질적인 사람들이 모여, 서로에 대해 어떠한 구속력도 갖지 않는, 자유로운 논의를 하는 곳이다. 이에 반해 정치의 공간은 서로 다르고 적대적인 의견을 갖는 이질적인 사람들이, 집단을 이루어, 서로에 대해 강제적 구속력을 갖는 공적 결정을 추구하는 곳이다. 시민사회 공간과 정치의 공간은 전혀 상이한 것이다. 촛불 민주주의 등의 개념은 이질적인 두 공간을 마치 동일한 것처럼 혼동하게 만들 수 있다.

촛불 시위 현장을 들어 비유하자면, 민주주의는 촛불 시민 내에서 작동하는 것이 아니라 촛불 시민과 탄핵 반대 시민 사이에서 작동하는 것이라 할 수 있다. 직접민주주의란, 촛불 시민들이 그 내부에서 자율적 토론을 통해 어떤 의사 결정(참여자들에게 강제력을 갖지 않는)을 하는 과정이 결코 아니다. 직접민주주의란 촛불 시민과 탄핵 반대 시민들이 서로가 서로에게 강제적으로 적용되는 권위적 의사 결정을 하는 메커니즘이다. 따라서 그 과정이, 참여자들이 모두 발언의 자유를 가지면서 물리적 충돌 없이 합리적 의사소통을 통해 진행되리라고 기대하는 것은 정치 현실과 너무나 동떨어진 인식이 아닐 수 없다. 이런 점들을 고려하면, 직접민주주의 논의들은 자칫 정치 현실을 직시하지 못하게 만듦으로써 당초의 목적과 반대로 현실 정치에 대한 혐오나 반정치의 정서를 만들어 낼 수도 있다고 생각된다. 이 점은 특별히 경계할 필요가 있다.

탄핵 국면에서도 나타나듯이, 민주화 이후 한국 사회가 직면한 가장 중대한 문제의 하나는 '시민사회의 정치적 양극화'라고 생각된다. 흔히 자유민주주의에서 선기를 통한 정권교체의 경험은, 역지사지의 기회를 제공함으로써 상호 인정과 관용의 자세를 촉진할 것으로 기대된다. 하지만 우리의 경우, 그것은 반대 방향으로 작용하는 듯하다. 탄핵 사태 역시 이런 상황을 악화시킬 개연성이 높다. 외형적으로는 탄핵을 둘러싸고 국민 통합이 이루어진 듯 보이지만, 내부적으로 탄핵은 여권 지지자들 사이에 감정적 내상을 입히고 반대파에 대한 감정적 반감을 부추길 가능성이 높다. 흄(David Hume)의 지적처럼, '이성은 감정의 노예'

이기 때문이다.

직접민주주의 주창자들은 정치를 '시민 대 정치 엘리트'의 구도로 바라보면서, 대의제를 정치 엘리트 독점 체제라고 비판한다. 그리고 직접민주주의를 통한 국민 주권의 회복을 주창한다. 직접민주주의하에서 정치는, 정치 엘리트들의 권력 쟁투의 장에서 시민들의 집단 지성이 발현되는 장으로 전환될 것이라고 기대한다.

하지만 이런 기대는 현실의 국민이나 시민사회를 너무 규범적·낙관적으로 바라본 결과가 아닐까 생각된다. 국민이나 시민은 결코 하나의 동질적인 집단이 아니기 때문이다. 국민 안에는 지역·계층·세대·성 등에 따른 균열이 존재한다. 특히 한국의 시민사회는, 촛불 국면에서 나타나듯이, 이념적 균열로 양분되어 있고 이런 균열이 정파적 지지와 견고히 연계되어 있는 모습을 보여 준다.

이런 현실을 감안하면, 직접민주주의는 시민들의 자치 공간이 되기보다, 정파적 시민들 간의 직접적 충돌의 장이 될 가능성이 높다. 실제로 직접민주주의가 공적인 의사 결정 체제로 작동할 때 나타나는 결정적 단점은 바로 이런 파벌 경쟁과 정치적 갈등의 격화이다. 아테네 민주정의 최대 단점 역시 이것이었다(헬드 2010, 52-3). 이런 점에서 직접민주주의로 대의제를 대체하는 것은, 현대 국가에서 현실적으로 불가능할 뿐만 아니라, 그것이 가져올 정치적 결과에 있어서도 바람직하지 못할 것으로 판단된다.

그렇다면 직접민주주의 논의는 폐기되어야 하는가? 이에 대한 건설적인 대답은, '직접민주주의인가 대의 민주주의인가'라는 양자택일적·폐쇄적 질문을 '직접민주주의 논의의 궁극적 지향점인 시민 주권의 확대 혹은 정치 참여 확대를 실현하기 위해 중요하고도 시급한 과제는 무엇인가?'라는 개방적 질문으로 바꾸고, 여기에서부터 논의를 시작하자는 것이다.

그렇다면 최우선의 과제는 무엇인가? 그것은 현실의 민주정인 대의제의 운영에 있어서 시민의 정치적 의사 표현이나 정치 참여 기회를 가로막고 있는 각종 법·제도들을 개혁하는 것이라 생각된다. OECD 국가 중에서 유일하게 18세 이하 시민의 선거권을 부정하고 유권자의 정치 활동을 규제 대상으로 삼아 과도하게 제약하는 공직선거법, 공무원·교원·청소년 등의 정당 활동을 금지하는 정당법, 노조를 기업과 동일한 범주로 묶어 정치자금 제공을 금지함으로써 사실상 노동의 정치적 시민권을 부정하고 있는 정치자금법, 다수대표제를 통해 소수파의 정치적 대표권을 사실상 제약하고 있는 공직선거법 등은 시민의 정치적 의사 표현과 정치 참여 기회를 옥죄는 '철제 새장'(iron cage)이라 해도 과언이 아니다.[*] 이는 과거 권위주의 체제하에서 정치적 시민권의 행사를 가

---

[*] 중앙선관위에서 2010년 내세운 선거캠페인 구호 '투표로 말하세요'를 네티즌들이

로막아 왔던 각종 제도들이 민주화 이후에도 그대로 온존되었을 뿐만 아니라, '깨끗한 선거, 돈 안 드는 정치'를 목표로 한 '신자유주의적 정치 개혁'을 추진해 온 결과물들이다. 따라서 대의제 전체를 뭉뚱그려 비판하기보다는, 대의제가 대의 '민주주의'로 작동하는 것을 가로막는 구체적 장애물들을 찾아내고 이를 제거하는 것이 정치 개혁의 최우선 과제가 되어야 할 것이다.

직접민주주의 제도는, 대의제를 기본으로 해, 대의제의 문제를 보완하는 차원에서 논의되는 것이 바람직하다고 생각된다. 이때 고려해야 할 기준의 하나는, 그것이 시민들 사이의 정치적·이념적 갈등을 관리하는 데 적합한가라는 것이다. 다른 한편, 국민 발안, 국민소환, 국민투표 등 현재 논의되는 직접민주주의 제도는 의사 취합형 제도라고 할 수 있다. 이의 한계를 지적하면서 의사 형성적 민주주의 과정을 강조하는 것이 숙의 민주주의이다. 숙의 민주주의에서 제안하는 여러 방안들 — 공론 조사(숙의적 여론조사), 시민 배심원, 숙의적 시민교육 — 은 사회적 공론을 형성하고 이를 정치과정에 반영할 수 있는 대안이 될 수 있을 것이다 (헬드 2010, 467-478).

'투표로만 말하세요'로 패러디한 적이 있다. 시민들이 느끼는 불만을 잘 표현한 것이라 생각된다.

3) 사회경제적 개혁 과제

사회경제적 개혁은 1987년 민주화 이후 지속되어 온 한국 사회의 오랜 숙제였다. 흔히 '87년 체제'의 한계로 지목되는 것도 이 문제이다. 이 과제를 해결하기 위해 지금까지 두 가지 노선이 시도되어 왔다. 첫째는 운동의 경로이다. 1980년대, 90년대 운동권은 활성화된 민중적 역량을 동원하여 변혁·개혁을 이루고자 했다. 일종의 기동전을 시도했지만, 개혁은 물론 운동 역량의 유지·확장에도 실패한 것으로 보인다.

두 번째는 국가 주도의 경로이다. 이는 민주화 이후 진보 진영이 품어 왔던 낭만적 기대였다. 진보 개혁 정권을 수립하고 이를 통해 사회·경제 영역에서 대대적인 개혁을 단행해 구악과 적폐를 청산하고 이상적인 사회를 건설한다는 것이었다. 두 번의 '민주 개혁 정부'하에서 이 노선 역시 실패로 끝났다.

그렇다면 왜 두 경로 모두 실패로 귀결되었는가? 권위주의 국가 때문이었다는 비판은 민주 개혁 정권의 사례에 의해 기각될 수밖에 없다. 두 번의 민주 개혁 정부의 경험은, 국가 주도의 노선이 비현실적인 기대였음을 말해 준다. 나아가 국가 주도의 경로는, 촛불이 지향하는 정치 개혁의 목표와도 배치된다. 국가 주도의 길은 국가권력을 통해 사회·경제구조를 일거에 변화시키려는 것이기에, 중앙집권적 권력의 분권화라는 또 다른 목적과 배치된다. 분권화란 단순히 제왕적 대통령 권력의 분산뿐만 아니라, 정치권력으로부터 경제·사회·문화·교육 등 사회 각 영역의 자율성을 높이는 것을 의미하기 때문이다.

또한 국가 주도의 개혁이 설령 일시적 성과를 거둘지라도, 사회 각 영역의 자생적 힘의 뒷받침이 없다면 개혁은 지속되기 어렵다. 뿐만 아니라 그것은 장기적으로 시민사회의 자생적 힘을 약화시키는 부정적 결과를 가져오기 쉽다. 민주 개혁 정부가 개혁에 실패한 근본적 원인도 여기에 있다고 생각된다.

과거의 실패를 되돌아본다면, 이제 대안은 개혁의 시민사회적 기반을 강화하는 데에서 찾아야 할 것이다. 사회경제적 개혁을 위한 우선적 과제는 시민사회 각 영역의 역량을 강화하고 조직화하는 데 두어져야 하는 것이다. 사회경제적 개혁은, 정부의 개혁 의지나 개혁 프로그램도 중요하지만, 결국에는 사회경제적 집단과 세력 간의 힘의 균형이라는 조건이 확보될 때 가능하기 때문이다.

예컨대 재벌 개혁은 재벌과 중소기업, 재벌과 노동자, 재벌과 소비자 간의 힘의 균형이 뒷받침되어야 가능할 것이다. 경제 영역에서 재벌과 중소기업은 원청-하청 관계로 힘의 극심한 불균형 상태에 있다. 재벌-노동자는 고용-피고용 관계로, 재벌-소비자 역시 독과점적 공급자-개별 소비자로 심각한 힘의 불균형 상태에 있다. 이를 상쇄하기 위해서는 중소기업, 노동자, 소비자들이 경제 영역뿐만 아니라 시민사회나 정치사회 영역에서 하청업

체연합, 중소기업연합, 노동조합, 소비자단체, 시민 단체 등으로 자신들의 힘을 조직할 수 있어야 한다. 그리고 집단적 힘을 바탕으로 자신들의 요구와 압력을 정치과정에 투입할 수 있어야 한다. 이런 밑으로부터의 사회적·정치적 압력과 요구가 없다면, 각종 개혁 방안이 선거에 임박해 정치인들의 득표용 구호로만 되풀이되는 기존의 패턴에서 벗어나기 어려울 것이다. 개혁은 정책 과정이 아니라 정치과정이며, 그 성패는 영향력을 행사하는 집단들 간의 다원주의적 힘의 관계를 확보하는 데 달려 있다

촛불 시위는 사회경제적 개혁을 뒷받침할 시민사회적 토대를 만들어 내는 중요한 계기가 될 수 있을 것이다. 촛불 국면은 1987년 민주화 이후 시민사회가 정치적으로 가장 활성화되고 동원된 시기이기 때문이다. 특히 탄핵이 이루어진다면, 그런 승리의 경험은 시민들의 정치적 효능감을 크게 높여 줄 것이다. 촛불 시민은, 노동 현장이나 특정 시민사회를 중심으로 강력하게 결집된 시민들이 아니라, 같은 문제의식을 공유하는 느슨한 공동체라는 특징을 보여 준다. 이는 참여의 확산에는 유리하지만 지속성 확보에는 단점이 될 것이다. 따라서 촛불 시위가 단지 광장의 경험으로 그치지 않고 노동과 삶의 일터에서, 일상의 생활공간에서 시민들이 자신의 이익·선호·가치에 따라 스스로를 조직화하는 계기가 되어야 할 것이다.

토크빌은 민주주의를 어떤 '사회적 상태 혹은 조건'(social

conditions)으로 정의하고, 그중 핵심이 되는 것이 자율 결사체의 존재라고 지적한다(토크빌 1997). 각종 단체 및 결사체들로 조밀하게 조직화된 시민사회는, 시민들을 정치 참여로 이끄는 통로가 되는 동시에 국가권력의 과잉을 줄이는 첩경이기도 하다. 이런 점에서 시민사회의 조직화는, 사회경제적 개혁의 성공은 물론이고 제한 정부의 제도화를 위해서도 필수적인 조건이다.

시민사회 조직화의 과제들

촛불 시위가 시민사회 조직화의 전환적 계기가 될 수 있으려면, 다음과 같은 노력이 필요하다고 생각된다. 첫째, 시민사회의 공적·정치적 조직화뿐만 아니라 직능적·기능적 조직화가 촉진되어야 한다. 촛불 시위 과정에서 이미 시민사회 조직화를 위한 다양한 방안들이 제안되고 있다. 지역별 민회, 시민 토론 프로그램, 시민을 대변하고 정치를 감시하는 시민 기구, 선거제도 개혁을 위한 시민 의회, 헌법 개정을 위한 만민공동회, 생활 속 참여와 온·오프라인 플랫폼, 지역공동체 수준의 동네 네트워크 등이 그것이다.

앞에서도 말했듯이 촛불 시위 국면에서 시민사회는 사회경제적 이슈보다 정치적·공적 이슈를 중심으로 활성화되어 있다. 그리고 논의되는 시민사회 조직화 방안도 대체로 시민의 공적 참여를 조직화하고 지속시키는 데 초점이 맞추어져 있다. 물론 이런 부분도 중요하지만, 좀 더 자생적이고 지속 가능한 조직화를 위해서는 시민들의 자기 이익에 기초한 조직화가 필요하다. 이를 위해서는 생산 현장이나 직업 현장에서의 조직화를 가로막고 있는 제도적·행정적·사법적 장벽을 제거하는 데 좀 더 많은 관심과 노력이 기울여져야 할 것이다.●

둘째, 촛불 시위의 경험이 반정치의 정서를 가져올 수도 있다는 점에 주의해야 한다. 촛불 시위는 정치 참여의 경험을 제공하고 정치적 효능감을 높이는 계기가 됨으로써 '민주주의의 학교'가 될 것이라 기대받고 있다. 하지만 다른 가능성도 존재한다. 촛불 광장은 화합과 일치, 우애와 상호 존중 등이 넘친 공간이었다. 이에 반해 민주주의 정치과정은 갈등과 불일치, 적대와 대립의 장이 되지 않을 수 없다. 이처럼 양자의 영역이 다르기에, 전자의 경험이 후자에 대한 혐오를 낳을 수도 있는 것이다. 촛불 시위의 경험이 이렇게 소진되지 않도록 하는 것이 중요한 과제의 하나라고 생각된다.

셋째, 궁극적으로는 조직화된 시민사회를 정치사회와 연계시키는 노력이 필요하다. 한국의 시민사회 조직은 흔히 탈정치, 탈정파성을 강조하는 경향이 있다. 사적 이익을 초월해 공익을 추

● 예를 들면, 신종 노동운동 탄압 수단으로 악용되고 있는 '손배소·가압류 제도'의 문제점을 해결하는 것도 그 하나일 것이다.

구하는 존재로 자신을 위치 지우기를 선호했던 것이다. 하지만 이런 정서 자체가 정치의 영역을 축소시키는 보수적 이념의 전형이라는 점을 경계할 필요가 있다. 시민사회의 다원적 이해가 시민 결사체를 통해 정치적 의사 결정 과정에 투입되는 것이야말로 민주 정치 과정의 핵심이라 할 수 있다.

결국, 촛불 시위를 민주주의 발전과 사회경제적 개혁의 전환적 계기로 만들기 위해서는, 고양된 시민의 참여 열기를 시민사회의 자율적 결사체로 조직화하고, 이를 대의제 메커니즘 — 정당과 선거, 의회정치 과정 — 으로 연결함으로써 정치과정에 시민들의 의사와 이해가 좀 더 잘 투입될 수 있도록 하는 방안을 고민하는 데 더 많은 노력이 기울여져야 할 것이다.

5. 결론 : 촛불과 한국 민주주의

이 글의 핵심적 질문은 '촛불 시위에서 표출된 시민의 의사는 무엇이며, 그것을 어떻게 실현할 것인가'였다. 일견 이 질문에 대한 대답은 간명해 보인다. 촛불 시위에서 시민들은 대통령 탄핵과 함께 광범위한 정치·사회·경제적 개혁을 요구하고 있으며, 이를 실현하기 위해서는 더 많은 촛불 시민의 참여를 통한 시민적 힘의 결집이 필요하다는 것이다.

하지만 촛불 시위의 안과 밖을 살펴볼 때, 상황이 그렇게 단순하지만은 않아 보인다. 먼저, 촛불 시위의 반대편에는 탄핵과 개혁의 대상인 대통령과 구체제만 있는 것이 아니라, 촛불 시민에 맞서 탄핵 반대를 주장하는, '박사모'로 상징되는 보수·수구적 시민사회가 존재한다. 촛불 시민 역시 단일한 구성체는 아닌 것으로 보인다. 민중총궐기대회가 촛불 시위로 전환되는 과정은 이를 구체적으로 보여 준다. 필자는 이런 점에 주목하고서, 앞에서 제기한 질문에 대한 대답을 촛불 시위 국면의 네 주요 행위자들인, '촛불 시위', '대통령과 구체제', '탄핵 반대 집회(보수적 시민사회)', '민중 총궐기(촛불 시위 내 민중 부문)' 간의 상호 관계 속에서 살펴보려 했다.

먼저, 대통령과 구체제는 촛불 시위의 직접적 안티테제라 할 수 있다. 이 양자의 관계만을 놓고 보면, 촛불 국면은 '반민주적 권력과 부패한 구체제 vs 촛불 시민'이라는 신명한 내립 구도로 그려진다. 대통령과 구체제는 '구악'과 '적폐'의 상징으로 개혁과 청산의 대상이고, 촛불 시민은 민주주의와 사회정의의 담지자로 설정된다. 하지만 이런 구도는, '민주 vs 반민주' 구도하에서 민주화 최대 연합을 형성해 구지배 질서의 전면적 퇴출을 지향했던 과거 운동 논리의 연장으로 보인다. 민주화 이후 민주주의의 제도적 실천 단계에 들어와 있는 한국 사회에서 이런 운동의 논리는 더 이상 적용되기 어렵다. 촛불 시위는, 탈권위주의 민주화와 같은 체제 전환을 추구하는 것이 아니라, 훼손된 민주정의 복구 혹은 정상화를 지향하기 때문이다. 따라서 촛불이 추구하는 광범위한 개혁 요구들은 현실의 민주정이 부과하는 여러 제약하에서 점진적으로 추진될 수밖에 없다.

그런 제약 요인들 중에서 필자가 강조한 것은, 박사모로 대표되는 보수·수구적 시민사회의 존재였다. 이들은 결코 개혁과 청산의 대상이 아니라 공존의 대상이다. 촛불 시위가 거듭될수록 심화되고 있는 촛불 시민과 탄핵 반대 시민 간의 갈등은, 촛불이 지향하는 목표가 단지 개혁 세력의 힘을 결집하는 것만으로 이루어질 수 없음을 말해 준다. 그것은 반대 세력과의 갈등을 평화적으로 관리하면서 최소한의 합의의 기반을 마련하는 데 달린 문제이기도 한 것이다. 이를 인정한다는 것은, 촛불 시위가 지향하는 급격한 사회경제적 변화는 사실상 불가능함을 받아들인다는 것을 의미한다.

또 다른 제약 조건으로 살펴본 것은 촛불 시위 내부 구성의 문제이다. 촛불 시민은 민중 총궐기를 주도했던 민중 부문과 일반 시민 두 부분으로 구성되고 있으며, 이들 간에는 일치와 불일치의 양면적 관계가 존재한다. 촛불 시위의 요구는 민주주의의 복원과 사회경제적 개혁이라는 두 범주로 구분되는데, 전자에서는 일치가, 후자에서는 불일치가 발견되는 것이다. 전자는 보편적·일반적 의제로서 촛불 시위 내부는 물론이고 거의 전 국민적 합의를 획득한 사안이라 할 수 있다. 이에 반해 후자는 부문적·계층적·계급적 요구라고 할 수 있으며, 촛불 시위 국면에서도 시민적 지지나 연대의 획득에는 이르지 못한 것으로 보인다. 이는 결국 사회경제적 개혁 추진의 내적 한계 요인이라 할 수 있다.

이 문제는 한국 민주화의 오래된 숙제를 반영한다. 즉, 정치적 민주주의를 사회경제적 민주주의로 심화하는 문제이다. 전자가 초점이 된 촛불 시위에서 민중 진영과 일반 시민들은 최대 다수 연합을 형성했고, 그 결과 국회의 탄핵 소추를 이끌어 내는 데 성공했다. 하지만 헌법재판소의 탄핵 인용 이후까지 연합이 유지될지는 의문이다. 탄핵 이후에는 결국 광장에 다시 민중 진영만이 남게 될 가능성이 높아 보인다. 촛불 시위 이전으로 회귀하는 것이다. 이렇게 될 경우, 한편에서는 촛불 시위의 '한계' 혹은 '배반'을 지적하는 민중 진영의 비판이 예상되고, 다른 한편에서는 민중 총궐기를 촛불 시위와 대비시켜 '불순·과격·불법 시위'로 몰아 탄압하려는 보수 진영의 공세가 본격화될 것이다(대선에서 정권 교체에 성공해 '개혁 정부'가 들어서더라도 민중 진영의 사회경제적 개혁 요구를 모두 수용하기는 어려울 것이다).

따라서 촛불 시위가 '대통령 탄핵을 통한 절차적 민주주의의 회복'이라는 일차적 목표를 넘어, 한국 민주주의 발전에 좀 더 긍정적인 방향으로 작용할 수 있으려면, 민중 부문과 시민 부문의 긍정적 결합을 어떻게 확보할지에 대한 깊은 고민이 필요해 보인다. 그 해답은 민중 부문과 시민 부문 양측의 상호 노력과 변화에 있을 것이다.

먼저, 민중 진영으로서는 사회경제적 개혁은 정치적 민주주의라는 수단을 통해 점진적으로 추진될 수밖에 없음을 수용할 필요가 있다. 민중 진영이 보기에 촛불 시위가 탄핵을 통한 정치적 민주주의의 회복이라는 '제한된' 목적의 달성에 그친다 하더라도, 그것이 갖는 중요성을 재인식할 필요가 있다. 정치적 민주주의하에서 급격한 변혁은 불가능하지만, 다른 한편으로 정치적 민주주의가 사회경제적 민주화의 가능성을 내포하고 있다는 인식이 그것이다. 민중적 이상을 시민적 수단을 통해 달성하려는 노력이 필요한 것이다. 즉, 민중 진영의 시민적·정치적 조직화를 막는 각종 법·제도를 개정함으로써 자신들의 사회경제적 권리를 실현할 수 있는 정치적 수단을 강화하고, 이를 통해 민중적·진보적 의제에 대한 국민적 지지를 확대해 나가는 장기적 전망이 필요하다고 생각된다.

다른 한편, 시민 부문에서는 시민사회의 기능적·직능적·계층적 조직화가 중요한 과제이다. 촛불 광장에서 시민들은 억눌렸던 사회경제적 요구를 분출시키고 있다. 당면한 생활과 삶의 이슈를 광장에서 외치는 체험을 하고 있는 것이다. 이런 경험은, 민주주의와 삶의 문제를 별개로 생각해 온 기존의 인식을 깨는 계기가 될 수 있을 것이며, 정치적 민주주의를 사회경제적 민주화의 계기로 활용하는 첫걸음이 될 것이다.

결국 촛불 시위의 경험이 시민 부문과 민중 부문 모두의 변화를 통해 시민적 계기와 민중적 계기가 결합하는 전기가 된다면, 그것은 정치적 민주주의의 재공고화를 넘어서 민주주의를 좀 더 민주화시킨 중요한 전기로 기록될 수 있을 것이다.

◆

Hamilton, Alexander, James Madison, and John Jay. 2003. *The Federalist with Letters of 'Brutus.'* Cambridge: Cambridge University Press.

Lipset, Seymour Martin. 1981. *Political man : the social bases of politics.* Baltimore: Johns Hopkins University Press.

Marshall. T. H. 1950. *Citizenship and Social Class.* Cambridge: Cambridge University Press.

O'Donnel, G. and P. C. Schmitter 1986. *Transition from Authoritarian Rule: Tentative Conclusions about Uncertain Democracies.* Baltimore: The Johns Hopkins University Press.

라스웰, 해롤드 지음. 이극찬 옮김. 1979. 『정치 : 누가 무엇을 언제 어떻게 얻는가?』. 서울: 전망사

마넹. 버나드 지음. 곽준혁 옮김. 2004. 『선거는 민주적인가』. 서울: 후마니타스

마키아벨리, 니콜로 지음. 강정인·안선재 옮김. 2003. 『로마사 논고』. 파주: 한길사

모세, 클로드 지음. 김덕희 옮김. 2002. 『고대 그리스의 시민』. 서울: 동문선.

샤츠슈나이더, E. E. 지음. 현재호·박수형 옮김. 『절반의 인민주권』. 서울: 후마니타스.

스위프트, 애덤 지음. 김비환 옮김. 2011. 『정치의 생각』. 서울: 개마고원.

연합뉴스 2016. 『연합연감』. 서울: 연합뉴스

크루그먼, 폴 지음. 예상한 외 옮김. 2008. 『미래를 말하다』. 서울: 현대경제연구원BOOKS.

토크빌, A. 지음. 임효선·박지동 옮김. 1997. 『미국의 민주주의』. 서울: 한길사.

하승우 외 글. 2017. 『11월 : 모든 권력은 국민으로부터 나온다』. 서울: 삶창.

헬드, 데이비드 지음. 박찬표 옮김. 2010. 『민주주의의 모델들』. 서울: 후마니타스.

촛불과 정치 변화

무엇이 바뀌었으며, 무엇을 바꿔야 하는가

박상훈 | 정치발전소 학교장

1. 내가 동의하지 않는 관점들

언론과 지식인을 포함해 많은 사람들이 2016 촛불 시위를 시민 혁명으로 보고, 정치는 마지못해 이끌려 나와 촛불에 편승한 것처럼 설명하는 것에, 필자는 동의하지 않는다. '국민주권 시대의 도래'를 말하면서 국민이 직접 나서야 한다거나, 대의 민주주의가 아닌 직접민주주의가 대안이라고 말하는 시각에도 동의하지 않는다. 시민사회가 민주주의의 중심이 되는 새로운 정치를 하자거나, 개헌을 통해 새로운 공화국을 만들어야 한다는 시각에도 동의하지 않는다.

이런 관점들에는 한 가지 공통된 전제가 있는데, 그것은 시금의 정치와 정치인, 정당들에게 일을 맡겨서는 안 된다는 것이다. 그들에게 정치인과 정당은 기득권 내지 특권 세력의 상징일 뿐이다. 그런 정치로부터 민주주의를 구출해 와서 시민에게 돌려줘야 하고, 그런 내용을 헌법에 담아 새로운 공화국을 열어야 하며, 궁극적으로는 시민이 직접 참여해 정책을 만들어야 진정한 민주주의가 실현된다고 생각하는 사람도 많다. 그런 사람일수록 시민 정치, 시민 민주주의, 시민 헌법 등 '시민'이라는 수식어 붙이기를 좋아한다.

그들의 눈으로 볼 때, 정치인과 정당들이 보통의 정치적 사안이나 선거에 관심을 갖는 행위는 '촛불에 대한 배신'이며, 정치 세력들 사이의 갈등이나 싸움은 '밥그릇 싸움'일 뿐이다. 그들이 꿈꾸는 민주주의의 세계에는 이런 일들이 존재할 수 없다. 이들에게는 촛불에 대한 정치적 해석도 경계의 대상이다. 촛불이 갈등과 이념적 차이를 넘는 평화를 상징한다고 생각하는 이들이 한목소리로 외치는 것이 있다면, "시민은 촛불이 정치적으로 이용되는 것을 원치 않는다."는 말이다.

촛불과 시민이라는 글자를 붙이면 모든 문제가 해결될 것처럼 생각하는 그런 비정치적 민주주의관이 필자의 눈에는 영 불편하다. 교육받은 중산층들의 낭만적 해석 같기도 하고, 때로는 우리가 감당하고 가꿔 가야 할 민주주의의 진짜 현실을 보지 못하게 만드는 환영 같다는 생각도 든다. 촛불 시위로도 해결할 수 없는 문제들이 있으며, 어쩌면 촛불 시위 이후 일상의 민주주의와 정치를 좋게 만드는 문제가 더 중요할 수 있다는 생각이 필요한데, 이 또한 부족하다.

촛불과 정치를 이분법으로 나누고, 양자를 서로 대립적인 것으로 보지 않았으면 한다. 촛불과 정치의 관계를 통해 풍부한 변화의 영역이 만들어지며, 2016 촛불 시위의 최대 매력은 바로 그 부분에 있었다고 생각한다. 촛불 시위가 정치를 변화시킨 면도 있고, 반대로 (본론에서 살펴보겠지만) 정치에서의 변화 덕분에 촛불 시위가 가능했던 면도 있다. 그렇지 않고 촛불 시위를 새로운 민주주의의 출발이나 직접민주주의의 도래로 보거나, 기존 헌법 대신 시민 헌법을 만들어 시민 민주주의와 국민주권 시대의 개

막으로 이어가자고 해석하는 관점의 가장 큰 특징은, 정치를 무시하거나 마지못해 인정한다는 데 있다. 안타깝게도 그런 민주주의관은 '정치와 정부의 역할을 줄이는 대신 민간의 역할을 늘리고, 정치 대신 법치의 기능을 확대해야 한다는 신자유주의적 정치관'을 도덕적으로 정당화하는 권력 효과를 갖는다.

어떤 경우든, 촛불 시위로 나타난 우리 사회의 중대 의제들을 해결하는 데 있어 정치가 제 역할을 할 수 있는 길을 생각해야 한다. 제아무리 기대에 미치지 못한다 해도, 민주주의에서라면 정당과 정치인들은 정당한 절차를 통해 시민 주권을 위임받은 최고의 시민 대표들이다. 그들이 실수할 수도 있고 잘못할 수도 있지만, 그것을 개선해 가는 것이 민주주의의 힘이라고 필자는 믿는다. 2016 촛불 정국에서 그들은 실망스러울 때도 있었으나 빛나는 역할을 할 때도 있었다. 선출직 정치인들과 정당들이 책임을 더 잘할 수 있는 길과, 그들 없이 시민이 직접 민주정치를 책임 맡는 길 사이에서 자유롭게 선택할 수 있는 상황이 온다 해도, 후자의 길보다는 전자의 길을 넓고 단단하게 다지는 일이 더 중요하다. 그것이 오늘날 우리가 하고 있는 민주주의에 맞는 일이기도 하다.

이상과 같은 생각으로 2016 촛불 정국에서 필자가 주목했던 정치적 변화의 측면 몇 가지를 이야기해 보겠다.

2. 정부에 책임성의 굴레를 씌우기

박근혜 정부의 임기 말에 터진 '최순실 게이트'에서 시작해 국회에서 대통령 탄핵안이 가결되기에 이르기까지 일련의 사태는, 민주주의 정치 이론의 중심 주제로서 "정부라고 불리는 통치 권력이 목적을 상실했다면 그 책임성(accountability)의 굴레를 어떻게 씌울 수 있는가?" 하는 문제에 대해 깊이 이해할 기회를 제공했다. 정부와 책임성은 이번 사태의 핵심 가운데 핵심이었고, 이로부터 시민의 역할과 참여, 입법부와 야당 그리고 대의 민주주의의 실천 양식, 나아가 대통령의 권한과 청와대 개혁의 문제 등 수많은 이슈들이 파생되었다.

우리는 왜 정부를 만들게 되었는가? 인간은 불완전하다. 국가나 정부를 포함해 모든 인위적 규제나 강제를 없앤다 해도 타인의 이익을 침해하고 신체를 위해할 인간 집단은 등장할 수밖에 없다. 민주주의자는 모든 강제의 폐지가 아니라 강제의 최소화를 지향하는 사람들이다. 혹은 공적 강제에 책임성을 부과하기를 원하는 사람들이다. 제약 없는 절대적 자유가 불가능하다고 보며, 그렇기에 자유와 자율성이란 불가피한 인간 사회의 한계 내에서 최대화해야 할 어떤 속성이라고 이해하는 사람들이다. 그리고 그런 자유와 자율성을 최대화할 가능성은 '정부 없는 자연 상태'에서보다 민주주의 정부가 기능하는 곳에서 더 크다고 본다. 그렇기에 우리의 선택은 현실 가능한 최선의 정부로서 민주 정부를 발전시키는 것일 수밖에 없다.

민주주의에서 정부의 목적은 시민의 자유와 생명, 재산을 지키고, 그럼으로써 시민이 행복을 추구할 기회를 최대화하는 데 있다. 그런데 정부가 그 목적을 상실했다고 볼 만한 충분한 정황이 발생할 경우, 시민은 어떻게 할 수 있는가?

첫째는 기본권(fundamental right)이다. 그 가운데 가장 고전적인 원리는 저항권이다. 시민은 정부로 하여금 공동체를 이끌게 한 대신, 어떤 경우에도 비판하고 반대할 자유를 기본권으로 갖기로 했다. 정부가 정당한 절차를 통해 시민 주권을 위임받았다 해도 시민의 기본권은 제한될 수 없도록 했다. 그런 기본권에는, 법의 테두리를 넘어 시민 불복종과 물리적 저항을 행사할 수 있는 권리가 포함된다.

두 번째는 수평적 책임성(horizontal accountability)이다. 공적 권력 기관을 서로 분립시켜 상호 견제하도록 하는 것을 말한다. 입법부, 행정부, 사법부 사이의 삼권분립 원리가 대표적인데, 중요한 것은 입법부가 제1기관이어야 한다는 점이다. 의회의 신임을 상실할 경우 내각이 자동 교체되는 것은 의회중심제의 기본 원칙이다. 대통령중심제에서도 행정부 내지 그 수장으로서 대통령에 대한 탄핵권은 입법부가 행사하며, 사법부 역시 입법부의 결정을 우선적으로 존중하는 범위에서 마지막 역할을 해야 한다.

세 번째는 수직적 책임성(vertical accountability)이다. 언론과 사회운동을 포함해 다양한 시민 집단들이 정부를 견제할 수 있는 영향력을 갖는 것도 여기에 포함되지만, 가장 중요한 것은 정권이 바뀌는 것이다. 시민이 저항과 비판, 반대만 할 수 있고 통치 권력의 향방에 체계적인 영향을 미치지 못한다면 민주주의라고 하기 어렵다. 잘못된 정권을 교체할 수 있으려면 좋은 야당이 있어야 한다. 정부가 목적을 상실했을 때 야당이 '대안 정부'(alternative government) 혹은 '미래 정부'로서 책임 정치의 보루 역할을 하지 못하면 민주주의에서 시민의 의지는 실현되기 어렵다.

불완전하지만, 현대 민주주의는 이상과 같은 세 가지 원리로 작동한다. 때때로 실패하지만 이런 원리 안에서 학습과 발전을 반복하는, 매우 인간적인 체제가 민주주의이다.

2016년 촛불 시위 역시 이런 원리를 구현했다. 시민 여론과 대규모 촛불 시위로 표출된 저항권의 행사는 분명 결정적인 역할을 했다. 동시에 대통령의 권력과 행정부의 권위가 부정되었을 때, 탄핵의 절차를 다루게 되어 있는 입법부와 사법부의 역할이 얼마나 중요한가 하는 문제가 등장했다. 확실히 우리 모두가 한국 민주주의에 대해 자부심을 가질 수 있는 것 가운데 하나는, 정부의 책임성을 추궁하려는 시민적 에너지와 열정은 이미 하나의 '민주적 전통'으로 자리 잡았다고 할 만큼 굳건하다는 사실이다. 그러나 수직적 책임성과 수평적 책임성이 연계되는 영역, 즉 정당과 의회의 발전 수준은 여전히 불충분하며 헌법재판소가 민주주의 발전에 유익한 역할을 할 것인지도 아직 알 수 없다. 행정부를 주관하는 대통령 권력이 정당성을 잃었을 때, 또 다른 시민 권력의 담지자인 입법부, 그리고 실질적으로 이를 뒷받침하는 의회와 정당들을 성장·발전시키는 일, 사법부가 이를 절차적으로 마무리하는 일, 그리고 최종적으로는 정권 교체와 더 나은 정부의 등장을 통해 수직적 책임성을 완결 짓는 과업은 여전히 남아 있다.

3. 정치적 시민의 탄생

2016년 촛불 시위는 2008년 '광우병 반대를 위한 촛불 시위'에 이어 8년 만의 대규모 시위라고 할 수 있는데, 그 사이의 변화는 흥미롭다. 2008년 촛불 시위는 그야말로 반(反)정치적 혹은 반(反)정당적 열정으로 시작했다. 촛불 시위 현장에서 정당과 정치인들은 발언권을 갖지 못했고, 정당의 이름으로 촛불 시위에 참여하는 것은 비난받았다. 대의 민주주의는 회의와 의심의 대상이었고 의회정치와 정당, 선거의 사이클은 민주주의를 시민에게서 빼앗아 정치 엘리트들의 세계로 되돌리는 일처럼 여겨지기도 했다. 그러나 촛불 시위가 계속되고 변화와 해결의 전망이 약해지면서 분위기가 달라지기 시작했는데, 그것은 정치가 중요하다는 인식의 성장이었다. 2008년 촛불 시위는 기대했던 성과를 낳지 못한 채 헤어져야 했지만, 그러면서도 정치·정당·의회·선거 또한 중요하다는 그 인식만큼은 시민들 사이에 또렷한 학습 효과를 남겼다고 본다.

2016 촛불 시위는 처음부터 '민주주의가 필요로 하는 시민적 실천, 그것을 위한 정치적 진화'의 모습을 확연히 보여 주었다. 2016 촛불 시위는 처음부터 끝까지 정치 시위였다. 2008년 때와는 달리 2016 촛불 시위의 시작은 "정치여 오라!", "정치인들은 뭘 하고 있는가. 왜 함께 하지 않는가."였으며, 이어서 "국회, 정당들은 뭘 하고 있는가. 빨리 대안을 내놓으라!"로 이어졌다. 2016년 촛불 시위가 누구도 예기치 못한 정치적 성과를 낳은 것은 한손에는 촛불을 다른 한손에는 정치를 부여잡은 것, (최장집 교수의 평소 표현을 응용한다면) 일종의 '양손잡이 민주주의'를 실천했기 때문이라고 할 수 있다. 그런 점에서 2016년 촛불 시위는 '정치적 시민의 탄생'이라고 부를 만한 변화를 동반했다.

2016 촛불 시위에서 보수 언론과 종편의 역할이 중요한 것은 사실이지만, 놓치고 있는 것 가운데 하나는 20대 총선이다. 이때 야권이 승리하지 못했더라면 2016년 촛불 시위는 그처럼 빠른 시기에 그렇게 널리 확산되지 못했을 것이다. 20대 총선 결과에 숨겨 있는 변화의 잠재력은 촛불 시위 과정에서 강렬하게 표출되었다. 하나는 정당 체계 오른쪽의 변화였는데, 그것은 기존에 집권당을 지지했던 보수적 시민들 가운데 상당 부분이 친박 내지 박

근혜식의 정치관에 깊이 회의적이 되었다는 사실이다. 수도권 특히 서울에서 집권당의 참패, 그 가운데 특히나 강남 지역에서 집권당으로부터의 급격한 지지 이탈은 매우 인상적이었다. 영남 지역에서도 유사한 이탈이 발생해, 야당의 약진을 가져왔다.

다른 하나는 '민주 대연합론'의 붕괴라고 표현할 만한 일이다. 강한 구체제 세력을 견제하기 위해 야권이 분열되어서는 안 된다는 논리, 보통 '민주 대 독재론'으로 단순화되었던 정치관 역시 부정되었다는 말이다. 당시 야당이 분열되었음에도 불구하고 수도권과 특히 서울에서 야당이 압승한 것은 기존 야권의 정통 이론으로는 설명될 수 없는 일이었다. 이런 변화는 촛불 시위 국면에서 더 전면화되어 나타났고, 어느덧 다당제가 자연스러운 상황이 되었는데, 이에 대해서는 뒤에서 온건 다당제 개념을 통해 좀 더 이야기하겠다.

아무튼 20대 총선은 '징권교체'에 내한 유선자의 기대가 상당하다는 사실을 보여 주었지만, 동시에 '정당 체계 교체'에 대한 요구 또한 매우 강렬함을 보여 주었다. '정권 심판'을 내건 더민주당과, '기득권 양당 구조 개혁'을 내건 국민의당의 약진은 이를 잘 보여 준다. 하지만 그것이 곧 정당정치의 발전을 의미하는 것은 아니었다. 분명, 이명박-박근혜 정부로 이어진 지난 8년 사이, 수직적 책임성과 수평적 책임성을 책임 있게 연계해서 실현할 수 있는 의회와 정당이 발전했다고는 볼 수 없다. 엄밀히 말해 이번 촛불 시위는 의회나 정당이 강해서가 아니라 오히려 약해서 만들어졌다고도 할 수 있다. 의회나 정당이 제 역할을 했더라면, 시민이 직접 나설 일도 없었는지 모른다.

요컨대 한국 민주주의의 문제는 시민의 소극성에 있는 것도, 헌법의 후진성에 있는 것도 아닌, 민주적으로 강한 정당이 발전하지 못한 데 있으며, 향후 좋은 정당정치를 발전시키는 일이야말로 촛불 시위에서 표출된 시민적 열정을 제도적으로 실현할 수 있는 최고의 민주적 실천 과제일 것이다. 흥미롭게도 2016 촛불 시위는 그 중요성과 더불어 일부 변화의 양상을 드러내는 과정이었는데, 이제 이 문제를 살펴볼까 한다.

4. 입법부와 의회의 재발견

민주주의는 곧 군주 권력도 아니고 귀족 권력도 아닌 평민원 즉, 입법부가 제1의 권력기관이 되는 것을 뜻한다. 왕과 귀족의 계급 권력을 폭력으로 부정하고 입법부만을 시민 권력으로 인정했던 2백여 년 전의 프랑스혁명이야말로 이를 피로써 실증한 바 있다. 미국에서 시작된 대통령중심제 역시 입법부의 강함을 전제로 그것을 견제하려는 의도에서 고안된 것이었다. 어떤 측면에서 보든, 민주주의란 입법부가 중심이 되는 정치체제가 아닐 수 없다.

(1960년 6월 15일 개정 헌법이 통과되고 새 선거법에 따라 장면 정부가 성립된 8월 12일부터 1961년 5월 16일까지 짧은 시간 존속하다 군부 쿠데타로 붕괴된 제2공화국을 제외하고) 한국 민주주의의 역사에서 입법부가 중심이 된 적은 사실상 없었다. 처음부터 국가 내지 정부는 강력했다. 행정부와 관료제의 역할은 지속적으로 강화되었고, 이는 민주화 이후에도 달라지지 않았다. 한국 정치에서 집권당의 역사는 한마디로 말해 '정부를 장악한 이후 만들어지거나 정권으로부터 파생된 현상'으로 시작했고 지금까지 이어져 왔다고 할 수 있다. 이승만 시대의 자유당이든, 박정희 시대의 공화당이든, 전두환 시대의 민정당이든, 모두 정권을 장악한 그들이 '사후에 만든 정당'이었다. 정당이 정부를 만들고 책임 있게 운영한 사례는 사실상 존재하지 않는다.

박근혜 정부, 이명박 정부처럼 대통령 이름을 붙여 정부를 말한지언정, 한나라당 정부 내지 새누리당 정부라는 표현이 어색한 것도 그 때문이다. 김대중 정부, 노무현 정부라고는 하나 새천년민주당 정부, 열린우리당 정부라고 부르지 않는 것도 마찬가지다. 여기에 언론들이 입법부를 우습게 알고 조롱하는 정치 담론을 양산해 왔던 것도 큰 몫을 했다. 사실 그간 주류 언론과 지식인들의 반정치 담론의 핵심은 행정부나 대통령, 정부에 대한 것이 아니라 입법부와 정당, 국회에 대한 것이었다. 그런 점에서 이번 '대통령 탄핵 국회 가결'은 큰 전환점이다.

이번 사건은 '책임 정치의 기반이 없는 대통령중심제의 문제'를 여실히 보여 주었고, 그러면서 입법부의 중요성을 다시 생각하게 했다. 구조적으로 입법부 즉 의회의 역할이 강해질 수밖에 없는 방향으로 변화가 시작되었다. 적어도 짧은 기간 동안이지만 시민들은 대통령 권력의 부재를 받아들였고 대신 입법부가 정국을 통제할 수 있음을 경험했다. 이는 결코 경시할 수 없는 변화라고 본다. 의회중심제로 정부 형태의 변화가 사실상 그 첫걸음을 옮겼다고 할 수 있고, 적어도 심리적으로는 의회중심제가 시작되었다고도 할 수 있다. 입법부를 우습게 여기는 주류 언론과 지식인들의 반정치 담론은 앞으로도 계속되겠지만, 분명 전처럼 효과를 갖기는 어려울 것이다.

민주주의의 중심이 대통령과 행정부가 아니라 입법부와 정당이라는 관념이 자리 잡기 시작했고, 대통령은 물론 검찰 등 강압적 통치 기구의 권력을 축소, 재편하는 일은 누구도 피할 수 없는 과업이 되었다. 곧 있을 대선 국면에서 어느 정당, 어느 후보도 대통령 권력의 축소를 공약하지 않고는 안 되는 국면이 시작되었다고도 할 수 있다. 청와대 중심의 국정 운영을 말하는 정당이나 후보에게 정부를 맡기는 일은 없을 것이다.

요컨대 '청와대의 민주화'는 물론 내각과 행정부 운영 역시 의회 내지 의회를 주도하는 정당이나 정당 연합에 맡겨 책임 정치를 실현하도록 해야 한다는 생각이 조금씩 사회적 합의를 형성하기 시작할 것이다. 최소한 '강력한 대통령, 강력한 청와대'를 통해 개혁 정치를 주도하려는 접근이 이제는 퇴행적 관점이 되었다는 점은 흥미롭다.[*]

5. 정당 체계의 민주화

야 3당이 중심이 된 의회정치, 정당정치의 역할 또한 분명 평가해 줄 만한 일이었다. 이는 '야 3당 체계'라고 이름 붙일 만한 새로운 현상이었다고 생각한다. 대통령의 의지와 상관없이, 탄핵이

● 참고로, 의회중심제 대신 내각제, 내각책임제, 의원내각제라는 개념을 쓰곤 하는데, 잘못된 표현이다. 애초 내각(cabinet)이란 군주에 의해 임명된 '집단지도 체제적 성격의 최고 행정 기구'이자, 의회에서 자신의 입장을 대변하도록 파견한 소수의 대리인을 뜻한 데서 시작된 말이다. 이들이 캐비닛 같은 작은 방에 모여 대책을 준비했다 해서 만들어진 말이기도 하다. 그 뒤 군주정에서 공화정 내지 민주정으로 넘어온 다음에는 정부 정책을 주관하는 내각이 대통령에게 책임지는지 아니면 의회에 대해 책임지는지에 따라 대통령중심제(presidential system), 의회중심제(parliamentary system)라고 구분해 유형화되었다. 또한 그 중간 유형으로 프랑스나 핀란드의 사례로 대표되는 준대통령제나 분권형 대통령제 혹은 이원 집정부제(parliamentary presidential system)라는 개념 역시 그런 기준에서 이해될 수 있는 표현이다. 요컨대 내각이 없는 정부는 없으므로, 내각제라는 개념은 적절하지 않으며, 우리의 경우 의원이 내각에 참여할 수 있기에 의원내각제는 이미 하고 있다고 볼 수도 있다. 그런데도 내각제나 의원내각제, 내각책임제 등의 표현이 일상화된 것은 천왕제하에서 의회제를 하게 된 일본식 표현으로부터 영향 받은 바 컸다. 따라서 이제부터라도 내각제 등의 용어보다, 의회중심제라는 좀 더 정확한 표현이 사용되었으면 한다.

라고 하는 '입법부의 헌법적 권한'을 적어도 정치적으로 잘 마무리한 것은 사실 쉬운 일이 아니다. 의회중심제에 비해 대통령중심제의 가장 큰 특징은 '임기의 경직성'에 있으며, 정치적으로 큰 위기를 겪는다 해도 대개는 대통령이 임기를 채우는 것이 일반적이다. 그런데 대통령의 탄핵을 짧은 시간 만에 야 3당이 이끌어 냈다는 것은 놀라운 일이 아닐 수 없다.

필자는 그동안 여당의 성격을 '정권으로부터 파생된 정당'으로 보고 야권은 그에 대한 잔여 범주 내지 그에 가까운 한계를 보였다고 비판하면서, '서로에 대한 잘못 때문에 존재하는 적대적 양극화 체계'로 규정해 왔는데, 이번 과정을 지켜보면서 '온건 다당제로의 길'을 실천할 수도 있겠다는 생각을 하게 되었다. 야당이 하나일 때보다 3당인 것이 훨씬 더 낫다는 판단을 했고, 서로를 견제하면서도 합의를 만들어 가는 다당제의 긍정적인 효과를 여실히 보여 주었다고 본다. 단일 야당 체계였거나, 아니면 민주당과 국민의당처럼 서로를 무한 견제하는 두 야당만 있었다면 이런 변화는 어려웠을 것이다. 3당 내지 2.5당 체계의 물리학적 효과가 꽤나 긍정적일 수 있다는 경험은 특별하다. 향후 새누리당에서 분열해 나온 정당이 자리를 잡아 4당 체계 내지 5당 체계가 들어선다 해도, 그런 다당제하에서 정당들이 발휘하는 정치의 역할은 양당 체계 때보다 나으면 나았지 못하지는 않을 것이다.

이런 변화를 발전, 내실화시켜 입법부가 제1권력 부서가 되는

'민주적 삼권분립의 길'을 가기 위해서라도 정당 체계의 발전은 중요하다. 특히, 사회의 중대 갈등이 정치의 중심이 되는 정당 체계, 이른바 (이념적으로나 계층적으로 실체적 차이를 갖는) '다원적 정당정치'로의 길이 넓어져야 할 것이다. 이 과정에서 보수 정당의 역할은 크다. 이번 촛불 시위가 남긴 가장 큰 민주적 효과를 꼽으라면 필자는 한국의 정당 체계가 1990년 삼당 합당의 그늘로부터 벗어날 기회를 제공했다는 점을 들겠다. 만약 친박으로 대표되는 권위주의 구체제 세력이 과거 자민련의 경우처럼 소멸되는 경로로 가게 된다면 최소한 '민주화 세력의 범위 안에서 정당 체계의 오른쪽이 정립'된다는 의미가 있다. 이것은 작은 변화가 아니다.

향후 보수가 한국 민주주의를 끊임없이 퇴행시켰던, 과거와 같은 '냉전 반공주의에 기초를 둔 비이성적 정치 동원' 대신 다른 이념 내지 사회적 기반을 갖지 않으면 안 되는 압박에 노출된 것, 이른바 비박일지라도 그런 변화를 통해서만 '정치적 시민권'을 인정받게 될 것이라는 점은 놀라운 일이다. 냉전-반공-권위주의의 특징을 갖는, 강경 보수가 주도했던 그간의 정당정치는 끝나게 되고, 민주적이면서도 사회 통합적 역할을 하는 보수만이 인정되는 정당정치가 된다면 좋겠다. 그런 의미에서 '정당 체계의 민주화'는 이번 촛불 시위를 통해 본격적으로 시작되었다고 할 수 있다. 이와 병행해 진보 쪽의 정당들에 대해서도 긍정적인 의미에서 변화의 압박이 커진다면, 이는 전체적으로 민주주의 발전에 우호적인 일이 될 것이다.

6. 헌법의 정치적 발견과 개헌

그간 87년 헌법은 기성 정치 세력들 사이의 타협의 산물 혹은 극복되어야 할 낡은 것으로 정의되곤 했다. 또한 헌법은 법률가들 내지 지식인들 사이에서나 운위될 수 있는 어렵고 전문적인 담론으로 여겨졌다. 하지만 이번 국면에서는 달랐다. 헌법은 촛불 시위의 주요 국면마다 새롭게 해석되었고, 헌법의 주요 원리나 내용 또한 대중적으로 멋지게 재해석되었다. 그야말로 헌법은 어려운 법조항이나 경직된 자구로서가 아니라 '정치적 해석'의 행위를 통해 살아나게 되었다는 느낌마저 든다. 87년 민주 헌법이 그에 맞는 영혼과 정신을 갖기 시작했다고 여겨질 정도다.

그간 필자는 '대통령중심제 + 양당제'로부터 벗어나는 것이 쉽지 않다고 생각해 왔다. 따라서 최소한 양극화된 양당제(polarized two-party system)에서 보수-진보의 실질적 차이에 기반을 둔 수렴적 양당제로의 이행이라도 이루어졌으면 했는데, 이번 사태를 경험하면서 다른 가능성에 대해서도 열어 두게 되었다.

양극화된 양당제와 다원적 양당제는 다르다. 두 개의 큰 정당이 투표 시장을 독과점하는 것은 같지만, 두 당이 수렴적인 경쟁을 하는지 아니면 상호 적대 의식을 동원하는 정치를 하는지에 따라 결과는 크게 다르기 때문이다. 다원적인 양당제에서는 두 당 사이의 갈등이 커지면 투표율이 올라가는 반면, 양극화된 양당제에서는 갈등이 아무리 커져도 투표율에 큰 변화가 없으며, 비판적 무당파층이 늘어난다. 또한 마주보는 양당 사이의 갈등이 격해지면 다원적 양당제에서는 각 정당 내부가 단결하는 반면, 양극화된 양당제에서는 개별 정당 내부의 적대적 분열이 커진다. 여야 갈등보다 친박/비박, 친노/비노 등의 갈등이 더 부각되는 것이 대표적인 예이다.

그런데 이번에 국회에서 탄핵이 가결되고, 이를 야 3당이 이끌면서 사실상 '정치적 개헌'이라 부를 만한 변화가 일어난 것은 인상적이지 않을 수 없다. 양당제에서 다당제로의 변화와 함께 대통령중심세에서 의회중심세로의 변화가 사실상 시작되있다고 해도 과언이 아니다. 이런 조건 위에서 향후 새로운 정치체제로의 변화가 조금씩 진척될 수 있으리라 본다. 그런 의미에서 사실상 정당체계는 물론 권력구조의 변화까지를 담는 개헌은 이미 '정치적으로' 시작되었고, 일정한 방향도 설정되었다는 것이, 필자의 생각이다.

많은 사람들이 개헌론을 말하거나 반대한다. 분명한 것은 정계 개편을 위한 개헌(론)은 실현될 수 없다는 점이다. 이는 박근혜 대통령의 전략적 의도를 반영하는 것이며 시민 여론은 이를 인정하지 않을 것이다. 이를 '수구적 개헌론'이라고 정의해 보자. 그렇다고 개헌론 자체를 반대하고 나서는 야권 일각의 입장은 기존 '대통령 중심제로의 보수적 회귀' 이상으로 이해되지 않을 것이다. 이 역시 넓은 의미에서 '수구적 반개헌론'이라고 할 수 있다.

이런 두 접근보다는 실제 대통령 권력의 축소를 위한 개혁안이 먼저 나와야 할 것이다. 행정부 및 내각 운영 나아가 대통령 선거 관리를 의회가 주도하게 된다면, 사실상 연합정부 내지 공동 정부가 불가능한 것도 아니다. 각 정당 내지 대선 후보들의 공약으로 이런 변화가 수용되고, 그 뒤 새롭게 출범한 신정부에서 포괄적인 권력 구조 개편 논의가 시작된다면, 실질적인 개헌 논의는 그때 비로소 정당성은 물론 시민의 지지를 얻을 수 있을 것이다. 이상과 같이 촛불 시위가 개척한 변화의 실질적 내용에 주목한다면, 아마도 그것은 '개헌에 대한 제3의 시각'으로서 '정치적 개헌론'이라 부를 수 있을지 모른다.

그럴 경우 정부 형태만 이야기될 일이 아닐 것이다. 이미 언급했듯이, 의회중심제와 온건 다당제로의 변화는 선거제도의 변화를 전제로 한다. 인위적 정계 개편 없이 지금의 다당 구도가 대선 국면에서도 유지된다면 온건 다당제와 그에 맞는 선거제도 개혁역시 실현될 가능성이 커질 수 있다. 기본권 조항도 검토해야 하고, 전체적인 권력 구조에 대한 문제도 논의되어야 할 것이다. 그럴 때 개헌 문제는 지방분권을 포함해 더 폭넓은 내용으로 확대될 수 있고, 이런 논의의 자연스러운 연장선 위에서 우리에게 맞는 헌법이 무엇인지의 문제가 실질적 내용은 물론 절차적 정당성을 갖고 진행될 수 있다고 본다. 나아가 그런 논의가 헌법의 조항으로 반영되는 개헌은, 적어도 다음 정부에서 시작해 개헌안 공약을 통해 헌법 개정 권력을 위임받은 20대와 21대 국회를 거치면서 마무리되어야 마땅하다 본다.

7. 새로운 발전 모델의 모색

30년 전 민주화는 대통령을 시민이 직접 뽑는 변화를 일궈 냈다. 그러나 그 밖의 많은 문제들은 그대로 남아 있었다. 그 뒤 권위주의적 생산 체제에 맞선 노동운동의 도전도 있었고 IMF 외환위기도 겪었지만, 큰 변화는 없었다. 이는 '박정희 시대의 발전 모델', 즉 정부가 재벌과 동맹해 경제 성장을 견인하는 체제가 여전히 '민주화 이후의 민주주의'를 압도했음을 의미했다. 박근혜 정부의 출현이 가능했던 것도 그 때문이었다. 그런 박근혜 정부의 몰락이 예기치 않은 방식으로 전개된 것은 흥미롭다. 대안 세력의 성장에 의해서라기보다는, 바로 박근혜 대통령 자신의 '의도하

지 않은 행위'의 결과로 구체제의 재생산이 위기를 맞았기 때문
이다. 이 과정에서 터진 2016 촛불 시위가 대통령 개인의 거취에
국한하지 않고, 한국 사회 발전 모델의 변화를 요구한 것은 자연
스러운 일로 보인다. 문제는 그 대안을 누가 어떻게 현실화할 수
있는가가 여전히 불확실하다는 데 있다.

IMF 사태를 전환점으로 (박정희식 발전 국가 위에 신자유주의가 덮
어 씌워진) '신자유주의적 발전 국가 모델'이 강화되었음은 누구
나 알고 있는 사실이다. 그런 일이 김대중-노무현 정부 때 본격
화되고, 이명박-박근혜 두 정부를 거치면서 더욱 강화되었다는
것도 부정할 수 없는 사실이다. 더 중요한 것은 이 과정에서 지금
의 야당들이 어떤 대안적 발전 모델을 모색하고 구체화했는지에
대한 것인데, 아무리 생각해도 긍정적으로 평가하기는 어려울
듯하다.

더민주당과 국민의당이 어떤 지향을 갖고 있는지를 말하는
것은 어렵다. 자유주의적 강령을 가진 것도 아니고 그렇다고 복
지국가나 사회국가를 지향하는 정당이라고 보기도 애매하다. 두
당 모두 대통령 권력에 접근할 수 있는 기회 조건에 따라 여러 번
정책적 위치를 바꿔 왔을 뿐 아니라, 같은 당 안에서도 생각의 차
이는 크다. 정의당은 어떨까? 진보적인 정당이긴 한데, 그 진보
성의 내용은 역시 애매하다. 자유주의 정당이라고 말하기도 어
렵고 그렇다고 사민주의 정당이라고 하기엔, 얼마 전 당명 개정

과정에서 이를 부정했던 경험도 있다. 게다가 '보수 독점 체제 극복'이라고 하는, 그간 진보 정당이 내건 정치 노선 역시 지키지 못했다. 선거 때마다 더민주당의 영향력에 의존하는 경우가 많아짐에 따라 정체성은 더욱 모호해졌고, 그 결과 '미니 주류 정당'이라는 오명을 받기도 했다.

혹자는 아무리 그래도 국민의당-더민주당-정의당 순으로 야당들의 진보성을 평가해 줄 수 있지 않느냐고 말할지 모르겠다. 그러나 사회경제적인 사안들에 있어서 좀 더 개혁적 언사를 앞세운 정도에서 차이가 있다고 해도, 그들의 지지 기반에 있어 계층적 특성이 다른 것도 아니고, 더욱이 정치 엘리트들은 야 3당 모두 지극히 동질적이다. 학연, 지연을 매개로 얼마든지 옮겨 갈수 있고, 또 옮겨 갔던 게 그간의 야 3당이었다. 정책이나 공약을 기준으로 봐도 온정주의적 접근이 지배적이다. 그런데 온정주의라는 측면에서 보면, 야당들만이 아니라 진보나 보수 모두 큰 차이가 없었다고 볼 수도 있다. 그렇기에 친박을 포함해 누구나 경제민주화를 공약으로 내걸 수 있었고, 어느 정당이나 자신들의 색깔을 자유롭게 바꿀 수 있었을 것이다.

아마 기존 선거에서 주장되었던 그런 말과 공약이 진짜였다면, 아마 한국 사회는 진즉에 이상 사회가 되었어야 했다. 모두가 비정규직을 걱정하고, 청년 문제의 해결을 말하며, 사회 통합과 약자 보호를 강조하고, 성장만큼이나 공정한 분배를 강조했는데

현실은 왜 좋아지지 않았을까? 지금 상황도 마찬가지라 생각한다. '박근혜 이후 체제'를 만들자고 하면서 이런저런 개혁 과제를 나열하고 구호화하는 것만으로 과연 다른 세상이 가능해질까.

야 3당을 포함해, 한국 정당들의 가장 큰 특징은 갈등 혹은 갈등적 사안을 회피하는 대신 추상적인 정책 담론이나 개혁 의제를 설파하는 일을 즐긴다는 점이다. 무엇이 왜 문제인가를 제기하고 또 그와 관련해 갈등적 이해 당사자들 사이에서 합의와 조정을 이끌어 내려고 하기보다, 그들은 "내가 무엇을 해주겠다."는 것을 말하고 그 대가로 지지해 줄 것을 요청하는 게 일반적이다. 정치학에서는 이를 '산출 지향적 정치'(output-oriented politics)라고 부르는데, '사후적 정당성'을 추구했던 권위주의 체제가 대표적인 예라 할 수 있다. 그와는 달리 민주주의는 '투입 지향적 정치'(input-oriented politics)를 특징으로 하고, 그 핵심은 시민 집단들 사이의 다원적이고 갈등적인 이익이 자유롭게 표출되고 정치적으로 집약, 조정되는 것에 있다. 〈그림 1〉로 본다면, 왼쪽의 원 안이 정치의 중심으로 기능하는 민주주의를 말한다. 지금 우리 정치가 이런 특징을 갖는다고는 전혀 말할 수 없다. 그보다는 산출 측면에만 몰두해 말의 성찬이랄까, 실현될 수 없는 아름다운 공약들의 남발이랄까 하는 양상만 볼 수 있을 뿐이다. 이런 정치 체계의 구조와 과정을 지배하는 것은 당연히 언론과 여론조사, 뉴미디어 등 피드백 파워일 수밖에 없는데, 이로 인해

그림 1 | 체계 이론의 구조

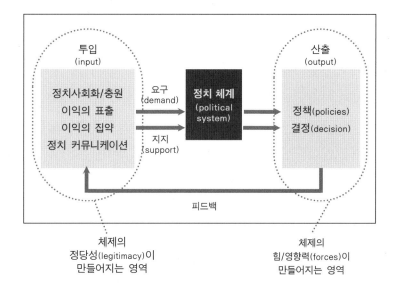

투입 측면이 더욱 위축되는 결과를 낳았다. 정치과정이 체계와 산출 사이에서 여론 동원을 둘러싼 것으로 전락하게 되면, 투입 측면의 활성화를 통해 들어와야 할 사회적 약자들의 이익과 요구는 배제되거나 아니면 온정의 대상이 될 뿐이다. 민주화 이후 지난 30년 동안 사회적 불평등이 과도하게 심화되어 비정규직을 포함해 나이든 시민과 여성, 청년 등이 불이익을 받게 되고, 빈곤 층이 급속하게 확대된 것은 이런 정치과정의 구조적 특징이 만 들어 낸 필연적 결과라 할 수 있다.

이와 관련해 좀 더 근본적인 문제를 생각해 봐야 할 것 같다. 민주주의는 어떻게 작동해야 사회를 좀 더 공정하고, 자유롭고, 평등하게 만드는 힘으로 기능할 수 있을까? 앞선 민주주의 국가들의 경험을 통해 알 수 있는 것은 두 가지다. 하나는 자본주의 체제의 양대 생산자 집단이라 할 수 있는 노동과 자본이 어느 정도 힘의 균형을 가져야 한다는 것이다. 그 기초 위에서만, 노동의 권리를 강화하는 동시에 '일에 대한 헌신'이 발휘되는 사회경제적 조건을 만들어 갈 수 있기 때문이다. 다른 하나는 정당들이 뚜렷한 이념적·계층적 차이 위에서 공익의 방향을 두고 경쟁해야 한다는 점이다. 달리 말하면 '종류가 다른 정당들'이 민주정치를 이끌 수 있어야 한다는 것인데, 정당들이 그런 실체적 차이를 가져야 진짜 내용을 두고 다투며, 또 그런 진짜 차이로 인해 정치적 타협과 조정을 강요받기 때문이다. 서로의 차이가 '정도의 문제'에 그치면 다툼은 내용 없이 격렬해질 뿐이지만, 해결이 쉽지 않은 '종류의 차이'를 두고 다투면 나눌 수 있는 편익을 교환해 공존할 수 있기 때문이다. 요컨대 사회경제적으로는 노사가, 정치적으로는 정당들이 서로 다른 가치와 이해관계를 두고 다툰다는 사실이 인정되는 기초 위에서 민주주의가 작동할 때, 좀 더 공정하고 자유롭고 평등한 공동체를 만들어 갈 가능성이 높아진다. 이런 조건을 갖춘 민주주의가 훨씬 더 평화롭고 안정적이라는 사실을, 앞선 민주주의 국가들의 경험은 말해 준다.

우리의 미래는 어떨까? 아마 곧 다가올 19대 대선에서 야권 후보들은 '박근혜 체제 극복론'을 외칠 것이다. 하지만 지금과 같은 정당 체계나 노사 관계의 조건 위에서 그것이 어떻게 가능할지는 솔직히 상상이 안 된다. 이와 관련해 촛불 시위의 최정점에 서 있었던 변화의 계기 하나를 살펴보는 것이 의미 있어 보인다. 당시 필자가 가장 이해할 수 없는 일 가운데 하나는 왜 야 3당이 황교안 대행 체제를 받아들였을까 하는 것이다. 탄핵이 국회에서 의결되었을 뿐 아니라 정부의 권위가 완전히 부정되는 상황이었는데도 기존 정부 체제를 인정하는 쪽으로 후퇴한 것은 왜일까?

황교안 대행 체제를 수용하지 않고, 야 3당이 내각을 접수해 각 당 대표급 인사들로 장관을 인선했더라면 정책적으로 많은 진전이 있었을 것이다. 이들은 분야별 향후 개혁 의제들을 '적어도 상징적으로라도' 개진하지 않을 수 없는 압박에 노출되었을 것이고, 이를 둘러싸고 사회적 논쟁 역시 심화될 수 있었기 때문이다. 촛불 시위와 야 3당 내각은 누가 보더라도 잘 맞는 짝이 아닐 수 없었다. 촛불 시위가 가능케 한 것은 야 3당에게 존재 이유를 상실한 박근혜 정부를 대신해, 그야말로 국가를 이끌 기회를 제공한 것이기 때문이다.

아마 내각을 접수해 실제로 야 3당이 정책을 다루게 되었다면 "박근혜 퇴진에서 그치지 않고 향후 사회 개혁 의제로 확대되어야 한다."라는 요구가 그저 주장에 그치지 않고 실체화되는 데 큰 기여를 했을 것이다. 또한 그랬다면 의회중심제든, 분권 정부든, 공동 정권이든 기존의 주장들이 공론에 멈추지 않고 곧바로 큰 성취로 다가왔을 것이다. 민주주의자란 정부와 공공 정책을 통해 여러 갈등적 사회문제들을 개선해 가는 기회를 최대화하려 하고 이를 위해 권력과 통치의 역할을 선용하려는 사람들이다. 그런데 그런 기회가 왔는데도 책임질 일을 만들지 않기 위해, 혹은 대선 승리에 대한 관심이 더 커서, 아니면 대선의 길에 나쁜 빌미를 만들까 봐 내각 장악의 기회를 회피한 것을 좋게 말할 수 있을까. 그건 대통령직을 자기 것으로 만드는 일에만 관심을 갖는 것일 뿐, 민주주의자가 할 일은 아니었다고 본다.

지금 정치 세력들의 정체성이 친박-반박, 친문-반문으로 구분되는 것에서도 알 수 있듯이, 서로에 대한 반감으로 정당들이 설명된다는 것은 누가 대통령 권력을 가질 것인가를 둘러싼 차이만 있을 뿐, 실체적으로는 별 내용을 갖고 있지 못하다는 사실을 보여 준다. 따라서 누군가 무작정 '박근혜 이후 체제'만을 말한다면 그는 지금 상황을 그저 즐기고 있다고 볼 수 있다. 그보다는 '종류가 다른 정당들이 경쟁하는 동시에 타협할 수 있는 정치의 토대'를 만들고, 나아가 '좀 더 대등한 노사 관계 위에서 생산의 주체들이 협력할 수 있는 경제'를 만들 수 있음을 말하는 사람이 진짜 박근혜 이후 체제를 준비하는 사람일 가능성이 높다. 노사 관계와 정당 체계를 바꿀 수 있는 정치 세력이 다음 정부를 이끌어야 변화가 가능하다.

8. 탄핵 이후 체제의 등장

지금까지의 논의를 요약하면 〈표 1〉과 같다. 사실 어느 차원 하나도 명백하게 마무리된 것은 아니지만, 사실상 '탄핵 이후' 내지 '박근혜 이후' 체제는 등장했고, 성큼성큼 앞서 나가고 있다. 어떤 진행과 결과로 이어지게 될지는 모르지만, 나아가 어떤 전략적 결정이 필요한지 역시 어려운 질문이지만, 한국 민주주의의 발전이라는 관점에서 문제를 보면 〈표 1〉의 모든 차원 하나하나가 반드시 완수되어야 할 중대 과업임은 분명하다.

촛불 시위의 중층적 에너지가 정치를 바꾸고 대안적 사회 발전 모델의 구현으로 집약되기 위해서도, 이를 이끄는 '민주적으로 강한 정당'이 절대적으로 중요하다. 그래야 서로의 잘못을 알리바이 삼아 존재하는 '폐쇄적이고 양극화된 정당정치'가 아니라, 제대로 된 의미에서 다원적 정당정치의 길로 이어질 수 있다. 그래야 권위주의 독재 시절에 만들어진 낡은 정당정치의 틀을 깨고, 1990년 삼당 합당의 어두운 그늘을 걷어 버리는 전환기를 맞이할 수 있을 것이다.

표 1 | 2016 촛불 시위의 의제와 이를 둘러싼 경쟁적 시각들

① 정부의 책임성	ⓐ 종편 내지 기성 질서 내부의 시각 • 최순실 국정 '농단'에 초점 → 검찰 조사 • 대통령의 불합리한 통치와 청와대 운영에 대한 비판 → 자진 하야 ⓑ 비판 여론 혹은 진보 진영의 시각 • 사적 관계에 의한 국정 개입에 초점 → 입법부에 의한 책임 추궁(특검/국정조사) • 국가 및 정부 정책의 사유화 등 책임성에 초점 → 입법부에 의한 탄핵 절차
② 대통령제	ⓐ 개헌론의 정치 → 개헌 정치 동맹, 7공화국론 등 숨겨진 정계 개편론 • 대통령의 전략적 의도와 합치되기에 사실상 박근혜 정부하에서의 개헌은 불가능 ⓑ 입법부에 의한 정부 주도 → 사실상 의회중심제로 개헌 중이라고 할 정도. • 실제 개헌은 각 정당의 당론 결정과 선거 공약 제시를 통해 다음 정부에서 시작될 일
③ 정당 체계	ⓐ 친박과 새누리당의 정치적 시민권 박탈의 국면 → '삼당 합당 체제의 종식' 내지 정당 체계 차원의 민주화 시작 ⓑ 보수만이 아닌 정당 체계 전체의 문제 → 민주 대 반민주에서 보수 대 진보로의 분화 압박
④ 발전 모델	ⓐ-1 구조나 체계의 문제가 아닌 박근혜 개인의 자질에서 발생한 문제(종편) ⓐ-2 헌법과 법치를 무시하고 공익을 준수하지 않는 문제, 공정한 보상의 원리가 뒷받침되지 않은 문제 → 보수의 중심을 새로이 건설하라는 압박 ⓑ 박정희 패러다임으로부터의 이탈과 대안적 발전 모델의 형성이 시작되어야 할 국면 → 야권에서 제출된 대안적 패러다임은 아직 없음 / 정의당의 패러다임이 사민주의인지 아닌지도 불분명, 국민의당이나 더민주당이 자유주의 내지 진보적 자유주의인지도 알 수 없음

상대 정당이나 정파에 대한 반감과 적대감으로 정치가 이루어지는 정당정치를 통해 좋은 변화의 가능성이 열릴 수는 없다.

과거 '동교동계'나 '상도동계' 같이 '3김식 보스정치'의 경우는 불가피한 측면도 있었고, 또 책임 정치를 구현할 수 있는 최소한의 조건을 가졌지만, 지금과 같은 친박/비박, 친문/비문이라는 이상한 이름으로밖에는 범주화할 수 없는 정치 경쟁은 사실상 최악이라고 말하지 않을 수 없다.

공익의 내용을 둘러싼 경쟁이 아니라 누가 국가권력을 소유할 것인가를 둘러싼 경쟁이 지배하는 정당정치가 달라지고, 사회발전 모델 논쟁이 병행될 때, 변화는 구체적이고 실체적인 것이 되지 않을까 한다. 촛불 시위의 에너지가 그런 변화를 뒷받침하는 기반은 되겠지만, 결국 '변화의 조직자'로서의 역할은 정치의 영역 안에서 이루어질 수밖에 없을 것이다. 누가 더 크고 깊은 변화를 개척할 수 있을까? 향후 정치 변화는 바로 이 질문에 정치세력과 정당들이 어떻게 대답하느냐에 달려 있다. 이와 관련해 지금의 상황에서 내릴 수 있는 합리적 판단들을 모아 말해 보자.

1) '청와대 민주화'는 중대 의제다. 청와대를 '개혁을 주도하는 센터'로 삼는 접근은 시대착오적인 것이다. 그런 접근은 개혁은커녕 당정 관계만 나쁘게 만들었고 내각을 무능하고 무책임하게 만들었으며, 거대 청와대 권력을 매개로 '선출직 군주정'처럼 정부를 운영하게 만들었을 뿐이다. 내각을 지휘, 관할하는 청와대 수석실 체계는 없애고 대통령은 내각을 통해 일해야 한다. 청와

대의 권위주의적 공간 구조는 달라져야 하고, 이를 설계하는 과정에서 대통령 집무 공간을 옮기고 청와대를 다른 용도로 바꾸는 방안도 검토해야 한다. 대통령이라는 명칭도 영어의 'president'가 갖는 의미에 맞게 '시민 의장' 내지 '정부 정책을 둘러싼 회의를 주재하는 제1시민'이라는 의미를 담는 새로운 용어로 바뀌어야 한다.

2) '책임 정치'가 핵심이다. 대통령중심제를 그대로 하면서 개혁을 하든 의회중심제로 바꾸게 되든, 문제의 진정한 핵심은 책임 정치의 기반을 다지는 일이다. 정당이 중심이 되는 책임 정치의 기반이 좋아지지 않는다면, 정부 형태를 어떻게 바꾸든 결과는 달라지지 않는다. 청와대를 대통령 비서실이라는 명칭에 맞게 대통령 개인을 보좌하는 정도로 그 기능과 역할, 규모를 축소하는 것과 동시에, 내각 인선의 기본 원칙을 문민 통치(civilian control)의 원리에 맞게 바꿔야 한다. 내각의 인선은 집권당 내지 집권 연합의 대표급 인사들로 채워야 하고, 책임 총리는 그런 정당 정치적 기반과 상응하는 사람이 맡아야 한다. 고위 관료 출신이나 외부 지식인 등 비선 출신 인사를 장관이나 총리에 앉히는 관행은 사라져야 한다. 막스 베버가 관료를 장관에 앉혀서는 안 된다면서 강조했듯, "장관이란 정치적 권력관계의 대표자이며, 그는 이 권력관계에서 나오는 정치적 기준을 대변하고, 그에 따라

자기 휘하 전문 관료들의 제안을 검토해 그들에게 적절한 정치적 성격의 지시를 내리는 일을 업무로 삼고 있기 때문이다." 한마디로 내각과 장관은 선출직으로 채워야 한다. 청와대가 중심이 되는 정부 운영 방식을 바꿔, 정당과 의회가 중심이 되는 책임 정치의 방향으로 전환하는 것, 그리고 그것의 성과가 어느 정도 자리를 잡는 것이 전제되어야 개헌도 의미가 있다. '청와대 민주화'와 '책임 정치 강화'를 위한 방안을 제시하는 것이 이번 대선에서 가장 중요한 공약 사안이 되어야 한다.

3) 외원 중심이 명사 정당으로는 달라질 것이 없다. 위와 같은 방향의 변화는 대통령의 의지만으로는 실현될 수 없다. 지금과 같은 비조직적이고 무책임한 관행과 구조를 가진 엘리트 정당으로서의 성격이 달라지지 않는 한, 무엇을 해도 효과는 없다. 당의 리더십 기능이 '민주적이면서도 강력한 책임성을 실현할 수 있는 방향으로' 되살아나야 하고, 개별 의원들의 이권 추구 행위에 무방비로 노출되어 있는 당내 결정 구조도 달라져야 한다. 의원들이 정당의 조직력 발전에 기여하기보다는 자신들의 정치 자산을 늘리기 위해 정당의 결정 구조를 이용하거나 탕진하는 것이 무한 허용되는 지금의 정당 조직 틀은 최악이다. 어렵게 시작된 이번 국정조사가 기대만큼 성과를 낳지 못한 것도 같은 원인에서 비롯된 결과다. 정당의 리더십과 조직적 기반이 살아나야 하고,

그런 변화를 바탕으로 정당의 정책 능력과 예비 내각 체계를 발전시켜야 한다. 특히, 정당 안에서 훈련되고 성장한 사람이 아닌, 그와 무관하게 전문가나 미디어 친화형 외부 인물이라 해서 공천하는 관행은 반드시 사라져야 한다. 의원직을 정당정치 밖의 사회 엘리트들의 사냥감으로 만든 것은 기존 정당들의 최대 잘못이 아닐 수 없다. 당내 후보 경선의 중심 의제 가운데 하나는 "정당을 어떻게 제대로 만들 것인가?"를 둘러싼 것이어야 한다.

4) 다음 정부는 '박근혜 체제를 정리하기 위한 사실상의 야권 공동 정부'여야 한다.

95퍼센트에 달하는 시민의 지지 위에서 가능했던 촛불 시위는 말 그대로 사회적 합의를 구현했다. 국회에서의 탄핵이 여야를 넘나든 결정에 의해 가능했던 것 역시 일종의 정치 동맹이라 부를 만한 일이었다. 당연히 다음번 정부 역시 그 정신의 연장선 위에 서야 한다. 다음 정부가 특정 후보나 캠프의 야심을 실현하는 대상이 될 수는 없다. 다음 정부는 박근혜 정부의 유산 내지 지난 30년간 청산했어야 했는데 그러지 못한 여러 적폐들을 털어 내고, 새로운 국가 체제의 토대를 닦는 '과도 정부'의 과업을 안고 있음을 수용해야 한다. 누가 최종적으로 승자가 되든지 정당 연합이 사실상 인수위의 역할을 해야 하며, 그 과정에서 만들어질 공동 정부 협정문이 향후 개헌의 정신적 기초가 되어야 한다. 그래야 차기 정부를 함께 운영하는 공동의 팀이 만들어질 수 있고, 양극화된 양당 체계로부터 벗어날 수 있으며, 다당제이면서 의회 중심적인 변화를 만들어 갈 수 있다. 동시에 다음 대통령은 권력의 행사자이기보다는 공동 정부의 사회자 내지 중재자 역할을 해야 한다. 동시에 자신의 임기를 스스로 단축해서라도, 이후 선거 사이클을 재조정해야 할 것이다. 괴롭겠지만, 그것이 다음 대통령의 숙명이라고 본다. 물론 공동 정부가 오래 지속될 수는 없다. 유권자 입장에서는 특정 정책을 기대하면서 특정 정당에 지지표를 보내지만, 실제 만들어지는 정부 정책은 어느 정당을 지지하든 큰 차이기 없을 것이기 때문이다. 따라서 2020년 제21대 총선을 전후한 시점에서 공동 정부는 끝나야 한다. 그 뒤에 정당들은 다당제를 유지하면서 각자의 정체성에 맞는 경쟁과 연합의 정치를 다시 시작해야 할 것이다.

5) 개헌은 다음 정부에서 시작해 포괄적 의제를 다뤄야 하고 충분한 공론화를 거쳐 진행되었으면 한다. 헌법 조항을 새로 쓰는 것이 개헌이 아니다. 그것은 개헌의 끝자락에서 할 일일 뿐이다. 그보다는 현재의 헌법으로, 대통령의 권력을 책임 있게 만들고, 정당과 의회가 책임 정치를 감당할 수 있도록 하는 등의 정치 실천을 충분히 하는 것이 먼저이다. 개헌은 빨리 하는 것보다 제대로 잘하는 것이 중요하다. 우리에게 맞는 권력 구조와 정부 형태에 대한

충분한 사회적 합의를 위해 다음 정부에서 논의를 시작하고, 그 뒤 각 당이 당론으로 개헌안을 확정하는 과정을 지켜보면서 일 정을 잡아가야 할 것이다.

지금은 전반전 경기를 매우 드라마틱하게 마친 다음 후반전 을 준비하는 휴식 시간 같은 상황이다. 전반전의 변화와 성취를 잘 해석해 후반전을 준비해야 한다. 2016 촛불 시위가 압도적인 시민 여론의 지지에 의해 가능했고, 이어서 야 3당이 이끄는 다 당제의 좋은 효과가 탄핵 국면으로 이어졌는데, 그런 의미에서 이번의 대사건은 야당들 모두에게 '안정적인 정권 교체를 실현 하고 박근혜 이후 체제를 만들어 가는 공통의 과업'을 부과했다 고 할 수 있다. 부디 그 과업을 제대로 실현하기를 바란다.